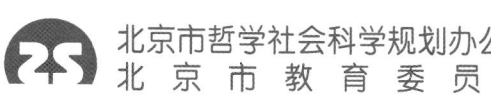
北京市哲学社会科学规划办公室
北京市教育委员会　资助出版

北京学研究报告
2018

北京学研究基地　编

中国社会科学出版社

图书在版编目（CIP）数据

北京学研究报告 . 2018 / 北京学研究基地编 . —北京：中国社会科学出版社，2022.9
ISBN 978 – 7 – 5203 – 8628 – 9

Ⅰ. ①北… Ⅱ. ①北… Ⅲ. ①城市学—研究报告—北京—2018 Ⅳ. ①C912.81

中国版本图书馆 CIP 数据核字（2021）第 114886 号

出 版 人	赵剑英
责任编辑	吴丽平
责任校对	李　剑
责任印制	李寡寡

出　　版	中国社会科学出版社
社　　址	北京鼓楼西大街甲 158 号
邮　　编	100720
网　　址	http：//www.csspw.cn
发 行 部	010 – 84083685
门 市 部	010 – 84029450
经　　销	新华书店及其他书店

印　　刷	北京明恒达印务有限公司
装　　订	廊坊市广阳区广增装订厂
版　　次	2022 年 9 月第 1 版
印　　次	2022 年 9 月第 1 次印刷

开　　本	710×1000　1/16
印　　张	18.75
字　　数	316 千字
定　　价	98.00 元

凡购买中国社会科学出版社图书，如有质量问题请与本社营销中心联系调换
电话：010 – 84083683
版权所有　侵权必究

编 委 会

主　　编　张宝秀
副 主 编　朱永杰　张　勃
编　　委　（按姓氏拼音排序）
　　　　　　李建平　张宝秀　张　勃
　　　　　　张妙弟　朱永杰
外语审校　安亚男

前　言

　　北京学研究基地（以下简称基地）是北京市哲学社会科学规划办公室与北京市教委于2004年9月联合设立的首批北京市哲学社会科学研究基地之一，是依托北京联合大学（以下简称学校），以成立于1998年1月的北京学研究所为核心，整合校内外研究力量，以"立足北京、研究北京、服务北京"为宗旨，开展北京城市及区域发展综合研究和应用研究的北京市级科研基地。自2005年开始，基地每年都设立若干项开放课题，引导校内外专兼职研究人员围绕基地重点研究方向开展科研工作，有助于集中力量取得更多更高水平的科研成果，推进北京学研究基地向有特色、高水平首都文化智库方向迈进。

　　为了展示开放课题的成果，体现开放课题的特色，《北京学研究报告2018》集中汇集了2015年至2018年的开放课题主要研究报告成果。报告共有10份，其中2015年4份，2016年1份，2017年4份，2018年1份。研究的内容主要涉及一城三带（"一城"即历史文化名城；"三带"即大运河文化带、长城文化带、西山永定河文化带）以及地方学发展等方面。其中，《北京市核心区四合院文脉传承价值与文化旅游发展的契合性研究》《张恨水笔下的老北京城市图景》《近代北京城市指南研究（1840—1949）》《部分省市直管公房改革的几种模式及对北京市的启示、政策建议》从不同视角研究了北京老城的文化遗产和旅游、历史发展、管理等方面的相关问题，有助于呈现北京老城的历史文化，促进四合院的保护发展，为当前的直管公房管理提供策略参考。《西山永定河文化带的非遗资源挖掘与发展保护研究报告》《北京长城文化带景观资源保护与利用现状调查报告》《北京市长城文化带传统村落非遗保护利用的现状、问题与对策建议》《历史上中国大运河与北京运河》《三山五园与周边村落文化保护策略研究报告》，主要研究了北京三个文化带相关的非遗和景观资源保护利用、发展历史、村落文化保护等方面的主题，结合调研提出了较为可行的相关对策，对于当前三个文化带的保护建设具有信息和决策方面的借鉴意义。《新疆各地区地方学发展调研报告》主要系统探讨了地方学和新疆地方学发展的现状、对策问题，有助于更好了解新疆地方学的发展情况，促进中国地方学的发展。

  总之，这些研究报告体现了"立足北京、研究北京、服务北京"的特点，与北京历史文化名城的时空演进、保护与发展紧密相关，体现了北京学跨学科的综合性研究特色，注重调查研究和一手资料收集，围绕北京学研究基地重点研究方向，聚焦"首都文化"和"一核一城三带两区"深入开展研究，有助于为北京推进全国文化中心建设提供智力支持，为北京的规划、建设、文化旅游、文物、城市管理相关部门的决策提供帮助，为北京建设成为中国特色社会主义先进文化之都和世界历史文化名城做出积极贡献。

目　　录

北京市核心区四合院文脉传承价值与文化旅游

　　发展的契合性研究 ……………………… 荆艳峰　刘秋华　徐　雪（1）

西山永定河文化带的非遗资源挖掘与发展保护

　　研究报告 …………………………………………… 李自典　樊　荣（64）

北京长城文化带景观资源保护与利用现状

　　调查报告 ………………… 王　玥　逯燕玲　高彩郁　王泽卉（75）

北京市长城文化带传统村落非遗保护利用的现状、

　　问题与对策建议 ………………………… 张　勃　龚　卉　王　鑫（96）

历史上中国大运河与北京运河 ………………………………… 蔡　蕃（118）

三山五园与周边村落文化保护策略研究报告

　　………………………………… 李自典　任　畅　季承晨　吴慧佩（159）

张恨水笔下的老北京城市图景 ……………………………… 李艳爽（199）

近代北京城市指南研究（1840—1949）……………………… 刘同彪（223）

部分省市直管公房管理的几种模式及对北京市的

　　启示、政策建议 ………………………………………… 张晓敏（262）

新疆各地区地方学发展调研报告 ……………… 仇安鲁　康风琴（273）

北京市核心区四合院文脉传承价值与文化旅游发展的契合性研究[*]

荆艳峰　刘秋华　徐　雪[**]

摘要：本文基于城市文脉特征理论研究基础，调研了北京市核心区四合院文化旅游利用现状。本文凝练核心区四合院的文脉特征和文化旅游发展定位，试图建立四合院文化旅游利用价值评价体系，提出未来四合院进行文化旅游利用的原则，并给出相应的管理建议。

关键词：核心区　四合院　文脉传承　旅游利用

一　前言

（一）问题的提出

1. 四合院的文脉传承问题凸显

四合院是北京历史文化名城的宝贵资源，是北京传统文化和民俗文化的重要载体。作为最具北京都城特色的民居建筑，四合院代表了一定的北京品牌形象，具有很高的文脉传承价值。

作为城市记忆，文脉与文化传承密切相关。北京四合院承载着大量有形、无形的历史信息，是北京历史文化名城的宝贵资源，也是北京古都文化及文脉的传承载体。随着传统中轴线文脉得到系统恢复，历史文化街区

---

[*] 北京学研究基地开放课题《旧城四合院文脉传承价值与文化旅游发展的契合性研究——以东城区为例》（BJXJD - KT2017 - YB08）研究成果。

[**] 荆艳峰，北京联合大学旅游学院旅游管理系副教授；刘秋华，北京联合大学旅游管理学院硕士研究生，研究方向为旅游管理；徐雪，北京经济管理职业学院管理学院，助教，研究方向为旅游管理。

保护复兴实现新的突破，胡同风貌进一步凸现，古都特色逐渐彰显，老北京衣食住行、文化和传统生活方式也将原汁原味地再现。同时，随着北京市政府搬迁腾退和非首都功能疏解产业输出，大量四合院需要寻找新的发展方式。四合院的文脉传承及有效利用成为新时期的重要发展问题。

2. 四合院保护与利用的权衡

北京传统历史文化街区的保护与更新一直是一对矛盾的集合体。物质文化遗产的文脉传承以恢复和保持原始风貌、维持老北京原汁原味的生活气息为主要取向，而更新要求则是需要适应现代化的生活方式和市场经营氛围和规律。保护要求保留传统文化习俗，而更新和市场开发则会迁走原住民，引入新的文化元素。老北京风貌适应老北京生活，现代生活和市场经营需要完备和便利的基础设施建设，文脉的保护、传承与开发之间一直存在难以逾越的障碍。同时，首都功能核心区旅游密度的限制性政策也对四合院有效利用提出更高的要求。

北京市对胡同四合院的保护力度越来越大，保护方式也越来越正规化和制度化。就四合院本身来讲，如果只是保护而不加以利用，那么凝聚着中国传统文化特色的四合院就只能成为一种形式完整的文化遗存，自身的文化魅力无法充分展现。

2016年4月12日，全国文物工作会议在京召开，提出要求切实加大文物保护力度，推进文物合理适度利用，努力走出一条符合国情的文物保护利用之路。这启示我们：对待文物，保护与利用其实并不矛盾，关键在于找到二者的平衡点，实现保护与利用相统一。

3. 四合院文化旅游利用的可能性

文化旅游发展被认为是比较符合四合院文化传承与保护的良好途径。但是，无论在理论上还是实践中，用文化旅游发展解决物质文化遗产的保护与传承问题一直存在争议，并且步履谨慎保守。四合院进行文化旅游业态经营也受到严格管制。各部委关于四合院经营的态度与条款也不尽一致。

发展文化旅游是盘活四合院资源的一种探索。但在实践中，可能会出现商业化经营对传统四合院文化的冲击与异化。有的甚至借经营改造的借口改变了四合院的风貌与建筑结构，造成了不可挽回的变更。基于以上担心，四合院进行文化旅游业态经营也受到严格管制。

四合院开发文化旅游有一些实践，成败尚无定论，还在验证当中。而且目前各种鼓励四合院有效利用的政策正在不断"松绑"，四合院旅游利用面临难得的发展机遇。

基于以上原因，本文探讨核心区四合院文脉特征与文化旅游利用契合性。立足于核心区发展文化旅游所面临的新契机，从供给侧和需求侧两个角度深入挖掘四合院旅游利用价值。供给侧方面，在实地调研的基础上，梳理核心区四合院资源，掌握目前现有四合院文化旅游经营的业态分布、发展现状、限制和障碍及企业政策需求等情况；从需求侧看，通过问卷抽样调查，面向国内外中、高端消费的旅游者了解四合院文化旅游需求，采用定性分析与定量研究结合等方法，提出四合院发展文化旅游的可行性建议，为进一步的政策供给提供参考依据。

（二）主要内容、基本思路和研究方法

1. 主要内容

首先，本研究对核心区四合院的文化脉络进行梳理。北京核心区四合院根据规模和等级可以分为多种类型。规模不同的四合院目前的用途和权属也不同。本研究以文化脉络为依据，分别从建筑文化遗存、民俗文化载体、历史名人及时代见证，由于分工和规划布局而形成的不同区域历史文化、多民族文化特色及聚居融合，现代革命文化策源等特色对四合院进行文化特色的归类；

其次，建立文脉传承价值的指标评判体系，分别对不同类别的四合院进行文脉传承等级评估；

再次，根据不同片区文脉特色和文脉传承价值，面向游客进行调研，了解游客对不同文脉传承价值的四合院的文化体验需求；

随后，针对已有的四合院文化旅游经营业态进行调研，分析文化旅游开发与文脉传承的契合性；

最后，针对四合院文脉传承价值、现有保护及开发的限制性活动、消费者文化体验需求，已有文化旅游业态在四合院经营中的经验及问题，给出文化旅游发展的出路建议。

2. 基本思路

本研究有目的、有计划地严格按照"文献查阅—需求方调研（游客文化旅游需求市场调研）—供给侧研究（四合院文脉传承价值研究、历史文化街区保护措施与限制）—供需契合研究—对策建议"的程序进行。

3. 研究方法

文献法。通过阅读有关图书、资料和文件，全面掌握相关材料，以利于本研究工作。

调查法。通过访问、发放问卷、开调查会、测验等方式收集游客对四合院文化旅游体验需求，从需求侧了解四合院文化旅游的契合性。

统计法。通过观察、测验、调查、实验，把大量调研数据材料进行统计分类，分析游客对历史文化遗存的旅游消费心理与消费行为，用于支持研究。

（三）研究重点、难点和创新之处

1. 研究重点

不同片区、不同类型的四合院文脉传承价值研究；不同文脉特征对文化旅游开发业态的需求调查；文脉传承价值（供给）与文化旅游经营的契合性研究。

2. 研究难点

针对四合院进行文化旅游开发，不同部门制定的政策及协调问题，是该研究的难点。

3. 创新之处

探索较为系统的四合院的文脉传承价值研究；基于游客的四合院文化旅游产品需求侧研究；四合院文脉传承价值与文化旅游发展之间的契合度研究，都是该研究的创新之处。

二 文献综述

城市文脉是一座城市从过去到现在的文化及由此形成的传统。城市文脉是城市的记忆，它不仅仅是物质的积累，更是精神的结晶。城市文脉能否形成与城市的文化传统是否连续密切相关。

（一）关于城市文脉的概念及基本特征的研究

刘承华认为文脉是文化的脉络。刘先觉认为，文脉译自"context"。对"context"含义的广义理解，是指事物（元素）之间的内在联系，更确切地说，是指事物个体与整体在"共时"和"历时"状态下的内在联系。

苗阳认为，城市文脉是指在历史的发展过程中及特定条件下，人、自然环境、建成环境以及相应的社会文化背景之间一种动态的、内在的本质联系的总和。张凤琦认为，城市文脉就是城市与环境的关系，即城市的整体与其文化背景之间的关系。于苏建认为，城市文脉有由表及里的三层内涵：中心层是环境和背景，中间层是历时和共时概念，边缘层是思想和理念。王燕、吴文志认为，城市文脉是一座城市在发展过程中形成的特有的历史、文化、地域的氛围和环境，是长期积淀而形成的城市个性特征，是一座城市的气质和精神，是城市生命力的体现。关于文脉的基本特征，综合已有研究，总结为地域性、层次性、主次性、概括性、系统性、阶段性、贯通性、叠置性、历史承载性、可持续性、社会性，等等。

（二）关于城市文脉要素及价值的研究

这是最近研究较为活跃的部分。美国文化人类学家 C. 克鲁克·洪（Clyd Kluck Ho）认为：文化是历史上所创造的生存式样的系统，它既包括显性式样，又包含隐性式样。后者是文化内在的主导机制，是人类经验在心灵深处的历史凝聚，前者则是在主导机制控制下产生的形态表象。李娜将城市文脉的构成要素分为人化自然、文化物品、活态文化。苗阳认为城市文脉分为显性要素和隐性要素。其中城市文脉显性要素传承的载体包括：城市自然环境；城市空间结构及形态，包括城市格局、城市轴线、天际线；城市历史街区；城市传统街巷；城市空间节点及公共空间；历史建筑及历史特色要素；具有城市地标意义的建筑物及构筑物；建筑技术，包括结构形式、营造方式与装饰艺术等。城市文脉隐性要素传承的载体包括：社会组织结构；社会经济形态；社会意识形态，如思维方式、审美方式、伦理价值观、宗教信仰、传统民俗、人的行为及生活方式等。李钢从城市文脉的形态及城市文脉的发展变化等关系角度提出城市文脉构成主要包括四个要素：自然环境；城市建筑环境；地域文化；技术。

（三）关于文脉传承问题的研究

吴云鹏认为，城市文脉的传承性及变异性决定了城市的发展一方面要注重结合、保存原有的文脉关系，同时又要进一步更新与发展，而城市文脉的延续、城市特色的创造在相当大程度上取决于旧城维护与整建的水平。城市文脉延续的目的就是在不破坏现存的意象形式的条件下，尽可能多地建立人们对城市的意象。保持城市中有价值的显性因素是文脉延续的基础。并且认为，城市的保护必须从总体上进行，其对象不仅包括传统的实物形态，而且还应延续城市社会文化结构中的积极因素，这些非物质形态在城市文脉的形成发展过程中起着积极促进作用。另外，还从景观层次、城市层次、建筑层次三个方面来探讨城市文脉的延续及传承。城市文脉的变异与发展应体现今日城市的精神与气质，应创造新的城市意象。张廷皓认为"城市的灵魂是人，传承城市文脉、继承和弘扬城市文化的主体应该是当地居民，城市文脉中应该有人们鲜活的生活。"

（四）关于四合院的文脉传承价值

目前并没有找到相关的研究成果。相类似的研究是历史文化街区的文脉延续问题。王燕、吴文志认为，塑造城市特色，必须以城市的历史底蕴为根基。历史文化街区就是城市底蕴最重要的组成部分。要完整保护城市的文脉，重点要保证传统街区内生活方式的合理延续。同时必须有传承文脉的人，原住民、居民后人、世代相承的特殊技艺人共同形成特有的街区文化。邻里关系、节庆活动、习俗礼仪是城市文明的载体和灵魂，能对外来游客形成吸引力。通过创造性集成，发掘传统建筑中的文化因子及相应的表达方式，将传统创作与现代生活中更符合人性的部分结合，倡导共生理念，继而形成当代人自己的城市风格和现代生活方式，这才是保护文脉、延续文脉的最终目的。关于四合院文脉价值，散在各处的观点有：北京四合院是北京历史名城延续数百年历史的传统文化的载体，记载着历史上曾发生和出现的重大事件和重要的历史人物；在北京乃至我国历史上很多重要的历史事件、重要的人物活动和著名的古今文学作品的诞生，都是在这些传统的院落和胡同中实现的。

（五）关于四合院的旅游业态开发研究系统

目前已有的一些实践方面的探索源于2008年的"奥运人家"的开发，什刹海附近的不少四合院成功入选，并由此进入游客的视野。2011年8月，北京市旅游委进一步推出独具北京特色的四合院民居旅游品牌"北京人家"，首批挂牌21户，北京的文化符号四合院从此成为接待中外游客的常态化旅游项目。首批"北京人家"大多位于北京市东城区和西城区，基本为具有浓郁北京特色的四合院式民居或旅舍。2012年，红墙花园酒店、觉品酒店、中堂客栈等12家特色四合院酒店挂牌为第二批"北京人家"。2014年9月，北京市旅游发展委员会下发了《关于鼓励北京市城区四合院开展旅游接待活动的意见》（以下简称《意见》），《意见》指出，本市将鼓励各类企事业单位、社会团体和个人利用所拥有的四合院资源依法开展旅游接待服务，包括旅游参观、住宿、餐饮、民俗展演、旅游商品展买卖等。2015年6月，新版北京市地方标准《"北京人家"服务标准与评定》起草完成，并在网上公开征求意见。与旧版相比，新版标准放宽了对"北京人家"经营者的限制，经营"北京人家"不必非得拥有四合院，并首次对"北京人家"进行了分类，进一步放宽了对四合院参与旅游接待的限制。

（六）关于四合院的文脉传承价值与文化旅游开发关系研究

目前尚无相关研究。类似研究是历史文化街区旅游开发问题。直井、山田信夫、饭岛爱认为，游客喜欢古老因素、对现代元素感到不满。刘家明、刘莹分析和文化街区旅游体验要素。提出了审美怀旧、文化教育、休闲娱乐、遁世逃避、社交生活和感情生活在内的"6E体验模型"，廖仁静、李倩、张杰认为景区真实性很重要。沈苏彦、尹立杰认为，遗产旅游已经成为复兴城市历史文化街区及其功能转换的重要途径，可以使当地经济结构多样化、创造就业、吸引外来投资，改善当地基础设施、公共服务质量、增加休闲空间。但并不是所有历史文化街区都适合开发旅游，需进行适宜度评价，并建立了包括旅游资源质量、社会生态环境、配套环境、开发潜力等方面的包含23个指标的评价模型。朱涛认为，体验式商业基于市场、消费者和零售商的成熟，并认为改造时可将原有建筑形态、多样化城市功能、业态内容置换成熟的经营管理，王燕、吴文志认为，建筑拆除重建、原住民外迁、盲目改变街区业态，改变了人文环境和原真性生活，造成环境污染、文明缺失、古迹破坏、文化异化。

三 政策背景及城市规划指导研究

（一）政策背景研究

1. "新时代、新征程、新理念"思想指引

中国共产党第十九次全国代表大会（以下简称十九大）《决胜全面建

成小康社会 夺取新时代中国特色社会主义伟大胜利》的报告指出："经过长期努力，中国特色社会主义进入了新时代，这是我国发展新的历史方位。"强调"中国特色社会主义进入新时代，我国社会主要矛盾已经转化为人民日益增长的美好生活需要和不平衡不充分的发展之间的矛盾。"

必须认识到，我国社会主要矛盾的变化是关系全局的历史性变化，对党和国家工作提出了许多新要求。我们要在继续推动发展的基础上，着力解决好发展不平衡不充分的问题，大力提升发展质量和效益，更好满足人民在经济、政治、文化、社会、生态等方面日益增长的需要，更好地推动人的全面发展、社会全面进步。

具体到核心区旅游领域，现存的主要矛盾就是供需不平衡的矛盾，即旅游产品供给与旅游消费升级之间的矛盾。旅游发展要从需求角度重新审视旅游供给侧改革，把人民对美好生活的向往作为奋斗目标，开启建设新征程，贯彻新发展理念，建设现代化的旅游经济体系。

2. 《北京城市总体规划（2016年—2035年）》的方向性指导

《北京城市总体规划（2016年—2035年）》（以下简称新《总规》）为四合院的保护和利用做出了战略指导。新《总规》强调在老城重组过程中，更要注意传统格局的维护、传统风貌的修复、传统文化的复兴。推动老城重组的初衷是要从根本上解决北京城市发展中的深层次问题，服务首都"四个中心"城市战略定位和国际一流和谐宜居之都建设。其中，突出了加强历史文化名城和古都风貌整体保护的工作。四合院作为北京古都的名片，对北京文化传承有着重要的作用。

首都功能核心区"是全国政治中心、文化中心和国际交往中心的核心承载区，是历史文化名城保护的重点地区，是展示国家首都形象的重要窗口地区"。这是未来核心区旅游发展围绕的总体指针，也是四合院旅游利用的指导方针。此外，北京副中心规划、腾退空间管控等文件均对核心功能规划、四合院腾退、维护完善以及综合利用提出了指导性意见。

四合院发展文化旅游有利于核心区实施"文化强区"战略，推动核心区由功能城市向文化城市转变，有利于展示中国传统文化和古都风貌，彰显首都文化魅力，丰富文化旅游内涵，是历史文化名城保护与发展模式的一种探索，也是历史文化街区有机更新的新机制、新模式、新路径。挖掘四合院的文化价值、激发古建筑的文化活力，使建筑文化和中国传统文化相融合，发展具有传统特色的文化旅游，也将会在结构优化的基础上进一步提升首都文化的软实力。

3. 发展文化旅游的政策影响

《关于加快发展生活性服务业促进消费结构升级的指导意见》（国办发〔2015〕85号）、《关于促进旅游业改革发展的若干意见》《关于进一步促进旅游投资和消费的若干意见》等文件都对发展文化旅游给予了支持。

4. 四合院发展旅游接待和民宿业态的政策指导

四合院开展旅游接待服务也得到越来越多的政策支持。《关于鼓励北京市城区四合院开展旅游接待活动的意见》《"北京人家"服务标准与评定》《治安处罚条例修订稿》《农家乐民宿建筑防火导则》《古建筑开放导则》《胡同游服务质量标准》《胡同游特许经营办法》等文件的制定均对积极发展客栈民宿方向给予了指导。

为了进一步挖掘散落在北京胡同内四合院资源的潜力，2014年9月底，北京市旅游委出台了《关于鼓励北京市城区四合院开展旅游接待活动的意见》，鼓励各类企事业单位、社会团体和个人等依法利用所拥有的四合院资源开展旅游接待服务；鼓励四合院居民利用自有房屋从事旅游接待，鼓励各类社会主体通过租赁、入股等方式参与四合院旅游接待服务。

2015年，北京市旅游委对原有《"北京人家"服务标准与评定》重新修订，"北京人家"也被重新定义为"在北京市行政区域内，以东、西城区为主（不限于东、西城区），利用胡同资源四合院提供住宿、餐饮、参观等服务的经营者"。新版标准扩大了参评范围，细化为综合类（餐饮+住宿）、参观类、餐饮类、住宿类四类。这些文件和规范的出台为四合院旅游合理利用创造了基本的条件。

2017年8月1日，《北京市旅游条例》开始执行，强化了民宿管理的顶层制度设计，首次界定了民宿的概念，并规定北京市城区民宿和乡村民宿的具体管理规定将于2018年8月前制定推出。

2017年8月21日，国家旅游局出台了国内首个旅游民宿行业标准《旅游民宿基本要求与评价》。该标准从范围、术语定义、评价原则、等级要求等方面对民宿行业发展给出了指导性意见，于2017年10月1日起正式实施。法律法规的完善将为四合院民宿利用发展开辟新的发展前景。

5. "核心区静下来"的要求

2017年9月4日，北京青年报A05版发表了《努力使北京核心区静下来》的文章。北京市委书记蔡奇到东城、西城就推进核心区规划建设管理进行调查研究，并指出"核心区是政治中心、文化中心和国际交往中心的核心承载区，是历史文化名城保护的重点地区，是展示国家首都形象的重要窗口。要保护好古都风貌，传承历史文脉，推进功能重组"。同时对旅游发展也做出指示：要"降低旅游和商业密度，努力使核心区静下来"，要从严管理旅游秩序，同步减少依附旅游业的一般性商业，历史文化街区要防止商业过度。方家胡同等重点地段要精雕细琢，用心打磨老城复兴的标杆。这是核心区作为首都功能核心区发展民宿市场重要的战略性指导。在旅游与商业密度降下来、严格管理旅游秩序的总体思想下，四合院发展旅游利用，必须要进行规模和品质的管控。

随着政策的逐渐完善，可以预计未来四合院发展旅游接待，特别是民宿接待将成为必然趋势。在分析首都功能核心区建设对核心区旅游总体工作的战略指导方向后，了解四合院及周边文化旅游资源供给情况和游客对四合院文化旅游的需求情况，有利于更好地使用政策条件为四合院有效合理利用做好准备工作。

（二）新时期首都功能核心区建设的指导性框架

随着十九大的召开和新《总规》的实施，我国社会发展进入"新时代"。新时代社会发展各个层次的主要矛盾都发生了变化，新《总规》对首都功能核心区发展的战略规定也使各项职能活动有了新的工作方向，因此各区域各行业的发展战略均需要随之发生调整。

审视新时代的核心区旅游发展战略问题应该先从审视区域旅游发展与核心区建设的关系入手，正确认识核心区旅游业在首都功能核心区建设中的地位与可以发挥的作用，以便为未来旅游利用工作提供战略指向。

1. 新时期核心区旅游发展与首都功能核心区建设的三大关系

（1）首都功能核心区的发展定位与旅游功能之间的关系

新《总规》对首都功能核心区的发展定位是：全国政治中心、文化中心和国际交往中心的核心承载区，是历史文化名城保护的重点地区，是展示国家首都形象的重要窗口地区。从字面看，核心区的主导功能并不包含旅游功能，但旅游是文化和国际交往功能的重要实现途径，并承担一定的政治功能，是历史文化名城保护的后续产业利用方式，是彰显国家形象的重要窗口产业。因此，发展旅游业与首都功能核心区建设不仅没有本质的方向性冲突，而且还可能成为首都功能核心区建设的有力抓手和有效实现途径。这是新时期核心区旅游业发展与首都功能核心区建设基本关系的认识，是核心区旅游业功能的基本判断，是未来指引核心区旅游业各项工作开展的指针。

核心区功能的定位更为"集中"，必然引起区域旅游业发展定位的调整。其中核心区"三个中心核心承载区"的定位决定了未来核心区旅游人口的新群体，分别是以政务人士、文化人士、国际交流人士为主的国内外游客。新群体由于文化教养、职业背景和社会层次较以往更为集中，会有新的消费审美、消费偏好、消费特征和消费水平。认真研究新群体的消费需求，是提供有效旅游产品和服务的前提。

未来核心区旅游业必须在战略上做相应调整。"四个服务"是对核心区各项管理职能的具体要求，也是旅游行业管理者开展各项工作的行动准则。作为旅游主管部门，在进行四合院旅游利用的行业规划、行业管理和整体营销的过程中，也应当摒弃过去目标群体泛化条件下的战略定位和服务方式，有所为有所不为，增加对新群体的调查研究，制定新的定位战略，引导市场向新群体的新需求靠拢，选择更为集中的有效渠道，利用有效资源，发出有效话语，进行高效规划和宣传。

（2）"核心区静下来"要求与"四个服务"基本职责的关系

新《总规》突出强调集约发展、减量发展，《实施方案》要求核心区要把人口、建筑、商业、旅游"四个密度"降下来，这是优化提升首都功能的内在要求。如何在旅游密度和商业密度降下来的前提下，更好地发挥旅游业"四个服务"基本职责，是考量核心区旅游业集约化发展的新挑战。

旅游密度和商业密度的"双降"并不是要"限制"核心区旅游业发展，而是要求核心区旅游业"集约化"发展。"双降"带来的不是"局限"，而是一定程度的"机遇"。具体表现在：旅游人口集约化聚焦了旅游服务对象，使得旅游服务工作更具有指向性，减少了面对广泛性群体的泛化工作要求，实现了成本的下降。而伴随着新群体消费审美和消费能级的提升，旅游经济效益也会释放出集约化发展的优势。从这个角度看，未来核心区虽然旅游密度会下降，但是旅游市场面临的不是停滞化，而是集约化；旅游经济面临的不是萎缩化，而是高效化；旅游品质面临的不是广泛化，而是提升化；旅游管理面临的不是缩减化，而是聚焦化和精细化。

（3）"历史文化名城保护"与旅游利用创新的关系

新《总规》强调"首都功能核心区是历史文化名城保护的重点地区"；

要"保护古都风貌,传承历史文脉"。首都功能核心区是历史文化遗产密集地,特别是新《总规》确定的具有突出历史和文化价值的13片文化精华区绝大多数位于核心区,如什刹海—南锣鼓巷文化精华区、雍和宫—国子监文化精华区、张自忠路北—新太仓文化精华区、张自忠路南—东四三至八条文化精华区、东四南文化精华区、皇城文化精华区、天安门广场文化精华区、东交民巷文化精华区、天坛—先农坛文化精华区等。这些地区都是首都风范、古都风韵、时代风貌的城市特色窗口。随着核心区整体保护与复兴,文物腾退和功能疏解,胡同修缮和综合整治,未来,这些地区历史文化遗产(物质与非物质文化遗产)的保护与利用、传承与创新之间的关系问题将日益突出。旅游利用是可以实现在保有老城古都风貌的基础上,实现挖掘保护内涵、传承城市历史文脉,传扬文化特征与地方特色的有效途径。

2. 旅游业对首都功能核心区建设的意义

(1) 核心区旅游发展对"政治中心"的建设意义

自中华人民共和国成立初期我国旅游业就承担了一定的政治功能。通过旅游这种民间活动的形式,破除官方交流障碍,增进理解和友谊。虽然目前旅游产业发展更多重视经济功能,但是旅游的政治担当一直存在并延续。

首都功能核心区的政治中心建设任务中,旅游业可以继续承担一定的政治功能。核心区旅游发展作为政治外交的补充和中国和平发展的展示通道,可以成为理念力量的载体,通过不同文化和生活方式的人们之间产生直接、自发和平等的接触,以平和的文明交流与对话方式增进理解,成为世界和平理念传递的重要推动力量;通过旅游视角,加强中国文化和价值观的体验和输出,为国际理解和相互依赖提供道义和理智的基础;通过旅游合作培育战略关系;通过改善民生增进人民之间的亲近感和相互理解。

(2) 核心区旅游发展对"文化中心"建设的意义

文化是旅游的灵魂。核心区旅游业是中国文化建设、文化展示、文化输出、文化渗透的重要渠道。通过旅游利用的切入再现古都风貌、展现大国首都形象和中华文化优秀传统魅力,更是提升了中国首都的文化软实力和国际影响力,直接向国际社会展现了中华民族的文化自信;通过充分利用文化遗产、民族特色、传统节庆等旅游主题产品普及中国语言和文字,扩大中国文化和价值观的输出;通过鼓励和支持中国的旅游企业走出国门,消费和使用中国制造、中国创造和中国服务,与世界人民共同分享文明成果，可以把中国的文明向世界传播。

（3）核心区旅游发展对"国际交往中心"的建设意义

旅游是国际民间交流的重要渠道，中华人民共和国成立初期旅游发展就是外交事业的重要组成部分。旅游参与者（旅游企业、旅游服务人员、游客、旅游行业管理者）都是公共外交的主体，通过旅游文化体验和民众直接交流，通过耳濡目染、亲身经历可以消除隔阂、误解和偏见，增强国家文化软实力的渗透效果。

核心区旅游业是国际交往的重要舞台。作为国际交往中心的核心承载区，未来将着眼于作为大国首都对国家国际交往中心的新要求和更高标准，着力优化国际交往功能的空间布局，建设承担重大外交外事活动的重要舞台，持续优化为国际交往服务的软硬件环境。旅游作为外交的有益补充，可以在重大外交外事活动中发挥接待和保障功能，丰富外交内容，使外交层面立体化、生动化，从而扩大外交效用。

旅游还是民间外交最直接、最有效的人际传播方式。到核心区的旅游者是群体庞大的"民间外交家"，通过构建优良的旅游环境，使来来往往的游客不断地将国家的政治、经济、文化、社会生活理念运输与传扬，在国际文化的交流、交锋和交融中发挥重要的话语通道作用。旅游承载的民间国际交流的直接渠道更鲜活、更可信、更平和、更有说服力和感染力。

旅游外交更是国家形象的建构方式和传播途径之一。未来核心区旅游通过跨文化重大活动的传播，通过旅游过程中政治、经济、文化多重属性的社会交往，丰富和强化游客对核心区的社会文化感知，使核心区国际旅游交流活动成为塑造国家形象重要的载体和途径。

（4）核心区旅游发展对"历史文化名城保护"的建设意义

旅游是"历史文化名城保护"永续利用的承接者。首都功能核心区是体现大国首都文化自信的代表地区。新《总规》要求"既要延续历史文脉，展示传统文化精髓，又要做好有机更新，体现现代文明魅力"。虽然目前无论在理论上，还是在实践中，用文化旅游的发展解决物质文化遗产的保护与传承问题一直存在争议。但是，无论从国家层面还是地方层面，正在逐渐形成鼓励社会投资参与历史文化遗产保护与利用的政策趋势。

核心区旅游未来在保护古都风貌，传承历史文脉中将承担重要的后续有效利用和对外展示职能。通过活化历史文化遗产、增强文化感染力，宣扬文化背后的历史观与价值观。在疏解整治促提升专项行动的同时，在城市补足配套设施，提升基础设施建设水平的同时，从高端旅游的发展思路提供相关的建设建议，切实在保证"把核心区的人口密度、建筑密度、旅游密度、商业密度降下来，努力使核心区静下来"的前提下，实现旅游提质增效。这是旅游利用问题需要提前做好的准备工作。

（5）核心区旅游发展对"国家形象"的建设意义

新《总规》明确了首都功能核心区"是展示国家首都形象的重要窗口地区"。国家形象是国际社会公众对一个国家相对稳定的总体评价。核心区旅游业是首都旅游形象的缩影，是国家形象的直接体现。而且随着国际交流和文化建设的深入发展，核心区旅游日益成为文化交往中国家形象的典型面孔之一，改善和树立良好的国家形象已经成为核心区旅游行业需要研究的重要学术课题和使命。

3. 核心区城区旅游的服务能力和社会影响力

（1）旅游接待能力

东城区与西城区均是北京市旅游大区。旅游营业收入在一定程度上体现了旅游接待能力。东城区与西城区在全市旅游接待中占据重要地位，是落实全市旅游战略的重要区域，也是全市旅游贡献的最主要的来源。

（2）核心区旅游业的社会影响力

旅游业是综合性产业，需要其他生活服务业作支撑。旅游接待能力在一定程度上代表了一个地区生活服务业的发达程度，是一个地区经济发展程度和社会进步程度的缩影。作为首都功能核心区，更是国家实力和国家形象的直接体现。核心区旅游产业所展示的社会影响力和生活服务竞争力令人瞩目，体量和作用均不可轻视。

按照世界旅游组织公认的1∶9的旅游产业辐射功能标准，核心区旅游业高度发达，生活服务配套完善，不仅反映了良好的宜居性，还反映了强大的国际交流接待能力。这是新时期核心区旅游业发展的现状和起点，也是对首都功能核心区建设的旅游接待保障。

（三）新时期四合院旅游利用发展路径及重点工作的思考

1. 走内涵集约发展路径

未来核心区旅游发展必须继续走"提质升效"的集约化道路。在降低旅游密度的前提下，保障首都旅游接待能力和接待水平。引导市场对准有效旅游群体的有效需求，提供有效的旅游产品和服务，持续保持旅游经济的贡献。

首先，盘整存量。对标首都功能核心区的建设任务，在框定总量、限定容量的前提下，保留和鼓励发展符合定位标准的旅游要素组合，在降低旅游密度的同时，努力提升旅游文化品质，提高产出效率和服务水平；对不符合建设任务的存量资源进行有效疏导和管控，鼓励存量的文化创新活动；对于未来可能释放的存量进行盘活，在历史建筑的旅游活化利用过程中，应该以新《总规》为契机，配合核心区城市空间总体规划，使其与"四个中心"功能定位相适应，彰显核心区的文化功能、对外交往功能和国家形象。针对四合院、工业遗产、近现代建筑等特色存量资源，旅游行政管理机构应积极参与到相关政策法规的建议与制定中来，通过预置发展路径，鼓励发展符合核心区功能定位、适应老城整体保护要求而又体现高品质的特色文化旅游创新。

其次，做优增量。利用鼓励政策，引导旅游增量向高起点、高标准、高质量发展，充分利用"互联网+"和"旅游+"的新兴力量，逐步引导实现旅游产业结构升级。

2. 承担一定的国家形象建设使命

研究大国首都核心区旅游形象建设工作。旅游形象是中国国家形象构建的重要因素，从旅游安全、旅游秩序、游览区外观整治、旅游接待服务规范、旅游形象宣传的文化力和价值观挖掘、旅游产品服务提升、旅游标识友好性、旅游设施人本化、旅游公共管理便利性、旅游文化内涵的可体验化等方面入手，鼓励将中国文化基因和大国风范的国家形象在旅游层面体现、外化并传达。

研究核心区旅游对国家形象构建的贡献度。从国家形象概念界定、投射形象和感知形象、旅游视角的国家形象组织维度、目标市场研究与整合营销传播方案，通过庞大的旅游受众群体助力国家形象的构建和宣传。充分利用旅游途径，宣传北京文脉底蕴深厚和文化资源集聚的优势，把首都"社会主义物质文明与精神文明协调发展，传统文化与现代文明交相辉映，历史文脉与时尚创意相得益彰，具有高度包容性和亲和力，充满人文关怀、人文风采和文化魅力的中国特色社会主义先进文化之都"的风采向国内外旅游群体进行充分表达。

以国际一流标准提升旅游体验度。通过鼓励建设高品质文化设施，构建现代旅游服务体系，不断提升文化软实力和国际影响力，推动北京向世界文化名城、世界文脉标志的目标迈进。以服务国内外来京旅游为重点，做强古都文化游、皇家宫苑游等特色旅游板块，并通过与其他现代文化游、京郊休闲度假游等有效资源整合和跨区联动，大力拓展旅游消费领域，不断完善旅游基础设施和公共服务设施，建设均衡完善的旅游便民服务网络，不断提升北京旅游的独特吸引力和国际影响力，建设国际一流的旅游城市。优化国际交往环境及旅游配套服务水平，彰显文化自信与多元包容魅力，为北京建设更加具有全球影响力的大国首都做出行业贡献。

整合推广国家旅游形象路径。在整合营销传播中，把社会主义核心价值观和北京精神充分体现在历史文化、自然风光和民俗风情中，与宣传受众达成思想共鸣、建立感情连接，传递大国首都风范。通过旅游这样一个承载着亿万游客的渠道，把美丽中国的国家形象加以推广。

3. 鼓励旅游利用参与文化创新和文化推广战略

促成旅游视角的文化创新。旅游利用需要做好的工作是如何引导市场力量在历史文化街区深入挖掘文化内涵和精神价值，努力把传承、借鉴与创新有机结合起来，积极发掘、整理、恢复和保护各类非物质文化遗产，将戏曲、音乐、书画、技艺、医药、饮食、民俗、庙会等资源旅游主题化，成为创新旅游产品的文化实质和精神领导。加强老字号产品的旅游活化，促进其向高品质文化旅游方向延伸，成为讲好文化故事的旅游文化使者。

引导具有文化渗透力和深度体验感的文化旅游产品开发。发展传统文化旅游精品，如皇城旅游、中轴线物质文化遗产旅游、国学宗教旅游、中医药旅游、戏曲旅游、非遗旅游、美食旅游、中国传统民俗旅游、体育旅游等，开发新的主题精品民宿接待、主题修学旅游接待、主题康养旅游接待、深度传统文化体验旅游接待等。

4. 文化精华区旅游形象建设和旅游服务品质提升

文化精华区建设中旅游大有可为。坚持世界眼光、国际标准、中国特色、高点定位，以创造历史、追求艺术的精神，提升文化精华区旅游产品品质和旅游服务品质，在文化保护的基础上做好传承工作。鼓励以更开阔的视角做好文化遗产合理旅游利用工作，不断挖掘历史文化内涵，让历史文化名城保护成果惠及更多民众，打造具有核心竞争力的知名文化旅游品牌。

5. 旅游精细化管控治理

加强旅游路线引导，完善故宫等重点景区周边交通疏导方案，规范胡同游和旅游大巴停放管理。外迁现有旅游集散中心，引导游客通过公共交通进入。加强景点周边管理，统筹旅游配套服务设施建设，营造整洁、有序的游览环境。

在十九大精神指导下，未来核心区旅游工作将着力解决现有旅游供给、需求、质量方面与首都功能核心区建设要求中存在的突出矛盾和问题，推动旅游服务业向集约化、便利化、精细化、品质化方向发展，优化旅游供给结构，提高旅游供给水平，树立良好的国际形象。这也是旅游利用工作的努力方向。

四 核心区四合院供给侧旅游利用价值

四合院是中国传统文化重要的象征和代表。无论是在国内，还是在国际上，都是北京代表性的旅游吸引项。四合院文化旅游既可感受老北京的风韵，又可感受新北京的时尚。

从全面提升文化旅游产品供给的角度看，随着四合院旅游形式的多样化发展，除了本身所具有的独特的游览功能外，也逐渐延伸到住宿、饮食、娱乐、购物四大因素中。四合院旅游产品与其他形式的旅游产品相结合，使得周围的景区景点也一并受到重视。这些都为促进经济发展和增加政府财政收入起到积极的作用。

为了破解核心区目前发展文化旅游的实际需求和旧城四合院保护利用的限制性规定之间的不一致性，本部分将在进行广泛调研的基础上，认识四合院发展文化旅游业的供给侧利用价值。

（一）核心区四合院资源状况、特色及文脉特征定位

1. 核心区四合院资源的总体状况

1990年11月23日，北京市人民政府公布第一批历史文化保护区，共25片。1999年8月6日，北京市人民政府公布《北京旧城历史文化保护区保护和控制范围规划》，重新划定了25片历史文化保护区，并划定保护和控制范围。2002年2月，北京市人民政府批准了北京市规划委员会组织编制的《北京旧城25片历史文化保护区保护规划》，确定了第二批历史文

化保护区。2004年,北京市编制《北京第二批15片历史文化保护区保护规划》。2005年公布第三批3片保护区。

到2007年为止,北京市已划定43片历史文化保护区,其中33片在明清北京旧城内:一是分布在皇城内的14片,包括南、北长街,西华门大街,南、北池子,东华门大街,景山东、西、后、前街,地安门内大街,文津街,五四大街,陟山门街。主要为环绕故宫、景山、三海(现在的中南海和北海)、社稷坛(现在的中山公园)、太庙(现在的劳动人民文化宫)等街区。这片街区在清代大多是皇家禁地,一般百姓不能在此居住。二是分布在皇城外旧城,包括西四北一条至八条,东四三条至八条,南锣鼓巷地区,什刹海地区,国子监地区,阜成门内大街,东交民巷,大栅栏、鲜鱼口地区,东、西琉璃厂,北锣鼓巷,张自忠路北,张自忠路南,法源寺,新太仓,东四南,南闹市口。

2. 核心区四合院作为文化旅游资源的特点

(1) 历史街区与传统院落保存完整

核心区历史保护街区与传统四合院落保存相对完整、分布集中,作为北方民居的代表性建筑形式,不仅可以向游客展示整体构造外形和内部细节,而且民居内一砖一瓦、一草一木的内在韵味也对游客产生深深的吸引力,是独具魅力的旅游资源。

(2) 文化背景浓厚

四合院不仅承载着古代人民的建筑智慧,而且承载着丰富的民风、民情、民俗和民族文化。一座传统民居从选址、择位、营建、细节装饰到使用,无处不传达着中国传统的制度文化、物质文化和意识文化。民居居住者的生活习惯、日常风俗及其反映的文化内涵等无形的非物质存在也是传统民居的灵魂。

(3) 具有独特的审美价值

四合院蕴含建筑学、历史学、文物考古学、民俗学、文学等多方面知识,深入挖掘传统民居的文化审美内涵,有助于增强游客体验感。

(4) 旅游要素集聚

资源集聚有利于旅游业态整体开发。核心区四合院周边有相应的餐饮、休闲、娱乐、景点等旅游要素汇集,有利于游客参观游览,也有利于旅游元素的聚集。特别是民居与皇城、民居与各种宗教祭祀场所的相生相长关系,既彰显了北京老城政治中心的制度文化构成,也体现了北京老城浓厚的传统民俗文化和生活气息，共同形成了富有东城气质的片区文化特征。

（5）具有良好的实用功能

四合院不仅是历史和文化延续至今的一种物化实体，还可以展示民居所代表的文化内涵，宜居宜业。其良好的功能适应性也可以作为一种经济资源服务社会。

（6）能永续发展

民居旅游资源无论在形式和内涵上都具有较长的生命周期，建筑的恒久性也使四合院能够永续发展。

3. 核心区四合院集中的各片区文脉特征及定位

拥有大量四合院资源的历史文化街区的文脉特征可以归结为以下几种：

（1）皇城中轴线格局及特征

具有皇城中轴线格局特征的片区有皇城、南池子、北池子、景山前街、景山西街、景山后街、南锣鼓巷、北锣鼓巷片区、南长街、北长街、西华门大街、文津街、陟山门街、地安门内大街等。这些地区位于故宫皇城左右两侧，在明代主要是为皇宫服务的衙署、寺庙等，未来可定位于展示皇家文化和北京的中轴线文化，同时展示皇家宫苑和王府官邸。

（2）红色革命文化特征

具有红色革命文化特征的片区有文津街、景山东街、五四大街片区、景山后街、地安门内大街，附近有毛主席故居、京师大学堂建筑遗存、北大地质馆旧址、嵩祝寺及智珠寺等文物保护单位，未来发展文化旅游可以突出红色旅游定位。

（3）传统民居特征

能体现中国传统民居特征的片区含什刹海历史文化保护区、前门鲜鱼口片区、东四三条至八条、东四南地区、西四北头条至八条、阜成门内大街历史文化保护区、南闹市口。未来发展文化旅游可以突出展示老北京传统文化特色和民俗特色（美食、商贾、梨园、会馆、民俗文化等）。

（4）异域风貌片区

东交民巷保护区建筑多为西式风格。现以机关办公为主，兼有办公与居住的混合使用形态，在整体上保持了历史文化街区原有的异域风貌特色，在老城区的传统建筑文化基调中独显特质。未来发展文化旅游可以结合异域风情定位。

（5）寺庙文物、传统文化及国学特征

具有宗教文化特征的有雍和宫—国子监保护区和法源寺历史文化保护区。该地区是北京旧城内重要寺庙建筑和重要文物集中的街区，雍和宫—国子监保护区包括国子监、孔庙、国子监街、雍和宫、柏林寺等。东、西琉璃厂街保留文化街的经营特征。未来发展文化旅游可以突出宗教和中国传统文化特色（国学、中医）定位。

（6）王府私邸、缙绅文化、名人故居及博物馆特征

含什刹海片区、张自忠路北、张自忠路南、新太仓片区，集中了大量王府和名人故居及博物馆。未来发展文化旅游，可以突出名人品牌特色。

（7）商业文化特征

大栅栏是北京传统的商业街，至今保留瑞蚨祥、同仁堂、六必居、内联升、步瀛斋、马聚源、张一元、亨得利等老字号，未来可以突出商业文化。

（二）核心区四合院资源旅游休闲业态布局现状研究

目前已经开展的四合院文化旅游大致有以下几种业态形式。

1. 王府官邸、名人故居及博物馆业态

已经对外开放的四合院博物馆及名人故居业态有毛主席故居、鲁迅故居、程砚秋故居、文天祥祠、史家胡同博物馆（被评为"北京人家"参观类）、老舍纪念馆、茅盾故居、李大钊故居、宋庆龄故居、郭沫若故居、谭嗣同故居、纪晓岚故居、郭守敬故居、鲁迅故居、徐悲鸿故居、北京松堂斋民间雕刻博物馆，还有蔡元培故居、齐白石故居等。此外，还有一些非物质文化遗产博物馆等业态（非物质文化遗产博物馆非注册博物馆，有非遗形态的陈列和展现，但实质更像是旅游纪念品商店）。这些博物馆及名人故居多为文物保护单位，规定了开放时间，有些还作为旅游景点制定对外开放的相应门票价格。博物馆和名人故居业态不仅以北京四合院传统民居的外在建筑形式出现，而且还留下了关于曾经居住的名人的历史文化渊源，也正是基于此，较之普通的四合院具备更有影响力的旅游效应。

此外，还有许多尚未开发的名人故居，如婉容故居（帽儿胡同35号和37号）、马连良故居（豆谷胡同13号）、洪承畴故居（南锣鼓巷59号）、清代庆亲王奕劻第二子载旉府第，后为蒋介石在京行辕（后圆恩寺

胡同 7 号），前门地区还有很多梨园名家故居等。这些都是未来文化旅游的潜在优质资源。

2. 住宿业态

四合院发展民宿业态是旅游利用最直接和有效的方式。目前，核心区四合院民宿业态已经出现，并呈现增长趋势。四合院民宿利用了四合院的建筑外形和装饰细节，融入传统的因素，不仅成为一种旅游住宿设施，而且在某种程度上形成了四合院旅游重要的构成部分，四合院发展民宿一方面有助于彰显北京文脉特色，另一方面也丰富了旅游产品种类，有助于促进旅游消费升级和旅游供给侧改革。

目前，北京市四合院发展民宿的法律和相关制度正在逐步受到重视和完善。2017 年 8 月 1 日，《北京市旅游条例》开始执行，从法律上确立了住宅性质的房屋从事住宿经营的合法性。2017 年 8 月 21 日，国家旅游局出台了国内首个旅游民宿行业标准《旅游民宿基本要求与评价》。该标准从范围、术语定义、评价原则、等级要求等方面对我国民宿行业发展给出了指导性意见，并于 2017 年 10 月 1 日起正式实施。按照该标准，旅游民宿是指利用当地闲置资源，民宿主人参与接待，为游客提供体验当地自然、文化与生产生活方式的小型住宿设施。其中，根据所处地域的不同可分为城镇民宿和乡村民宿。

由于与《北京市旅游条例》相对应的北京市城镇民宿标准和技术要求等细化措施尚未公布，北京城区民宿还没有明确的标准和执行法规，相关的认定和市场规模统计都难以获得精确的数据。下文所提的民宿概念，只暂时借用"民宿"一词，涵盖目前的四合院住宿业态，但不作为精确意义的概念界定。

（1）民宿市场规模

北京市的城镇民宿起步于 2008 年的"奥运人家"，当时以居民自有住宅作为经营场所，采取了与旅馆业相同的经营方式，即向社会公众提供住宿服务，并按日计价收费。2010 年，北京市旅游局制定了《"北京人家"服务标准与评定》。2016 年，北京共有 33 户"北京人家"挂牌，它们大多位于东城区和西城区，为具有浓郁北京特色的四合院式民居或旅舍。

（2）产权性质

通过走访发现，只有少数民宿拥有房屋自有产权，更多的是采取承租方式。自有产权经营压力较小，而承租方式由于租金高、经营不稳定，面临较大的压力，甚至有些精品酒店自开业以来一直都在负债经营。有一些民宿在经营多年后，不得不因为产权或投资原因停业或歇业。

（3）业态布局

核心区四合院民宿目前主要的经营业态有：精品酒店（如"北京人家"及文化主题酒店等）、客栈、青年旅馆、家庭旅馆（民俗接待户）等形式。前几种方式属于"非主人接待"形式，家庭旅馆有主人接待。

值得关注的是文华东方酒店集团和天街集团达成"北京前门文华东方酒店"开发和管理合作的尝试，是保护历史文化名城的有益尝试，是探索文化资源沉浸式体验和可持续利用的新途径，对四合院区的保护和建设，优化业态定位和布局，带动区域经济和社会效益，具有一定示范作用和效应。

（4）入住率与房价波动

通过调研发现，四合院民宿经营的淡旺季特征普遍显著。旺季需提前1个月甚至更长时间预约，而淡季入住则不到三成，甚至更低。民宿的房价从日租几十元到2000元不等。在旺季，有三成左右的民宿客房日租金可达500元以上。

（5）目标顾客

在各类民宿所接待的游客中，精品酒店或"北京人家"的外国游客在3—5成之间，其他民宿以接待国内游客为主。

3. 文创、酒吧及餐饮业态

核心区有北京市旅游委认定的"北京人家"（餐饮类）均为在四合院合法开办的餐饮企业。

核心区还有一些餐饮、酒吧和文创企业的聚集地，如什刹海片区、阜成门内大街及南锣鼓巷片区。更多主打文化创意和老北京特色的店铺出现，新增的传统民俗活动更是增添了老北京味道，受到了游客的欢迎。文创、酒吧和餐饮聚集地还包括方家胡同和五道营胡同等地。

4. 其他业态

四合院片区还有小众剧场、文创店铺、社区活动中心、手工民俗业态等。

蓬蒿剧场是北京第一家民间非营利性小剧场，在民国四合院基础上改建而成，可容纳100人观看演出。自2008年成立以来，蓬蒿剧场每年演出约300场，沙龙、文学朗读、工作坊及讲座等公益性文化活动100多场。合计演出及活动2000多场，每年策划及组织2—3个大规模的行业内的戏剧节及论坛。

五　四合院需求侧旅游体验价值

从文化旅游的需求方面看，国内外游客对四合院这种中国北方传统民居的典型代表的兴趣度愈益提升。为得到较为精准的游客对四合院文化旅游需求侧信息，引导企业针对性地提供有效供给，分别精选本地和海外游客集中的胡同四合院区域进行游客随机拦截访问。调研时间集中于旅游旺季，分别回收国内游客有效问卷 423 份，海外游客有效问卷 145 份。有如下结论。

（一）四合院文化旅游目前的市场定位及经营特征

1. 目标人群

通过实地调研，四合院文化旅游的主要目标群体集中在以下人群。

（1）国外人群

主要集中在欧洲、北美和亚洲地区，男性居多，18—60 岁为主的、受过良好教育的中高收入人群，职业主要分布于技术人员、商人及教师，还有学生。

（2）国内人群

主要分布于 40 岁以下，受过良好教育程度的、中等收入为主的外地中青年，职业主要分布于公司员工、自由职业和公职人员，还有学生。

2. 消费行为和偏好需求

（1）国外游客

国外游客本身对四合院了解不多，但对京味民俗和建筑兴趣很大，来京主要目的是休闲观光和商务旅游。以自由行和单位组织为主要出行方式，了解信息的方式以网络和亲友推荐为主，短期停留集中在 3 天到一周，还有长期居住（1 年以上）的。消费以中高消费为主。

国外游客在四合院区域进行旅游时，餐饮消费偏好是传统小吃和老字号为代表的餐饮文化，喜欢附带民乐和功夫表演为主的演艺，对餐饮和住宿环境讲究更多中国特色、现场演示和具体菜品故事的讲解。

四合院住宿偏好以每天 3000 元以下房费为主，对硬件和服务要求比较在意，追捧本土品牌、中国传统和北京时尚品牌，注重建筑和文化体验。

商业游览方面，喜欢步行漫游历史文化街区，希望和当地居民有互动和深入的生活体验。

购物方面喜欢特色礼物和北京特产，注重商品特色和产品质量。

（2）国内游客

大部分国内游客对四合院有比较深入的了解，对四合院所体现的京味文化或民俗、四合院发生的历史事件和传统建筑文化感兴趣。

出游目的以休闲旅游的探亲访友为主，多与家人朋友自助出行。通过各种媒介和网络获取出游信息。出游时间以 3 天到一周为主，旅途人均花费在 5000 元以下。

国内游客在四合院片区进行旅游活动时，餐饮需求是喜欢京味儿餐饮、传统小吃、老字号。餐饮演艺喜欢相声和京剧。喜欢现场制作展示和菜品解说。对就餐环境要求较高。

国内游客的四合院住宿需求以 1000 元以下为主，喜欢国内品牌，在意主题风格和硬件配备，喜欢北京传统风格。注重体验价值。

交通以共享单车为主。

游览业态喜欢名人故居、博物馆形式和民宿精品酒店。不太重视与当地人的交流。

购物重视地方特色。

3. 消费档次

国内游客的消费档次以中档为主，国外游客的消费档次一部分是中等消费，还有 17% 左右的高档消费需求值得重视。

（二）游客对核心区四合院区旅游业态的需求

通过对四合院经营业态的偏好调研发现，游客喜欢的业态分别为历史文化博物馆和名人故居（国外游客 54%，国内游客 38%）、民宿和精品酒店（国外游客 14%，国内游客 28%）、餐厅（国外游客 16%，国内游客 6%）、手工记忆活态博物馆（国外游客 6%，国内游客 11%）、图书/咖啡馆（国外游客 6%，国内游客 9%），少量选择民俗展览和演艺剧场。在进行文化旅游开发时，可按照以上比例进行引导控制。

1. 四合院住宿需求

（1）国内游客四合院住宿需求及业态建议

①住宿品牌及价位需求

在四合院住宿需求方面，国内游客最喜欢的是国内品牌和无品牌，被选频率均为 32%。而国际品牌的需求被选频率最低为 13%。

对于游客可以接受的四合院住宿的每晚房间价位，有过半的游客表示1000元以内可以接受，三成的游客表示1000—3000元可以接受，这两部分之和占到总频率的绝大多数。仅有少部分游客表示可以接受住宿价格在3000元以上。

由上可以看出，游客对四合院住宿有品牌要求的占总人群的六成，而对住宿的价格可接受的范围以中等价位为主。

②四合院住宿在意事项

国内游客最在意四合院的主题风格和硬件配备，别被选频率分为30%和29%。由此可见，四合院住宿供给者应迎合消费者的爱好，设定房间的主题风格，随时做好到访者反馈工作，及时调整住宿设施的风格。而房间的硬件配备（房间整洁度、房间大小、通风、采光等）决定着游客入住期间的舒适度和满意程度。

③四合院住宿主题风格喜好

最受国内游客喜爱的为北京传统风格，被选频率为56%。对于是否选择固定形式的住宿设施，有的游客较为专一地追求固定的住宿风格，有的游客喜欢体验不同风格的住宿。

国内游客较喜欢与四合院的建筑风格保持一致的北京传统风格主题，想要体验的是老北京的传统文化，四合院住宿供给者应将古老的建筑形式与北京传统文化相结合。

④住宿特色服务

对四合院住宿周边的支撑业态，其中选择特色餐饮的游客频率最高，被选频率为51%。养生药浴、茶艺茶道需求其次，文教科普、商务服务需求小。由此可见，国内游客对四合院周边特色餐饮分布最为重视。此外，还有养生药浴、文教科普、茶艺茶道等可作为四合院住宿周边的附属服务需求。

⑤住宿文化体验需求

国内游客所选频率最高的是建筑体验价值，频率为39%，其次为文化研究价值，频率为32%。

（2）国外游客住宿需求及发展建议

①住宿品牌及价位需求

统计数据显示：国外游客对四合院住宿的国际品牌和国内品牌的需求所占比重分别为20%和35%，对地方品牌的需求所占比重为24%，对品牌无需求所占比重为21%。与国内游客相比较，他们对国际品牌的接纳程度稍高。

关于国外游客对可以接受的四合院住宿的房间价位（人民币）的数据分析：可以接受 150 美元以内每晚的比重为 56%，可以接受 151—450 美元每晚的比重为 36%，可以接受 451—750 美元每晚的比重为 5%，接受 750—1000 美元每晚和 1000 美元以上每晚的比重分别为 2% 和 1%。在这一问题的选择上，国外游客可以接受的四合院住宿房间的价位与个人月收入情况有关，收入越高，在住宿的选择上房间价位越高。收入越低，可以接受的四合院住宿房间价位也就越低。

②四合院住宿在意事项

关于国外游客对选择四合院住宿最在意的因素的数据分析：选择具有主题风格的住宿所占比重为 13%，对硬件设备的在意因素所占比重为 31%，对服务质量和价格的在意因素所占比重均为 24%，对品牌和其他因素所占的比重均为 4%。

③四合院住宿主题风格喜好

关于国外游客喜欢哪种风格的四合院住宿的数据分析：选择具有传统风格住宿的比重为 57%，选择具有北京时尚风格住宿的比重为 34%，选择具有主题风格和异域风情风格的比重均为 2%，选择田园风格和豪华风格住宿的比重分别为 1% 和 4%。在这一问题的选择上，国外游客表现出了明显的差异，对具有传统风格住宿的选择所占比重较大，其次是对具有北京时尚风格住宿的选择，对其他风格的住宿选择差异不明显。

④住宿特色服务

关于国外游客对四合院住宿周边能提供的专项服务需求的数据分析：国外游客选择特色餐饮的专项服务需求的比重为 39%，对养生药浴需求的比重为 28%，对文教科普和其他的需求所占比重一样均为 4%，对茶艺茶道和商务服务的专项服务需求所占比重分别为 13% 和 12%。在这一问题的选择上，具有显著差异的是对特色餐饮和养生药浴的需求，对其他专项服务需求的差异不大。

⑤住宿文化体验需求

关于国外游客对四合院住宿的价值需求的数据分析：国外游客选择居住价值所占的比重为 11%，选择建筑体验价值的比重为 44%，选择文化研究价值的比重为 41%，选择审美价值的比重为 4%。在这一问题上，国外游客认为四合院住宿的价值需求应该体现在建筑体验价值和文化研究价值上的比重比较大，对居住价值和审美价值需求的体现所占比重较少。北京四合院历史悠久，虽为居住建筑，但蕴含着深刻的文化内涵，是中华文化的载体。四合院的建筑构成具有独特之处，在中国的传统住宅中具有典型性和代表性。

2. 四合院及周边特色餐饮需求

（1）国内游客的餐饮需求及建议

①菜品偏好

经实地调查发现，国内游客在四合院区的餐饮消费中，喜欢京味儿餐饮、传统小吃、老字号的所占比重最大，占比72%。其次为喜欢私房菜的游客，占比15%；再次为喜欢西餐，占比9%。最后为喜欢国内其他菜系，占比5%。

②餐饮服务需求

有38%的国内游客喜欢现场操作表演，其次为菜品故事解说，占比36%；最后为自助，占比26%。喜欢菜品故事解说和现场操作表演的游客比例相差不大，日后四合院周边餐饮的开发可根据自身经营情况添加。

③餐饮环境需求

对四合院周边的餐饮环境方面，有35%的游客选择特色装饰装潢；其次为选择特色餐具，占比29%；再次为选择特色风格家居，占比25%；最后为背景音乐或现场表演，占比11%。

综上，面对国内游客，四合院餐饮经营一般以中、高档消费为主，注重体现京味特色，经营菜品以京菜和传统小吃为主，积极引进老字号品牌。在就餐的同时，需要营造北京特色的就餐环境和餐饮文化体验，装饰、家具和餐具要注意和四合院的整体氛围相吻合，在品菜的同时加入现场演示、菜品介绍和餐饮演艺，形成立体的、全方位的老北京特色。

（2）国外游客的餐饮需求及建议

①餐饮消费偏好

国外游客选择传统小吃和老字号的比重占86%，选择西餐的比重占5%，选择私房菜的占5%，选择国内其他菜系的占4%。数据结果表明，在这一问题的选择上，国外游客对四合院内的餐饮消费偏好有明显的特征，选择具有京味餐饮、传统小吃和老字号的比重较大，这说明传统类文化和特色文化对国外游客具有较大的吸引力，国外游客来京想有不同的旅游体验。

②餐饮服务需求

关于国外游客对四合院内的餐饮服务需求的数据分析：选择自助的比重占24%，选择现场操作表演的比重占50%，选择菜品故事解说的比重占26%。数据结果表明，在受访的国外游客中，一半的游客在用餐时对现场操作表演有需求，现场操作表演可以了解每一道中国菜品的制作和流程，增加餐饮文化体验感。国内外游客对于菜品故事解说和自助式服务需求的差异不明显。

③餐饮设施/环境的需求

关于国外游客对四合院内餐饮设施/环境的需求的数据分析显示：对四合院内具有特色装饰装潢的餐饮设施和环境的需求所占比重为52%，对四合院内具有特色风格家具的需求比重占40%，对四合院内具有特色餐具和背景音乐、现场表演的需求比重均为4%。

根据数据结果表明：国外游客对四合院内餐饮设施和环境的需求表现出了明显的差异，选择具有特色装饰装潢和具有特色风格家具所占比重较大。由此可以看出其对四合院内的建筑和装潢比较感兴趣，对此应该着重提供具有传统建筑风格和特色风格家具餐饮环境，以满足游客的需要，同时这也是向国外游客传播和弘扬中国文化特色的途径。

综上，针对海外游客，应推出反映北京当地特色的传统小吃和菜品，就餐环境的设置要适应于四合院的传统风格，增加非语言类的餐饮演艺助兴，增加餐饮的现场演示和文化解说，增强文化旅游体验感。

3. 四合院及周边旅游商业需求

（1）国内游客对旅游商业的需求

通过调研发现，国内游客在四合院及周边更喜欢购买北京特产，占比42%；其次为时尚商品，占比36%；再次为老字号商品，占比21%；北京礼物仅占比1%。

在四合院及周边购物时国内游客主要考虑商品的地方特色，占比33%；其次为商品质量，占比24%；再次为品牌，占比14%；最后依次为便携性、设计感、价格，分别占比11%、10%、8%。由此可见，游客在购买商品时，品牌不是首选因素，最重要的是要具有北京特色和良好的质量。

（2）国外游客对旅游商业的需求

喜欢具有北京特色礼物的国外游客所占比重为56%，喜欢老字号商品的国外游客所占比重为12%，喜欢北京特产和时尚商品的国外游客所占的比重分别为22%和10%。国外游客对于四合院经营的具有北京特色礼物的偏好比重最大,而且相对于其他旅游商品差异比较明显。

国外游客在四合院购物时最主要的考虑因素数据显示:主要考虑地方特色和商品的质量的国外游客所占比重分别为30%和33%,考虑商品品牌和设计感的国外游客所占比重分别为8%和10%,考虑商品价格的国外游客所占比重为19%。在这一问题上国外游客比较注重的是商品的地方特色和商品质量,而且这两者的比重相差不大。

4. 四合院及周边京味民俗演艺需求

(1) 国内游客四合院周边演艺需求

四合院内及周边餐饮的演艺需求偏好中,国内游客最喜欢的为相声,占比32%;其次为京剧,占比22%;再次为民乐,占比18%;最后为杂技、其他和功夫表演,分别占比15%、8%、5%。四合院应根据不同游客的不同需求添加多元化的餐饮演艺表演。

(2) 国外游客四合院周边演艺需求

国外游客喜欢的京味民俗演艺类型中,选择相声的占比11%,选择民乐的占比27%,选择杂技和京剧的分别占比10%和14%,选择功夫表演和其他的都占比19%。

数据结果表明,在这一问题的选择上,所占比重最高的是对民乐的选择。民乐代表着当地的民间传统音乐,中国的民族音乐有着悠久的历史,演奏形式多样,近代的各种题材和形式都是传统形式的继承和发展。其次是对功夫表演的选择。功夫,是中华民族智慧的结晶,是中华传统文化的体现,中国功夫在世界上影响广泛。

六 核心区四合院旅游利用价值评价

四合院作为一种特色传统民居越来越受到重视,其旅游价值随着旅游业的发展也逐渐凸显。

(一) 四合院旅游本体价值

1. 历史文化价值

塑造城市特色,必须以城市的历史底蕴为根基。北京老城的存在就是城市底蕴最重要的组成部分。

北京四合院具有极高的文脉价值，是北京历史名城延续数百年历史的传统文化的载体。记载着历史上曾发生和出现的重大事件和重要历史人物的踪迹。在北京乃至我国历史上很多重要的历史事件、重要的人物活动和著名的古今文学作品的诞生，地点都是在这些传统的院落和胡同中。同时旧城内各类传统的四合院建筑，无论是平面布局、建筑形制，还是装潢装饰等都包含了丰富的民间特色，表现出与市民生活密切相关的民俗文化模式。

用于衡量某区域四合院历史文化价值的指标有：

（1）胡同数量

胡同是北京特有的一种古老的城市小巷，是了解北京传统文化和风土人情的好形式。胡同是连接四合院的主要脉络。胡同结合四合院这一旅游形式，是四合院文化旅游不可分割的。

（2）文物单位数量

依托于这些文物保护单位，为四合院文化旅游提供了丰富的参观和游览元素，是体现四合院历史文化价值的重要支撑。

（3）挂牌院落数

保护院落调查标准是"现状条件较好、格局基本完整、建筑风格尚存、形成一定规模、具有保留价值"。保护院落是未来潜在的文化旅游资源。

（4）宗教单位数

宗教场所是宗教教职人员和信徒们举行宗教活动的场所，是传播宗教文化，实现宗教信徒之间的学习、交流、沟通的重要平台和载体，而且不少的宗教活动场所还是具有重大历史价值的文物古迹，在支撑信徒的精神生活方面有着积极重要的意义。此外，宗教场所作为传播宗教文化的载体和平台，还是实现宗教文化与社会文化相融合的重要活动中心，是城市文化的重要组成部分。东城区有雍和宫、通教寺、隆福寺、南豆芽清真寺、崇文门教堂、东交民巷天主堂。西城区有广济寺、法源寺、广化寺、天宁寺、白云观和吕祖宫、牛街礼拜寺、前门清真寺、西什库教堂、宣武门教堂等。

2. 社会文化生活价值

四合院作为一种老建筑，是历史文化遗迹之一，建筑构造和工艺技术反映出北京民居建筑技术所达到的最高水平。作为一个民族文化、城市文化的象征，具有重要的功能和价值。如果这些功能和价值无法有效地体现出来，便会出现价值缺失的现象。而旅游业具有愉悦大众的功能，这是古建筑展示自身文化历史价值的重要途径。并且，旅游业的发展可以使得古建筑的保护意识深入人心，激发人们自觉保护古建筑的意识和行为。

要完整保护城市的文脉，重点要保证传统街区内生活方式的合理延续，必须有传承文脉的人，原住民、居民后人、世代相承的特殊技艺人共同形成特有的街区文化。邻里关系、节庆活动、习俗礼仪是城市文明的载体和灵魂，能对外来游客形成吸引力。通过创造性集成，发掘传统建筑中的文化因子及相应的表达方式，将传统创作与现代生活中更符合人性的部分结合，倡导共生理念，继而形成当代人自己的城市风格和现代生活方式，这才是保护文脉、延续文脉的最终目的。

此外，作为居住类的旅游产品，需要考虑游客出行的生活体验的社会体验品质。用于衡量某区域四合院社会文化生活价值的指标有：

（1）金融服务机构数

金融支持是旅游重要的支撑条件。可以量化评估的指标包含金融机构数及 ATM 设备数。

（2）老字号数

在四合院片区及周边的老字号云集，如吴裕泰、烤肉宛、东来顺、全聚德、泰瑞祥、内联陞、护国寺小吃、稻香村、六必居、张一元，等等。

（3）中医服务场所数

核心区既有本身以传播传统中医药文化为主要内容的北京御生堂中医药博物馆、中医药图书馆，也有多年来相对封闭的药用植物园、中药加工厂，还有鼓楼中医院这样藏身市井中的传统医疗机构，进行四合院文化旅游的游客可以亲身体验中医药从种植、炮制到诊疗疾病的过程，也可感受浸润其中的传统文化思想。

（4）社区活动中心数

原住民、民居居住者的生活习惯、日常风俗及其反映的文化内涵等无形的非物质存在，才是传统民居的灵魂所在。这类丰富的文化内涵使得传统民居有别于其他类型的旅游资源，且文化的恒久性更使得传统民居旅游资源能够具有较长的生命周期。民居旅游资源在形式和内涵上越完整，就越能吸引旅游者，从而保证旅游者的游览次数和停留时间。社区活动中心是展示居民文化生活的重要活动场所，许多社区活动中心就在四合院中。丰富的原住民生活有利于对外展示四合院的民俗和社会文化。

（5）非物质文化遗产数

非物质文化遗产是展示中国优秀传统文化的一个重要窗口。目前两区的国家、市、区三级名录体系得以完善，项目数量在全市名列前茅，传承人梯队的建设基本形成。

（二）四合院区旅游要素价值

1. 现有餐饮和零售状况

四合院片区及周边餐饮对四合院发展文化旅游起着重要的物质支撑作用。餐饮和零售较为发达的片区，旅游利用价值会更高。核心区现有簋街、南锣鼓巷、南新仓、五道营、鲜鱼口、隆福寺、后海、护国寺等著名美食街。这些美食街基本分布在四合院周边地区，形成了四合院旅游的重要发展条件。良好的市场条件和成长趋势为四合院旅游提供了有力支持。

2. 居住价值

四合院有优于其他任何形式的居住环境，它有宽阔疏朗、起居方便的中心聚落，有高度的私密性和亲和性，非常适合独家居住。四合院的建筑格局讲究独家居住，与人无争，恬静而安详。居住者不仅享有舒适的住房，还可以分享大自然赐予的一片美好天地。四合院建筑是中国人天人合一的观念决定的。四合院住宅的建造，满足了人们衣食住行的需要，也满足了人们希望得到友谊、同情、理解、信任的需要。数代人的居住实践表明，住在四合院，人与人之间能产生一种凝聚力与和谐气氛，同时有一种安全稳定感和归属亲切感。而旅游业的发展，既可以弘扬和充分表达四合院的居住功能，还能成为古建筑文化源远流长和文化交流的一种良好媒介。随着北京市民宿法律法规的逐渐完善和城区民宿的认定，将会有越来越多的四合院提供这种特色住宿体验。

3. 交通可达性

在调研中发现，最受国内游客喜爱的四合院文化旅游交通方式为共享单车和步行，具有灵活、绿色、环保、低碳的特点。其次为人力三轮车和旅游观光车。游客最在意交通的便利性、可进入性和拥挤程度。其中，国外游客对交通便利性更为重视。交通便利性可用地铁和公交车站数来进行评估。

4. 游览价值

（1）周边博物馆数

核心区是全国博物馆分布最为密集的区域之一，这些博物馆本身是良好的文化旅游景点和吸引物，同时也为四合院历史文化街区发展文化旅游形成良好的支撑条件。

（2）王府及名人故居数

大多数王府府邸为文物保护单位，而且多数被各种机构用作办公场所、机关宿舍或医院学校，少数变为私人住宅。随着机关腾退或机关设置社会接待日，这些资源可以成为潜在的文化旅游资源。

名人文化是地区人文素质的综合体现，兼具历史传统性和现实影响力。全方位、多角度挖掘核心区的文化内涵和文化特质，能打造出北京特有的名人旅游文化。

近几年，政府进一步加大了对名人故居的修复、保护力度，并重视已修复故居社会功能的开发和利用，使其成为爱国主义教育基地，成为宣传和弘扬核心区个性的亮丽的人文景观和文化亮点。然而，还有相当一部分王府及名人故居目前是大杂院和行政办公地点，是潜在的尚待开发的文化旅游资源。

（3）周边旅游景区点数

周边旅游游客都是四合院住宿的潜在消费者。

5. 文艺院团数

核心区文艺院团表演种类涉及话剧、歌舞、戏剧表演、音乐、舞蹈、儿童剧、曲艺说唱、木偶剧等各项剧种，是四合院文化旅游重要的休闲娱乐支撑。

（三）四合院旅游转化价值

四合院资源由于存在文物保护、禁限目录、被占用、产权复杂或难以腾退等困难，并不能完全转化成文化旅游资源。随着未来政策的变化、机关腾退或机关设立社会接待日等情况，有发展文化旅游的可能性和旅游利用的转化价值。但是，由于不确定性较强，此部分价值难以量化衡量。

1. 产权复杂程度

产权复杂的四合院难以完成腾退和商业化经营，发展文化旅游困难重重。

2. 商业开发政策限制

有些四合院禁止从事商业开发。

3. 机关占用情况

部分形制较好的四合院长期以来一直是机关办公场所，不对外开放。但是，随着部分机关开始接受社会旅游开放日，这部分四合院旅游利用有望成为现实。

4. 腾退难度

部分四合院目前是多户居住的大杂院，由于所涉及的单位众多、人员复杂，内部结构有冗余搭建，腾退有一定困难。

七 四合院旅游利用中的问题及企业需求

（一）四合院文化旅游经营中存在的问题

四合院式酒吧和宾馆住宿等的存在很大程度上增加了游客在四合院旅游地区内的停留时间，而"旅游停留时间"是衡量旅游吸引力的一个重要指标，也是决定旅游收入的重要因素。

通过对四合院文化旅游业态进行走访，发现核心区四合院发展文化旅游有着其他区域无法比拟的优越性。首先表现在地理位置佳、有皇城文化背景、四合院较为正规、胡同文化特色浓郁、能体现老北京民俗风味等。

近年来四合院文化旅游越来越受到人们的追捧，也逐渐吸引了投资者的关注。但是也普遍存在以下一些困难：

1. 政策方面缺少可依据的准入制度

城区四合院发展文化旅游受到若干限制，缺乏政策的有效准入和政策支持。四合院经营文化旅游业态，特别是发展住宿业态，目前受到严格管制。相关的政策文件只有鼓励性质的总体指导性文件，缺少具体可操作的途径和方法的指导。

2. 行业规划与监管缺少规模与品质控制标准

在行业监管方面，具体的可执行文件尚未落地。如城区民宿等级标准、评价方式、具体要求等没有明确的指导性规范，已有的四合院住宿往往只能视同"普通旅馆"进行行业管理。

同时，在规划发展方面，四合院旅游利用相关市场融合程度低。近年来，全域旅游的发展越来越重视"贩卖生活方式"，注重生活气息和文化性。特别是"主人接待"方式拉近了商家和客户的距离，也便于顾客感受另一种人文生活，从而增加体验感。以民宿市场为例，目前的核心区民宿市场多数只提供住宿（含简单餐饮）服务，而且经过备案登记的合法民宿多数采用了旅馆经营方式，提供了标准化的经营模式，注重装修和装饰，缺少生活方式的注入，虽然部分"北京人家"兼有婚庆主题和拍摄主题，但是整体与其他旅游元素的融合程度低，缺乏"老北京情怀"。

而且，在民宿发展过程中，也出现一些理念上的偏差。许多四合院民宿对四合院本身并没有做大的改造，只是利用了其原有的格局，在客房里增加喷淋、浴缸等不少现代元素的陈设。虽然外貌仍基本保持了四合院的元素，但置身其中，其实很难感受到老北京四合院所特有的人文气息，四合院的精髓已经不复存在。在商业元素的笼罩下，这里除了建筑颇有特色之外，与很多普通精品酒店相差无几，甚至硬件方面还不及酒店。这其中，行业指导和监管缺乏指导性文件的支持是主因。

3. 运营成本高导致简单产品经营困难

四合院维护成本高，且维修服务难以满足及时需求。由于单体规模小，四合院进行文化旅游经营在前期需要进行现代化生活方式改造（如水电改造、卫生间改造、电缆网络改造），特别是发展民宿，投入大，进行专业古建和特色建筑修造团队寻找困难，适应于体量较小但是技术要求全面的管家式"万能工"稀缺，聘请专业人员进行设备及房屋维修需要消耗大量的精力，导致不仅维护成本高，而且维修服务的供给不稳定，常常不能满足民宿经营的及时需求，导致客户抱怨。

简单民宿经营普遍存在困难现象。由于难以达到规模经营，因此单体民宿所需的物料成本高于标准化或连锁酒店。而且 OTA 佣金成本过高（10%左右），民宿和客栈难以利用高效的平台进行个性化推送和媒介服务，而且使用新媒体进行对外宣传（如百度地图、百度搜索排名）的成本过高，导致企业只能根据客户之间的口碑经营和顾客忠诚招徕生意。有些企业是连锁品牌的其中一个单体（地方特色）酒店，会搭载连锁品牌进行微信公众号、企业连锁网站和销售系统进行连锁系统内部的信息推送、客户推荐和 VIP 会员制等形式的宣传，但是这样的方式相对于 OTA 平台，无论从流量，还是效果上都难以达到理想水平。宣传效果不够理想，甚至有些胡同里的本地居民都不清楚相邻街巷的民宿和客栈的位置和店名。投资回收期长，缺乏可持续发展的保障。

4. 人员流动性强导致服务品质不稳定

人员流动性大。许多四合院文化旅游业态经营并非所有者本人，而是通过承租或聘请职业经理进行经营管理。由于旅游市场需求随季节及政治、经济形势的波动幅度较大，客观存在淡季经营时工作量不饱满，空闲时间多，引发工作本身的无聊和缺乏挑战性，加之薪酬水平难以达到理想水平，致使有良好职业精神和服务意识的员工难以留下，人员流动性高导致企业培训成本高、职业经理承担的监督和指导工作量大、服务质量不稳定等问题发生。另外，某些精品民宿还存在人员成本高，却难以找到或留下相匹配的工作人员的问题。

5. 应对安监与消防要求比较吃力

四合院旅游利用普遍有安监、消防等问题的困扰。在消防和安监方面，一方面因为四合院本身无论建筑还是装饰中木结构的成分较高，而古建筑又无法设计安装预警、喷淋系统和消防栓，只能配备灭火器；另一方面，胡同道路狭窄，停车堵塞，消防车难以接近。而且顾客人员成分复杂，素质参差不齐，旅居目的多样，行为难以把控。以上因素致使四合院进行文化旅游经营存在较高程度的消防和治安隐患，这些隐患常常使得经营者感到压力巨大。

特别是民宿市场，由于位于首都中心城区，对公共治安的要求非常严格，对所接待游客的身份、投宿目的和旅居行为需要有一定程度的摸底和把控，这对民宿经营提出了一个很高的要求。同时，四合院民宿反映街道民警工作量和工作压力都很大，四合院民宿的发展和壮大无疑增加了民警对于治安管理的工作负荷和工作难度。

（二）四合院民宿企业发展需求

1. 企业发展政策需求

通过调研发现，目前的四合院民宿急需正式的准入机制，给予更多企业合法运营身份；需要政策对自身发展提供一些总体的指引性规划指导；需要从消防、安监、卫生等问题上得到政府相关部门的统一支持；希望结合目前的市容整治和胡同四合院修缮整治周边环境，减少车辆拥堵乱停、环境污染和穿墙打洞形成的胡同肌理和氛围的损坏；需要行业基本的服务质量要求和标准来提升接待水平；希望能有类似协会、微信群、QQ群或云平台等类型的组织互通信息，实现资源共享；希望能得到政府产业支持的政策，如奖励补贴等。

2. 行业监管需求

从政府部门的行业管理职能方面看，民宿业态业已发展并不断壮大，国家和地区的鼓励政策也逐渐在完善，市场发展速度之快也要求从经营的合法登记、规范管理、评定登记标准、进行生产安全等方面的监督及时收集信息，以及时应对变化。

3. 公共服务需求

四合院民宿的单体体量小，在市场经营中面临很多不确定性和风险。需要政府部门利用公共平台（如官网、参展、海外推介等）进行对外宣传，也希望能有一定的媒体展示机会，如在旅游类的平面杂志或新媒体上通过政府举办的旅游推介活动，将四合院民宿作为其中的一个环节加以展示，建立正式的沟通渠道（微信群或 QQ 群广播等），定期发布一些行业或业态指导信息。也需要通过媒介参加一些会议、讲座或学习班等方式，获取民宿的产品设计、品牌维护、市场营销、新媒体运用、接待服务品质提升，提高员工素质等方面的培训机会；希望有小地图、旅游推介和旅游咨询性质的宣传品摆放；希望参加景区景点、住宿、餐饮等的打包优惠促销活动；希望有协会性质的平台实现自治和共享，搭建统一的在线预订平台；希望及时收到旅游委的相关活动信息、推广宣传信息，并积极参与其中。

八　四合院旅游利用发展建议

（一）四合院文化旅游利用的发展原则

要坚持保护文脉、永续利用，统一规划、科学有序，注重品质、体现特色等原则，实现经济效益、社会效益和生态效益的统一。

1. 保护文脉、永续利用

核心区四合院集中分布在中轴线周边，是皇城和中轴线文脉的重要组成部分，也是北京老城最重要的名片之一。发展任何文化旅游资源业态，要保证四合院落的外观风貌和建筑结构的原始完整性，不能由于商业开发和经济利用而进行破坏性的改造。保护好四合院，实现四合院的永续利用，是文化旅游发展的首要前提。

2. 统一规划，科学有序

由于四合院是古老的建筑遗存，有些四合院落是文物保护单位，进行文化旅游和商业开发面临很多禁限。因此，四合院的文化旅游利用应该制定统一的规划，按照四合院落的保护级别和片区特色进行有序利用。受到保护的文物级别的四合院应遵从文物保护规划和禁限目录中的严格规定，采用适当利用的形式进行保护性利用。

普通的四合院进行文化旅游利用，应当根据片区所在的文脉特征进行主题规划，指导和吸引具有开发资质的经营单位根据主题规划特征选择合理的业态进行合法经营。根据四合院面向旅游经营的开放程度和进度，进行科学有序的指导。

在四合院文化旅游利用中，应在十九大精神和北京市城市总体规划的指导下，选择与首都功能核心区建设相一致的方向，提高"四个服务"能力，展示大国首都风范和国家形象。

3. 注重品质、体现特色

北京核心区的四合院遗存集中体现了老城的文脉特征，是潜在的、良好的旅游名片和旅游资源。在四合院进行文化旅游利用的初始阶段，不能仅靠市场的自发力量进行调整。在四合院旅游利用规划中，还应当明确四合院文化旅游各业态的进入门槛和品质标准。不符合法律规范和标准的应坚决予以取缔，防止因违法经营和不规范服务引发旅游事故和纠纷，防止各业态鱼龙混杂引起旅游形象破坏。在规划中应该根据四合院所处位置、片区文脉特征、周边业态支撑环境进行特色指导，以免由于大面积的同质化经营引发恶性竞争和供需不能有效对等的情况出现。应集中扶持高品质、高成长和高效率的经营业态，防止旅游密度、商业密度和人口密度的增加。

（二）总体规划及定位建议

1. 总体指导性规划建议

要加强市场供给侧和需求侧的研究指导。既要重视对供给侧的规划、规范和公共服务管理，又要按照市场经济规律加强对需求侧的分析、研判、预测，努力达到供需平衡或基本平衡，有效设置文化旅游业态，防范业态有效供给不足与无效供给过剩，开展差异化和特色化经营，减少同质竞争，确保各种文化旅游业态健康发展。要重拾片区文脉资源及片区整体性旅游文化发展定位，对文化旅游业态进行指导性发展规划。

表1　　　　　　　　　　各四合院片区发展定位建议

序号	四合院片区	片区定位
1	皇城、南池子、北池子、景山前街、景山后街、南锣鼓巷、北锣鼓巷片区、南长街、北长街、西华门大街东华门大街、景山东、西、后街,地安门内大街、陟山门街	皇城中轴线定位
2	景山东街、五四大街片区、文津街	红色革命文化定位
3	东四三条至八条、东四南、鲜鱼口片区、西四头条至八条、什刹海片区、阜成门内大街、大栅栏	老北京传统文化特色、民俗特色定位
4	东交民巷保护区	异域风情定位
5	雍和宫—国子监保护区、法源寺片区	宗教国学定位
6	张自忠路北、张自忠路南、新太仓片区、南闹市口片区	王府府邸、名人故居、会馆及博物馆定位
7	前门大街、鲜鱼口老字号美食街、南锣鼓巷地区、南新仓文化休闲区、簋街餐饮文化特色街区、五道营国际文化休闲体验区、红桥市场特色商业街区周边的四合院、陟山门街、什刹海街、东西琉璃厂地区	现代休闲文化
8	剧院(如中国青年艺术剧院)、医院(北京中医院、北京协和医院),还有部分梨园名人故居(如孟小冬故居),以及周边可以旅游利用的四合院落	国粹文化旅游系列(中医养生、梨园旧居)

2. 发展定位建议

(1) 发展高品位文化旅游

通过市场调研,发现游客对四合院文化旅游的需求多为中高端产品。而且在核心区,无论是政策、区位还是地价,也不支持简单文化旅游业态。核心区应该把握机会发展高品质四合院文化旅游,以吸引有修养且购买力高的游客,避免市场自发形成的低、散、乱、杂等问题引发的旅游人口密集和旅游商业过剩。

(2) 错位文化特色定位

在文化旅游经营中,四合院的传统建筑形式植入具有中国特色、古都特色和东城特色的文化灵魂,重点发展"皇城、中轴线""宗教、国学""老北京风情""非物质文化遗产"文化特色,充分利用皇城相府、民间技艺、戏曲要素相对集中的优势,打造东、西城不同的文化旅游特色。

3. 四合院旅游"静业态"分类旅游利用指导

四合院文化旅游可以发展的系列有：

(1) 中轴线和皇家王府文化旅游系列

北京皇城和中轴线的规划布局、建筑艺术和建造技术具有极高的历史文化价值。特别是中轴线周边四合院密集的区域，作为皇城的主要衬托，四合院可以结合中轴线的钟鼓楼节点、景山—前门节点、永定门节点保护与规划，以及城内皇家宫殿园囿、御用坛庙、衙署库坊等设施，突出中轴线皇城文化特色。此类四合院旅游休闲业态可以巧妙地与周边的皇城文化（故宫、雍和宫、太庙）、皇家祭祀文化（天坛、日坛、月坛）、皇家园林文化（景山、北海、恭王府）整体打包，形成大气磅礴、深邃高雅的皇家文化旅游系列。

目前核心区大多数王府府邸均为文物保护单位，而且多数被各种机构用作办公场所、机关宿舍或医院学校，随着这些机构逐渐设置接待日向社会开放，也有望成为未来文化旅游系列之一。

中轴线周边四合院进行文化旅游利用时，可以真实再现皇家和王府等生活、工作、娱乐的历史信息，增加如皇家美食、皇家礼仪表演、皇家宫廷典制解说、内廷生活习惯演示等体验环节，彰显皇家文化。定位一般为高端消费人群。

（2）名人故居与博物馆文化旅游系列

名人是北京文化的名片之一。名人资源也是发展特色旅游文化的重要可挖掘因素。开发名人资源，打造名人文化旅游品牌、合理利用名人效应可以促进地方旅游经济的发展和文化的繁荣。

名人故居则是折射名人文化和铸造名人成就的载体，是城市的物化记忆和档案。其历经了时间的洗刷，记录下了这些人物日常生活的点点滴滴，每一个生活痕迹都蕴含了主人的文化修养，见证了一位名人的成长历程。保护名人故居有利于了解名人的全貌，对深入研究名人思想有着极为重要的历史价值和文化价值。核心区历来是名人汇集之地，名人故居数量繁多，他们中一些名人蜚声中外，保护好他们的故居，将极大提高核心区的文化品位。未来，可以腾退、修整和旅游利用的名人故居，结合所在片区的政策，逐步开发名人资源，形成名人故居文化旅游系列。

此类系列一般定位于对文化感知较为重视的中高端消费人群。

博物馆的建设除了公办性质以外，还可以鼓励个人产权四合院采用民间投资、基金会资助、社会投资等多种形式，结合非物质文化遗产、中医中药文化、国学文化、戏曲文化、创意文化、休闲文化等东城特色资源，发展相应主题的博物馆业态，提高四合院的共享性能。

（3）老北京风情的四合院民宿系列

核心区四合院民宿业态已经出现，并呈现自发增长现象。随着机关腾退和城市功能疏解工作的展开，越来越多的四合院需要寻找新的发展思路。基于政治安全性和消防、公安、卫生等存在的客观制约条件，核心区发展四合院民宿业态应采取"严密和审慎"的原则。可以在条件较为成熟的局部范围（如"北京人家"和部分精品民宿）试点，尝试探讨建立民宿发展的协调领导机制，加快政策研究及制定步伐。结合北京市关于民宿发展的政策规定，明确在城区发展民宿的申办条件、申办流程，制定等级评定标准，并按标准给予相应的补助，对获得荣誉称号的民宿（如"北京人家"等）予以特殊奖励，补助支持民宿的电商化经营，补助达标民宿的装修，实行税收优惠。发展中应"提质控量"，集中支持能彰显皇城和老北京特色的精品四合院民宿业态，向高品质、个性化的优品和精品方向做政策引导，"小而美"是民宿发展的精髓，要支持富含美学创意和皇城文脉特质的精品民宿。

此类系列一般定位于国内中高端消费人群和国外高端消费人群。

（4）特色京味文化及现代休闲文化商业系列

位于前门大街、鲜鱼口老字号美食街、南锣鼓巷地区、南新仓文化休闲街、簋街餐饮文化特色街区、五道营国际文化休闲体验区、红桥市场特色商业街区什刹海、阜成门内大街、东西琉璃厂周边的四合院，可以参照相关发展指导目录的鼓励业态进行特色京味文化旅游商业系列加以开发。

这类系列一般定位于中高端的国内外游客，以及中高端本地休闲人群。要控制商业品牌的遴选和进驻，防范旅游人口大量聚集。

（5）国粹文化旅游系列（中医养生、梨园旧居）

部分在四合院内办公的剧院（如中国青年艺术剧院）和医院（北京中医院、北京协和医院），还有部分梨园名人故居（如孟小冬故居），以及周边可以旅游利用的四合院落，可以结合中医养生旅游资源、国粹京剧旅游资源的开发，纳入主题旅游环节，形成国粹文化旅游系列。

这类系列一般定位于重视体验中国传统文化的国内游客和熟悉中国文化的海外游客及留学人员。

（6）修学旅游的家庭接纳

国子监周边的四合院可以结合修学旅游业态的发展，成为弘扬国学、体验国学文化要素的场所。在民宿开放的基础上，实现修学旅游的家庭接纳。

（7）老字号、非物质遗产体验展示中心

老字号、非物质文化遗产的传统技艺与四合院的传统建筑形式在文脉传承上有较高的契合度，可以尝试按照"政府引导、市场运作"的思路，在四合院中，通过基金运作、股份合作、信托融资、特许经营等方式，特别是可以通过公益性资金和项目、捐赠等形式，调动社会资本参与四合院旅游利用，开办一批老字号和非物质文化遗产展示体验中心。

（三）四合院旅游利用发展具体建议

1. 积极为四合院民宿发展创造条件

四合院民宿市场发展需要制度破冰。应积极参与到制定城镇民宿业态发展的政策及标准过程中。

同时，加强行业管理。初步建立民宿数据统计台账，建立调查分析系统，增强行业分析。借鉴台湾对非法民宿的打击力度，对不合标准和不符合法律规定的非法运营场所予以坚决取缔和重罚，保障行业发展的正常健康环境。同时，要在发展开始就审定市场规模，防止因门槛较低造成规模膨大，形象不佳，形成民宿业的低水平恶性竞争，对民宿健康发展构成冲击。应针对目前核心区旅游形象的整体定位，确定四合院民宿的等级评定标准，对申请评级的单位进行辅导，对达到一定等级的民宿给予资金的支持，建议设立"民宿管家"资格认证，提高民宿的管理和经营水平。对四合院民宿进行资源统合，集中力量扩大影响力和知晓度。加强与媒体合作，进一步创新平台，扩大影响、打造品牌。

2. 统一打造四合院旅游的品牌和形象

在发展初期，进行四合院文化旅游业态发展规划之初，就应该遵从市场需求进行整体定位，制定科学的规划指导，实现经济效益、社会效益和生态效益的统一，避免行业低水平同质经营带来的恶性竞争。

应结合核心区进行环境整治和疏非控人的措施，统一打造核心区文化旅游的整体形象和品牌。积极探索通过行业联盟或展会等形式，积极撮合富有创意和特色的文旅产品进行有效结合，将旅游商品、特色演艺、老字号北京小吃等深度文化游元素进行打包，提升民宿游客的整体体验感。以目前获批的四合院"北京人家"、较为知名的四合院精品酒店和受市场欢迎的四合院精品民宿为基础，和区域旅游护照相结合，通过官方网站、微博、微信公众号等平台集中推出民宿主题宣传，同时借助海内外国际展览和宣传活动，积极把富有地方特色和主题鲜明的精品民宿介绍到精准的目标群体，提升服务能级，集中打造北京旅游的又一个品牌。

3. 完善四合院周边公共服务

进行基础设施提升和环境整治工作。通过加强基础设施建设、配合环境整治工程，提高胡同、四合院的通行能力和肌理恢复，为核心区四合院文化旅游的发展提供良好的环境支持。

加快四合院智慧旅游建设。目前各种文化旅游业态无论规模大小，都特别重视信息化建设，特别是文化底蕴高的四合院旅游经营业态，更加需要接入信息化平台展示深层次的建筑文化、历史文化、民俗文化等特色，塑造文化特性，以增强游客的文化体验感。相关政府部门可以利用自己的旅游资讯平台、微博、微信公众号等现代化信息平台，为文化旅游企业提供信息服务。同时奖励或资助云平台、旅游APP研发及数据更新，满足游客个性化需求，帮助四合院文化旅游业态提供高品质、高满意度服务，实现旅游资源及社会资源的共享与有效利用的系统化、集约化的变革。

4. 引入大型投资主体进行规范的连锁开发统一管理

鼓励大型投资集团对核心区四合院文化旅游市场进行连锁经营，一方面通过实现规模经济降低单体经营的风险和波动，同时也发挥投资人的资本运营和创意能力，充分挖掘北京和东城特色，提供更为规范、富有特色和创意的文化旅游产品。

5. 对四合院旅游资源进行集中而广泛的营销

一方面可以充分利用文化旅游主管部门的旅游宣传集中营销体系，在海内外进行"广泛"而"集中"的营销推介。"广泛"体现在各种营销渠道、媒介和方式的应用，"集中"体现在纳入营销体系的文化旅游业态应能集中反映皇城文脉和老北京文化、能代表核心区文化旅游的整体形象、能充分体现核心区文化旅游接待水平。充分运用行政资源，编制所在区域《民宿休闲旅游地图》《民宿休闲旅游宝典》等资料，同时协调整合资源实行"景区+民宿"旅游抱团营销模式进行捆绑销售，享受景区门票优惠。积极拓宽产业链，形成特色资源的集结和凝聚，有助于民宿形成各自的性格和主题产品。

九 核心区四合院文旅发展可能性业态：精品民宿

首都功能核心区有大量的四合院文化遗存需要寻找有效的保护性利用方式。在一部分四合院中发展精品民宿接待是盘活四合院资源的一种探索，也是四合院焕发活力、对外展示传统民俗文化、树立鲜明北京特色和国家形象的一种有效途径。

近年来，四合院民宿利用面临难得的政策利好发展机遇。在北京"四个中心"的发展战略中，如何在"静下来"的核心区精准地把握民宿市场发展规律，在规划起点上顺应潮流、调控供求、做出示范、创出品牌，是一个值得探讨的问题。

本部分试图通过对这一问题的理性思考，以期解决四合院发展精品民宿的思想疑虑和路径依赖问题。

（一）核心区发展四合院精品民宿的重要性

1. 首都功能核心区建设的着手点

（1）迎合核心区新群体的新需求，提升"四个服务"水平

新《总规》对首都功能核心区的定位决定了未来核心区旅游新群体是以政务人士、文化人士、国际交流人士为主的国内外游客。新群体的消费能级会有质的提升，四合院发展精品民宿有助于核心区住宿业优化结构、丰富业态、提升品质，是提高核心区"四个服务"水平的有力抓手。

（2）展现大国首都风范和国家形象

住宿业是旅游核心产业。对住宿业态的发展问题，不应只看旅游规模和经济产出。"住"是各类国内外游客接触北京的"第一体验"，没有良好的地区形象和国家形象，没有对区域生活性服务业的最直接的美好体验，难以获得各类高端资源的青睐。核心区住宿业的品质和形象至关重要。四合院精品住宿可以体现"首都风范、古都风韵、时代风貌"的城市特色，既有品质，又有特色，对展现良好的国家形象大有助益。

（3）文化创新的引力场

四合院精品民宿将建筑文化、传统文化、物质遗产活化、北京特色形象塑造融为一体，是未来文化创新的引力场，是旅游业为文化中心建设做

贡献的着力点。发展四合院的精品民宿有利于挖掘四合院的文化价值、激发古建筑的文化活力，有利于展示中国传统文化、彰显首都文化魅力、丰富文化旅游内涵，进一步提升首都文化的软实力。

2. 核心区住宿业结构升级的着手点

首都功能核心区在"四个中心"建设中，旅游服务特别是住宿服务需要努力提升"四个服务"水平，体现大国首都风范。四合院精品住宿的发展对核心区住宿业发展有重要的影响作用。

（1）丰富业态类型

目前，核心区住宿业态类型有星级酒店、经济型酒店、精品酒店、主题酒店、青年旅社和普通旅馆。其中精品酒店专指由四合院改造成的具有北京传统文化特色的住宿业态，如"北京人家"等深受国内高端游客和外籍游客青睐。普通旅馆也部分包含四合院普通住宿接待单位。从类型分布看，各类型住宿平均客房及床位数存在显著差异。从丰富业态的角度看，在总量限定的前提下，四合院精品民宿业态规模有待进一步扩充。

（2）优化区位分布

核心区目前酒店总体供给充分，但区位分布不均，大多集中在景区、景点和医院周边。四合院区域住宿分布少，大多街道现有 20—30 家左右的住宿单位，处于市场饱和度较低的区域。发展四合院精品民宿有助于优化住宿业的区位分布。

（3）提高经营效率

四合院精品酒店是目前所有住宿业态中出租率最高、利润率最高、淡旺季出租率差异最小的形式。而且，因其文化特色，住宿需求逐年上升，经营效率看好。

①提高客房出租率

从目前核心区各住宿业态的出租率看，四合院精品酒店出租率最高，经济型酒店和高星级酒店次之，出租率最低的是青年旅社和普通旅馆。从发展趋势看，高星级酒店、青年旅社、低星级酒店和普通旅馆的出租率在下降。四合院精品酒店和经济型酒店出租率在不断上升。

②提高行业利润率

从利润率看，2015 年四合院精品酒店 GOP 率最高，高星级酒店 GOP 率次之。

③减少季节性波动

核心区整体住宿业态淡旺季特征明显。旺季出租率整体超过80%，主要集中在5—10月，淡季出租率为50%左右，主要集中在11—4月。出租率平均差异超过30%。

从业态角度看，精品酒店淡旺季出租率差异最小，高星级酒店次之，季节差异最大的业态是青年旅社和低星级酒店。四合院精品酒店由于文化特色鲜明、吸引力强、价格灵活，淡季出租率高，保证了全季节的出租率保持在高位。

由上可知，用四合院精品民宿的业态替代低品质、低效率的住宿业态有助于优化结构，提升行业利润率。

（二）发展四合院精品民宿的困惑与矛盾

要开创新时期旅游业的新局面，首先必须正确认识、积极面对新时代首都功能核心区旅游业发展中的结构性矛盾。

1. 四合院保护与有效利用的矛盾

习近平总书记两次考察北京，都提出了保护好北京历史文化的要求。新《总规》确定核心区是"历史文化名城保护的重点地区"。多次强调"严守整体保护要求，处理好保护与利用、物质与非物质文化遗产、传承与创新的关系，使老城成为保有古都风貌、弘扬传统文化、具有一流文明风尚的世界级文化典范地区""在保护的基础上，创新利用方法与手段""在科学保护的基础上加强文物合理利用，扩大开放，引导社会资本投入，实现文化遗产保护与传承"。

四合院发展精品民宿成为历史文化名城保护与发展模式的一种有益尝试；是历史文化街区有机更新的新机制、新模式、新路径；也是四合院发挥经济和社会效益，减少保护性政府投入成本的落地方案。

2. 区内住宿供给充分与新需求缺口的矛盾

首先体现为核心区住宿供求在区位分布、产品结构、主题特色和品质档次等方面的不匹配和不平衡；其次表现为需求个性化和供给标准化之间的矛盾。

从核心区住宿供给侧看，目前酒店数量和床位数总体供给充分，而且部分街区处于相对饱和状态。但是首都功能核心区定位变化和新的住宿需求不断更新，使得供求在区位分布、产品结构、主题特色和品质档次等方面都出现了新的不平衡，要求供给侧不断地进行产品创新和结构升级。从区位上讲，四合院住宿正好处于相对未饱和区；从产品结构上看，市场对四合院精品民宿的需求不断增加，而目前四合院精品住宿供给有限；从主题特色上看，四合院住宿是非标准化产品，与酒店经营正好形成错位；从需求档次上看，市场需求所期望的品质和目前四合院精品酒店的数量存在落差。因此，四合院住宿无论从区位还是从特性上看，与酒店产品均形成了良好的互补机制，是有益的住宿产品战略布局延伸。

3. 旅游密度降下来与"四个服务"能力提升的矛盾

核心区规划建设要"降低旅游和商业密度，努力使核心区静下来""要从严管理旅游秩序，同步减少依附旅游业的一般性商业，历史文化街区要防止商业过度。方家胡同等重点地段要精雕细琢，用心打磨老城复兴的标杆。"这是核心区发展民宿市场重要的战略性指导。同时，住宿业是"四个服务"能力提升的重要接待保障，在旅游密度和旅游商业降下来的前提下，需要对目前区域内的住宿进行结构性调整，疏解效率低下和低品质的住宿供给，提高或拓展高效和高品质的住宿供给。四合院精品民宿无论是效率还是品质方面，都是结构调整鼓励的方向。加上国家和地方鼓励民宿发展的政策利好，四合院精品民宿利用面临难得的发展机遇。

综上，在新的政策环境下，在民宿需求不断增长的趋势下，重新对核心区住宿业进行发展思路的盘整，有效配置四合院资源，选择"静"而"好"的精品住宿业态，进行规模和品质管控，引导市场实现供需结构平衡。

（三）民宿市场政策供给经验的借鉴意义

政策法规作为整顿和规范市场经济秩序的必要手段，对行业发展有着重要的指导作用。就我国目前情况而言，民宿产业虽已萌芽并不断发展，但尚未形成完备的产业体系，在此背景下，制定及实施相对应法律法规的重要性不言而喻。

1. 民宿政策供给状况

目前国内出台民宿管理文件的地区和城市主要有台湾、深圳大鹏区、浙江各地市（县）、上海浦东新区、江西上饶、安徽芜湖和黄山、福建厦门等地。

表 2　　　　　　　　　　部分地区产业政策的供给情况

编号	地区	主要的管理文件	发布时间
1	台湾	（台湾）《民宿管理办法》	1990 年 12 月 12 日
2	深圳	（大鹏新区）《深圳市大鹏新区民宿管理办法（试行）》	2015 年 3 月 5 日
3	浙江	（德清）《浙江德清县民宿管理办法》《乡村民宿服务质量等级划分及评定》（地方标准）	2015 年 6 月 1 日
		（杭州）《关于进一步优化服务促进农村民宿产业规范发展的指导意见》《关于加快培育发展农村现代民宿业的实施意见》	2015 年 8 月 17 日
		浙江省人民政府办公厅《关于确定民宿范围和条件的指导意见》	2016 年 12 月 12 日
		《浙江省农家乐经营户（点）旅游服务质量星级评定办法》	2008 年 1 月 2 日
		《文成县民宿管理暂行办法》	2015 年 3 月 5 日
		《平阳县民宿管理办法》《平阳县民宿认定细则评分表》	2015 年 5 月 26 日
		（桐庐）《关于加强民宿行业监管促进规范发展的意见》《桐庐县"十三五"民宿经济发展规划》	2016 年 7 月 22 日
		（宁波）《特色客栈等级划分规范》（地方标准规范）	2015 年 6 月 19 日
		（绍兴）《柯桥区民宿建设补助细则评分表》	2015 年 10 月 30 日
4	上海	《浦东新区促进特色民宿业发展的意见（试行）》附件含《浦东新区特色民宿标准》	2016 年 7 月 26 日
5	上饶	《信州区关于加快发展民宿经济的实施意见》《信州区民宿管理办法（试行）》	2016 年
6	黄山	《民宿客栈安全管理规定》	2016 年 1 月 30 日
7	厦门	《厦门市关于进一步促进休闲农业发展的意见》	2016 年 5 月 19 日

已经制定民宿发展的政策类型主要集中于两大类。一类是产业促进类的政策如发展指导意见等，还有一类是地方性管理规范（民宿标准）。目前，出台的民宿政策中，主要集中于乡村旅游，对城区的旅游项目涉及较少。

（1）产业促进政策

各地政策普遍支持本地开展非标准化住宿（含民宿、客栈、家庭旅馆、北京人家等形式），并将之作为提升旅游消费能级、促进产业升级、推进文旅结合的重要途径。产业促进政策一般包含了对于民宿概念的界定（含经营规模的规定），并对区域规划、经营主体、民宿用房、建筑和安全生产需求、消防、治安、食品、卫生、环境安全等标准做了详细规定。同时，明确了发展民宿的协调机制、行业监管和职能部门的服务和扶持力度,并说明了具体的申办流程和政策扶持办法。某些地区(如桐庐)还建立了"十三五"民宿发展规划,规定了年度建设目标。

表3　　　　　　　　各地对民宿的补贴政策方法

编号	地区	政策支持情况
1	德清县	统筹营销、以奖代补,考核奖励
2	温州(各区)	客房达标补助、民宿村补助、授牌补助、评优补助、民宿电商补助、电子化结算补助,旅行社组织游客按人次奖励。民宿村村支书、主任干部奖励,达标补贴、民宿村集体补助
3	杭州	拨款周边环境提升改造
4	宁波	床位补贴,年度创建叶级成功资金补助
5	绍兴	床位补助
6	上饶	授牌一次性资金补助。现代民宿示范村、现代民宿示范点资金补助,入住率网络订房量奖励。投资金额奖励
7	芜湖	每间标准客房补助,餐饮餐位一次性补助

(2) 地方标准规范

全国首个民宿地方管理规范《乡村民宿服务质量等级划分评定》在浙江德清县出台。目前出台相应地方标准的有上海《浦东新区特色民宿标准》,浙江《浙江省农家乐经营户(点)旅游服务质量星级评定办法》等。在管理规范方面,大多数地区集中于将民宿进行分类指导,分别制定不同的等级标准。如宁波将客栈、民宿类别分成自然风光、历史文化、民俗风情、主题体验等,等级分五档分别是一叶到五叶级,其中五叶级最高。黄山市发布明确了客栈民宿定义,包括餐饮、设施设备、消防、治安、客房、行李与贵重物品寄存等方面的规范。

2. 各地民宿发展经验

(1) 台湾经验

①法律法规体系建设经验

台湾目前针对民宿发展已经形成较为完善的法规体系。早在1990年12月12日就颁布了《民宿管理办法》,就民宿的设置地点、规模、建筑、消防、经营设施基准、申请登记要件、管理监督及经营者应遵守事项进行详细规范,设定为农、林、渔、牧业的附属产业,正式明确台湾民宿产业合法化,并对民宿协会的监管等方面做了严格的规定,之后又出台一系列针对民宿的法规，完善对民宿产业的监管体系，现已将所有文件集结成册《民宿 Q&A 暨相关法规、解释函汇编》，内容涵盖民宿 Q&A、民宿相关解释函、发展观光条例有关民宿的条款摘录、民宿管理办法、建筑法及技术规则相关条例摘录、流动人口登记办法、各类土地使用规则、消防安全标准、商业登记法、各类税法等，并在交通部观光局网站公开发布。

②行业管理经验

台湾"交通部"观光局设立旅宿组管理民宿事务，经营民宿不需要办理营利事业登记证，但须向各县市政府观光单位申请，符合规定即通知缴费并发给申请人"民宿登记证"及"专用标识"。为打造台湾民宿品质形象，自2001年始进行"好客民宿"遴选活动，通过建立管理体系，规范服务标准，并协助通过遴选的民宿进行营销和推广。

官方网站专门设置了民宿的网页，对民宿的定义及法律法规做了明确界定，集结了各地民宿协会信息，对民宿营运报表和民宿每月规模进行了详细统计，并有相关登记服务，拟定了统一的定型化的订房契约范本（订房合同），设立专用的标识和徽章。官方网站还与台湾旅宿网有直接链接关系。

③产业促进政策

台湾观光局举办各类"民宿经营管理研究学习班"，邀请专业人士对民宿主人进行指导讲授。

取得合法经营民宿权利，可连接政府网站，政府会主动加以宣传，辅导办理相关研习训练，以强化经营体质、提升服务质量，合法民宿可加入公务人员国民旅游卡的刷卡特约商店。利用政府的营销资源，组织参加各种国际旅游展览会。

④台湾民宿协会作用

台湾民宿协会成立于2003年4月28日，最早发端于民间私人组织"台湾乡村民宿发展联谊会"，在台湾民宿发展中起了重要的组织和引导作用。主要致力于举办民宿发展论坛、进行品牌建设、开拓国际客源、加强会员服务（如民宿管家证照、服务品质认证、接受调查研究规划委托等）、推动教育训练（课程培训及观摩学习）、搭建多方（产、官、学、研）沟通机制、参与各类展览、提高曝光度等活动。

⑤民宿网站平台

台湾旅宿网是台湾观光局官办网站，提供了合法的宾馆和民宿资讯。不仅罗列了民宿名称、等级、地址、电话、网址、房间数、可接待语言条件、隔音条件、设备等资料，还有旅馆图片。在进一步的搜寻部分，还提供是否临近捷运、高铁、台铁，及距离多少米的交通条件，以及周边景点、住宿、餐饮和小地图，还有该民宿的二维码等信息。网站资讯每2个月做一次更新。目前台湾旅宿网有好客民宿499家。

台湾民宿网是社会力量开办的，免费张贴民宿资讯，栏目设置有"优质民宿、套装行程、租车资讯、行程讨论、特价优惠、旅游景点、近期活动、业者专区、民宿论坛"等，集约了关于民宿的各种信息和资讯。

（2）深圳大鹏新区经验
①法规制定及行业管理经验

深圳民宿起步于2011年，在大鹏新区较场尾海边出现新兴的"非标性"住宿方式。顺应于市场的发展，2015年4月1日，深圳出台广东省第一个民宿管理办法《深圳市大鹏新区民宿管理办法（试行）》，在全国首创了"社区自治"的民宿监管模式，并建立广东省首个民宿行业协会——大鹏新区民宿协会，承担民宿等级评定、建立诚信台账、建立退出机制等行业自律的职责。协会还与瑞士SGS集团合作推行标准认证体系，对于民宿的合法经营、安全保障、基本设施、卫生管理、餐饮管理等10个方面进行综合评分，最终根据评分结果做出国内首个民宿行业的"深圳标准"，并将可能据此形成全国标准。大鹏新区文体旅游局与新区民宿协会还开办了"大鹏民宿学院"项目和民宿旅游人才培养计划。

②社区环境改造经验

除了在法规方面开放绿灯之外，大鹏新区从2013年年底至今，先后投入1.5亿元完善较场尾片区污水管网、电力设备、停车场等市政公共设施，使较场尾成为全市第一个接驳入户污水管的城中村，污水收集率达95%以上。解决了停车难、环境脏乱等周边环境的支持问题。

根据大鹏新区民宿协会报告，截至2016年12月底，大鹏新区注册登记民宿1174家，占广东省民宿53.4%，数量和规模发展迅速，但是，按照全成本核算，2016年大鹏新区亏损民宿超过9成。这可以归结于规模扩张导致的恶性竞争和优胜劣汰的重新洗牌过程。

（3）浙江经验
①产业扶持政策

目前浙江的民宿发展走在全国前列。除了热门的莫干山、杭州、安吉和桐庐，丽水、温州、台州、仙居等地的民宿产业也在逐步发展。据统计，截至 2016 年，仅杭州就有超过 2000 户民宿，产值超过 7 亿元。

浙江各地纷纷推出了产业扶持政策，以财政支持民宿的规划落实、环境改造与规模档次发展，创建示范标杆。如宁波将民宿等级分五叶、五档，财政补贴与标准等级挂钩。丽水市莲都区民宿按照星级进行一次性创建补助。遂昌县对民宿政策奖励与规划编制、落实挂钩。云和县、杭州余杭区的奖励与民宿装修及环境改造挂钩。杭州对农村现代民宿示范点投入额在 300 万元以上，补助最高可达 100 万元。

②地方标准

浙江省正式出台《关于确定民宿范围和条件的指导意见》，明确规定了民宿的范围、条件，为浙江民宿设立了一道"门槛"。

③民宿行业协会（民宿联盟）

杭州于 2016 年 12 月 27 日成立了民宿行业协会，由民宿经营企业单位、民宿服务平台、旅游配套行业及民宿产业链密切相关的单位组成，从事杭州旅游资源及产品开发、旅游宣传促销、旅游经营管理等活动，开展行业管理活动或协助，参与旅游行政管理部门的行业管理等活动。目前还没有公开的统计信息发出。

温州建立民宿协会实现行业自制。

桐庐推进国际民宿联盟建设，加强与台湾民宿协会交流互动，研究和推进两岸民宿合作示范区建设。进一步建立和完善民宿新媒体宣传和客房预订平台，逐步探索建立游客消费服务点评机制。

④民宿网站建设

浙江民宿网分类型介绍本地民宿，同时发布行业资讯、市场行情、产业运作和产品知识。

⑤公共服务

温州采用"景区＋民宿"抱团捆绑营销优惠。

杭州将民宿纳入统一的旅游宣传营销体系。对全市几百家民宿信息进行梳理汇总，编制了牛皮《杭州旅游民宿地图》，提供杭州市区小地图、景点分布、民宿聚集分布、主要代表性的民宿地址电话等信息介绍。积极推广网络自媒体时代的现代化营销模式。通过官方网站和 APP 终端的开发，扩大区域民宿的知名度。和旅游护照结合，把推广、预订、评价等连在一起，打造了杭州旅游的又一个品牌。

（四）核心区四合院精品民宿发展的启示与思考

1. 指导思想思考

未来核心区四合院住宿必须走"提质升效"的集约化道路，在框定总量、限定容量、盘活存量、做优增量、提高质量的基础上实现结构转型升级。要以解决新时期新矛盾，实现人民美好生活为主要指导思想，严格落实新《总规》，在核心区整体发展战略指导下，以"限制性发展、控制性引入"为原则，精选院落，强化定向辅导，高起点规划、优势元素集成、精准市场定位，凝练主题特色，形成一批"古、文、静、雅"相结合、富有北京古都特色、在全国城区精品民宿中具有示范效应、国际知名的城区民宿品牌群。

2. 发展定位思考

四合院精品民宿发展应"提质控量"。集中支持能彰显皇城和老北京特色的、有故事、有文化、有品质、个性化的优品和精品。

（1）目标群体定位

锁定国内外对四合院文化有高审美度、高认同度和高需求度的特定文化群体，具有相应的消费能力、具有小众消费特征、注重消费品质的游客群和单位，进行精准营销。

（2）四合院精品民宿定位

首都核心区四合院本身具有"古、文、静、雅"等沉稳静谧的自然属性。除此之外，在文化特色定位方面，应充分发挥核心区作为中国文化大区的优势，在传统建筑形式中植入具有中国特色、古都特色的文化灵魂，重点鼓励皇城、中轴线、宗教、国学、戏曲、中医、体育、非物质文化遗产等主题，通过文化要素市场进行优势资源配置，形成代表国家形象的精品主题品牌。在规格定位上，要让传统文化沉浸与现代居住功能相结合。传统文化沉浸不摒弃现代生活方式接入，现代生活方式不破坏传统文化的氛围。通过精心设计，在保证居住舒适的基础上，彰显老北京人文情怀。

3. 实施策略思考

（1）强化顶层设计，控制市场准入

目前，尽管国家旅游局出台了全国民宿标准，但这个标准不是强制标准。《北京市旅游条例》出台一年内，相关的民宿法规政策也在紧锣密鼓的制定过程中。核心区应主动参与制度的顶层设计，有效化解四合院精品民宿的市场准入难题，为未来四合院精品民宿预置发展路径。同时，也可拟定区域性鼓励创新创业促进政策。如对符合首都功能核心区发展定位的四合院精品民宿进行床位数、接待人数、设计费用等项目的补贴奖励，或对获得市级以上奖励或称号的精品民宿进行一次性奖励，引导四合院民宿提质升级。

（2）加强市场研判，进行宏观指导

一方面按照市场经济规律，加强对四合院精品民宿市场需求侧的分析、研判、预测，特别是加强对高星级酒店和精品四合院民宿的需求差异分析；另一方面重视对供给侧的规划、规范和服务管理，指导四合院精品民宿经营者开展差异化和特色化经营，有效防范同质竞争和市场过剩。

（3）精选优质资源，强化综合辅导

精选资源，纳入培训辅导体系。可以设立"民宿管家"学堂系列，集中组织走访观摩、专家会诊、讲座座谈、案例宣讲、参加国际展会等方式，组织民宿产品创意设计、市场营销和服务理念等方面的论坛或课程，接受旅游、公安、消防、税务、卫生、环保、市场营销等各方面的强化辅导，提高精品民宿的管理和经营水平。形成一批在全国具有示范效应、在国际上享有盛誉的城区精品四合院民宿品牌系列。

（4）打造联盟协会，共享资源市场

尝试成立民宿发展联盟或民宿行业协会等民间组织，提高民宿企业的集中性和资源共享性，解决客源不稳定、资源不共享和理念不沟通的问题，统一打造整体形象和品牌。举办或参与全国性或区域性民宿行业发展大会、论坛或大型活动，扩大行业交流，拓展市场影响。

（5）强化行政服务，实现精准营销

配合市政部门进行基础设施提升和环境整治工作。探索属地管理方式，加强标准引导和服务引导，提供便捷高效的行政服务。鼓励大型投资集团的连锁经营，充分发挥资本运营和创意能力，深入挖掘文化特色，提升体验品质。充分利用区文化与旅游主管部门的旅游宣传集中营销体系，编制《民宿地图》《民宿宝典》等资料，打造专业民宿网站、APP等信息平台，协调整合资源实行"景区+民宿"捆绑销售，享受景区门票优惠。通过官方网站、微博、微信公众号等平台集中推出精品民宿主题宣传，借助海内外国际展览和宣传活动，在海内外进行广泛的精准营销，打造北京旅游的又一个品牌。

核心区四合院精品民宿发展思路旨在通过政府这只看得见的手，正确指导市场在国家政策、北京城市发展战略指引下，防止和纠正市场失灵，完善旅游产品结构、引导有效竞争，集成优势资源，提升旅游公共服务，优化旅游环境，提高公共福利。具体工作需要在探索中不断细化，运作效果有待进一步检验。

附件：调查问卷

问卷1

北京核心区四合院文化旅游消费需求调查

女士/先生：

您好！感谢您参与本次问卷调查！我们是北京联合大学旅游管理专业学生，正在参与一项关于四合院旅游开发利用的课题研究工作。本次问卷仅为学术使用，是随机无记名调查形式，信息保密。答案无对错之分，所填信息的完整性对研究非常重要。请您在认为合适的答案前的□内打上"√"号（除特殊标注外均为单选），谢谢您的配合！

北京联合大学旅游学院课题组

一、消费行为调查

1. 您对北京核心区四合院的了解程度：
□A. 非常了解　□B. 比较了解　□C. 基本了解
□D. 不太了解　□E. 完全不了解

2. 您此次来京旅行的目的：
□A. 商务旅游　　□B. 休闲观光旅游　　□C. 探亲访友
□D. 展览/会议　　□E. 购物　　　　　　□F. 科普调查
□G. 学术研究　　□H. 其他

3. 您此次来京的出游方式：
□A. 散客　　□B. 自由拼团　　□C. 单位组织

☐D. 旅行社组团　　　☐E. 会议

4. 您是通过什么途径了解四合院旅游产品信息的：

☐A. 电视、广播、报纸、杂志的宣传　　　☐B. 互联网

☐C. 亲戚、朋友、同事介绍　　　☐D. 旅行社的咨询和推荐

☐E. 展会

5. 您在京的停留时间：

☐A. 一天　　　☐B. 三天　　　☐C. 一周　　　☐D. 一个月

☐E. 一月以上

6. 您本次旅行的人均在京消费预算（人民币）：

☐A. 1000 元以下　　　☐B. 1000—3000 元　　　☐C. 3000—5000 元

☐D. 5000—10000 元　　　☐E. 10000—20000 元　　　☐F. 20000 元以上

7. 您来京是与谁同游的：

☐A. 情侣　　　☐B. 同学　　　☐C. 家人　　　☐D. 同事　　　☐E. 朋友

8. 您对四合院文化感兴趣的方面：

☐A. 京味文化/民俗　　　☐B. 历史事件　　　☐C. 建筑文化

☐D. 人文/宗教

9. 您在游览中与当地人互动的期望：

☐A. 独自游览　　　☐B. 当地友人陪同　　　☐C. 与当地居民互动

二、消费需求调查

10. 您在四合院内的餐饮消费偏好：

☐A. 京味餐饮/传统小吃/老字号　　　☐B. 西餐

☐C. 私房菜　　　☐D. 国内其他菜系

11. 您对四合院内的餐饮演艺需求：

☐A. 相声　　　☐B. 民乐　　　☐C. 杂技

☐D. 京剧　　　☐E. 功夫表演　　　☐F. 其他

12. 您对四合院内的餐饮服务需求：

☐A. 自助　　　☐B. 现场操作表演　　　☐C. 菜品故事解说

13. 您对四合院内餐饮设施/环境的需求：（首选 3 项）

☐A. 特色装饰装潢　　　☐B. 特色餐具

☐C. 特色风格家具　　　☐D. 背景音乐/现场表演

14. 您对四合院住宿的品牌需求是：

☐A. 国际品牌　　☐B. 国内品牌　　☐C. 地方品牌
☐D. 无品牌要求

15. 您可以接受的四合院住宿的房间价位（人民币）是：
☐A. 1000 元以内每晚　　　☐B. 1000—3000 元每晚
☐C. 3001—5000 元每晚　　☐D. 5001—10000 元每晚
☐E. 10001 元以上每晚

16. 您选择四合院住宿最在意的因素是什么：（首选 3 项）
☐A. 主题风格　　☐B. 硬件配备（房间整洁度/房间大小/通风/采光等）
☐C. 服务质量　　☐D. 价格　　☐E. 品牌　　☐F. 其他

17. 您会固定选择某个风格的四合院住宿吗：
☐A. 会，有自己喜欢的固定风格　　☐B. 不会

18. 您喜欢哪种风格的四合院住宿：
☐A. 北京传统风格　　☐B. 北京时尚风格　　☐C. 主题风格
☐D. 异域风情风格　　☐E. 田园风格　　☐F. 豪华风格
☐G. 其他

19. 您对四合院住宿能提供的专项服务需求：
☐A. 特色餐饮　　☐B. 养生药浴　　☐C. 文教科普
☐D. 茶艺茶道　　☐E. 商务服务　　☐F. 其他

20. 您觉得四合院住宿的价值需求体现在哪里：
☐A. 居住价值　　☐B. 建筑体验价值
☐C. 文化研究价值　　☐D. 审美体验价值

21. 您在四合院游览时对交通方式的偏好是：
☐A. 步行　　☐B. 共享单车　　☐C. 旅游观光车
☐D. 铛铛车　　☐E. 人力三轮车　　☐F. 公交车
☐G. 旅游大巴车　　☐H. 地铁
☐I. 自驾

22. 四合院游览时对交通最在意什么：
☐A. 交通的便利性　　☐B. 交通的可进入性
☐C. 交通的拥挤程度

23. 您对四合院文化旅游业态的偏好：
☐A. 民宿/精品酒店　　☐B. 历史文化博物馆　　☐C. 餐厅
☐D. 名人故居　　☐E. 手工记忆活态博物馆　　☐F. 图书/咖啡馆

☐G. 民俗展览　　　　☐H. 演艺剧场

24. 您对四合院游览的参与程度：
☐A. 观赏　　☐B. 学习　　☐C. 互动　　☐D. 深入体验

25. 您对四合院经营的旅游商品的偏好：
☐A. 北京礼物　　☐B. 老字号商品　　☐C. 北京特产
☐D. 时尚商品

26. 您在四合院购物时最主要的考虑因素：（首选 3 项）
☐A. 地方特色　　☐B. 商品质量　　☐C. 品牌
☐D. 便携性　　☐E. 设计感　　☐F. 价格

三、个人信息

27. 您来自哪里：
☐A. 国外　　☐B. 港澳台地区　　☐C. 北京本地
☐D. 国内其他地区

28. 您的性别：
☐A. 男　　☐B. 女

29. 您的年龄：
☐A. 18 岁（不含）以下　　☐B. 18—25 岁
☐C. 26—40 岁　　☐D. 41—60 岁
☐E. 60 岁以上

30. 您个人的月收入是：
☐A. 2000 元及以下　　☐B. 2001—4000 元
☐C. 4001—8000 元　　☐D. 8001—12000 元
☐E. 12001—20000 元　　☐F. 20000 元以上

31. 您的受教育程度：
☐A. 高中及以下　　☐B. 本科/专科　　☐C. 研究生及以上

32. 您的职业：
☐A. 私营业主　　☐B. 国家机关公务员/事业单位人员
☐C. 工人　　☐D. 学生　　☐E. 公司员工
☐F. 自由职业　　☐G. 离退休　　☐H. 其他

再次感谢您的帮助，祝您游览愉快！

问卷 2

Questionnaire of Siheyuan (Quadrangle) Cultural Tourism Consumption Demand in Central Area of Beijing

Dear Ms/Mr.：

Hello! Thank you for participating our research! We are undergraduate Tourism Management major students from Beijing Union University. By taking a few minutes to complete this survey, you will help our research in the tourism use and development of the traditional Chinese residential complex, Siheyuan. Your answers will be greatly valued and strictly confidential. To indicate your answer, please write a check mark alongside the answer that comes closest to your opinion. Thank you for your cooperation!

Research Project Group of Beijing Union University

一、Survey of Consumption Behavior

1. In what level are you familiar with the Siheyuan in Central Area Beijing?
- ☐ A. Very familiar
- ☐ B. Moderately familiar
- ☐ C. Somewhat familiar
- ☐ D. Not familiar
- ☐ E. Know nothing about it

2. The purpose of your trip to Beijing is：
- ☐ A. Business Trip
- ☐ B. Tourism
- ☐ C. Visiting friends or relatives
- ☐ D. Exhibition/Conference
- ☐ E. Shopping
- ☐ F. Popular science survey
- ☐ G. Academic research
- ☐ H. Other

3. You come to Beijing by：
- ☐ A. individual traveler
- ☐ B. self-organized group
- ☐ C. Company team activity
- ☐ D. Package tour
- ☐ E. Convention

4. How do you get information about Siheyuan tourism products?

☐A. By advertising in television/broadcast/newspaper/magazine

☐B. By Internet

☐C. By relatives/friends/colleagues

☐D. By the recommendation of travel agency

☐E. By exhibition

5. How long approximately will you stay in Beijing?

☐A. One day   ☐B. Three days   ☐C. A week

☐D. A month   ☐E. More than a month

6. What is your approximate traveling budget in Beijing?

☐A. Below 150 dollars   ☐B. Between 151—450 dollars

☐C. Between 451—750 dollars   ☐D. Between 751—1500 dollars

☐E. Between 1501—3000 dollars   ☐F. Above 3000 dollars

7. You travel to Beijing with:

☐A. Partner   ☐B. Schoolmate   ☐C. Family member

☐D. Colleague   ☐E. Friend

8. Which aspect of the Siheyuan culture attracts you?

☐A. Culture and convention of Beijing   ☐B. Historical Events

☐C. Traditional architecture   ☐D. Humane/Religion

9. Do you expect to interact with local people on this trip?

☐A. No, I prefer to travel alone.

☐B. No, my local friend will accompany me

☐C. Yes, I want to interact with local people

二、Survey of Consumption Demand

10. What type of food would you like to eat in Siheyuan?

☐A. Traditional Beijing cuisine and snacks   ☐B. Western cuisine

☐C. Private home cuisine   ☐D. Other Chinese cuisine

11. What performance do you expect to see in a Siheyuan restaurant?

☐A. Comic dialogue   ☐B. Folk music

☐C. Acrobatics   ☐D. Peking Opera

☐E. Kong Fu performance   ☐F. Other

12. What type of service do you prefer in a Siheyuan restaurant?

☐A. Buffet   ☐B. To show the cooking procedure in front of customers
☐C. To introduce the story behind the dish

13. What would you prefer in a Siheyuan restaurant? (Choose three answers below)
☐A. Special decorations   ☐B. Special tableware
☐C. Special furniture   ☐D. Music/Live performance

14. What brand of Siheyuan accommodation would you like to choose?
☐A. International brand   ☐B. Chinese brand
☐C. Local brand   ☐D. I have no preference on accommodation brand

15. What is the acceptable Siheyuan accommodation rate per room per night for you?
☐A. Below 150 dollars   ☐B. Between 151—450 dollars
☐C. Between 451—750 dollars   ☐D. Between 751—1000 dollars
☐E. Above 1001 dollar

16. What are the most important three aspects for you when choosing Siheyuan accommodation?
☐A. Theme style
☐B. Condition of the accommodation (e.g. cleanliness/size of room)
☐C. Quality of service   ☐D. Price
☐E. Brand   ☐F. Other (please indicate: _____)

17. Will you book a particular type of Siheyuan accommodation repeatedly? (If yes, please indicate.)
☐A. Yes   ☐B. No.

18. Which Siheyuan accommodation style would you prefer?
☐A. Traditional Beijing style   ☐B. Modern Beijing style
☐C. Theme style   ☐D. Exotic style
☐E. Pastoral style   ☐F. Luxurious style
☐G. Other (please indicate: _____)

19. What service do you expect in a Siheyuan accommodation?
☐A. Special cuisine   ☐B. Traditional Chinese health preserving treatment
☐C. Cultural and Educational Science   ☐D. Tea ceremony

☐E. Business service   ☐F. Other (please indicate: _____)

20. The most attractive aspect for you to live in a Siheyuan is:

☐A. Residential value

☐B. To experience traditional Chinese architecture

☐C. To experience traditional Chinese Culture

☐D. Aesthetic experience value

21. What transportation method would you prefer when visiting Siheyuan?

☐A. Walking   ☐B. Bicycle-sharing   ☐C. Sightseeing Bus

☐D. Sightseeing Trolley   ☐E. Sightseeing rickshaw

☐F. Bus   ☐G. Tourist bus   ☐H. Subway   ☐I. Self-driving

22. What is the most important aspect for you to choose transportation method?

☐A. Convenience   ☐B. Approachability   ☐C. Crowdedness

23. What type of Siheyuan would you like to visit the most?

☐A. B&B/Boutique Hotel   ☐B. Historical and cultural museum

☐C. Restaurant   ☐D. Former residence of celebrities

☐E. Handcraft museum   ☐F. Bookstore/Café

☐G. Convention Exhibition   ☐H. Theatre

24. What kind of experience would you like to gain when visiting Siheyuan?

☐A. Sightseeing   ☐B. Gaining knowledge of Beijing

☐C. interaction   ☐D. Deep experience

25. What type of product would you like to buy in Siheyuan?

☐A. Beijing culture related   ☐B. Time-honored Beijing brand

☐C. Special Beijing product   ☐D. Fashionable gift

26. What are the most important three aspects for you shopping in Siheyuan?

☐A. Local feature   ☐B. Product quality   ☐C. Brand

☐D. Portability   ☐E. Sense of design   ☐F. Price

Personal Information

27. Where do you come from?

☐A. Asia   ☐B. Europe   ☐C. North America

☐D. South America   ☐E. Africa   ☐F. Oceania

28. Your gender is:
☐A. Male ☐B. Female

29. Your age:
☐A. Below 18 ☐B. Between 18 and 25 ☐C. Between 26 and 40
☐D. Between 41 and 60 ☐E. Above 60

30. Your approximate monthly income:
☐A. Below 2000 dollar ☐B. 2001—3000 dollar
☐C. 3001—4000 dollar ☐D. 4001—5000 dollar
☐E. 5001—8000 dollar ☐F. Above 8000 dollar

31. Your education level:
☐A. High school and below ☐B. Bachelor
☐C. Master and above

32. Your profession:
☐A. Official ☐B. professional/Technical ☐C. Businessman
☐D. Student ☐E. Clerk ☐F. Worker
☐G. Teacher ☐H. housewife ☐I. Retired
☐J. Soldier or police officer ☐K. Farmer ☐L. Others

Thank you for helping us! Hope you have a wonderful trip!

西山永定河文化带的非遗资源挖掘与发展保护研究报告[*]

李自典　樊　荣[**]

摘要：非物质文化遗产是西山永定河文化带的文化记忆符号。在悠久的历史发展长河中，西山永定河文化带孕育了丰富多彩的非遗文化，并且颇具地域特色。深入挖掘西山永定河文化带的非遗资源，借助政府与社会各界力量多渠道探索非遗保护与发展路径，对促进西山永定河文化带建设乃至推进北京全国文化中心建设均具有历史意义和现实价值。

关键词：西山永定河文化带；非遗；资源挖掘；保护路径

随着国家经济与社会的发展，文化作为民族的血脉和遗传基因，日益成为支撑国家繁荣发展的强大力量。党的十八大以来，党中央高度重视文化建设，习近平总书记曾指出"文运同国运相牵，文脉同国脉相连"。建设社会主义文化强国是实现中华民族伟大复兴的基础和前提。响应国家的文化建设方略，首都北京着力推进全国文化中心建设，自2015年起即开始筹划三个文化带规划建设，《2017年北京市政府工作报告》中亦明确指出，"保护好历史文化名城'金名片'……统筹推进长城、运河、西山文化带建设"是政府工作的一项主要任务。中央强调指出首都发展要围绕"四个中心"城市战略定位，统筹推进大运河文化带、长城文化带、西山永定河文化带的保护利用，强化首都风范、古都风韵、时代风貌的城市特

---

[*] 北京学研究基地开放课题《三山五园与周边村落文化保护策略研究》（项目号 BJXJD‐KT2015‐YB09）研究成果。

[**] 李自典，北京联合大学应用文理学院历史文博系副教授、硕士生导师，主要研究方向为北京史与文化遗产；樊荣，北京联合大学应用文理学院2019级中国史研究生。

色。由此可见，从国家发展战略到首都建设规划，文化建设的重要性日益凸显。北京作为首都，开展文化中心建设，当前最为重要的一项任务即是统筹推进长城、运河、西山永定河三个文化带建设。在这三个文化带中，西山永定河文化带以其历史悠久、文化积淀深厚、多元文化融合而越发彰显其文化价值的重要，是北京的文明之源、历史之根、文化之魄，值得我们深入发掘其底蕴，以服务于首都文化建设。

一 西山永定河文化带非遗的特点

西山永定河文化带覆盖了从史前至当代漫长的历史时期，文化遗产众多，除了闻名中外的风景名胜以及文物等物质文化遗产，非物质文化遗产（简称"非遗"）也是重要的一项文化资源，其表现形态多样，门类丰富，内容精彩纷呈。西山永定河文化带范围内的非物质文化遗产，或是反映风物与人物、生活传说，或是反映民众生活、生产技艺，或是反映民间戏剧、音乐、舞蹈、美术、武术竞技表演形态，或是反映民风习俗，无论何种形式，这些非遗的留存成为西山永定河文化带文化内涵厚重的一种表征。总揽西山永定河文化带范围内的非物质文化遗产，主要有以下特点。

第一，数量众多，门类丰富。据不完全统计，在政府发布的非物质文化遗产名录中，西山永定河文化带覆盖的六个行政区共有非物质文化遗产项目三百多项，涉及国家所设非物质文化遗产名录事项包含的民间文学、民间音乐、民间舞蹈、传统戏剧、曲艺、杂技与竞技、民间美术、传统技艺、传统医药、民俗十大门类，在级别上，涵盖国家级、市级、区级三个层次。这些丰富的非物质文化遗产是我们开展西山永定河文化带建设的重要保障资源，也是首都北京文化发展的重要根基。

第二，地方特色鲜明。西山永定河文化带范围内包含的非物质文化遗产项目在地区分布上并不平衡，而是较为集中地分布在以香山为中心的低山丘陵、以妙峰山和阳台山为中心的中山山体，还包括部分山前平原、永定河以北地区等。不同的地区有着各自不同的生态环境，从而使得由民众生活而孕育出的非物质文化遗产显示出各有地域特色的风貌。总体上看，西山永定河文化带的非物质文化遗产项目大多与西山之山、永定河之水以及依山靠水而居的人直接相关，例如，香山传说、曹雪芹（西山）传说、永定河传说等从民间文学的角度阐述了西山永定河的风物传奇与人文传说，妙峰山庙会更多从民众生活视域展示了该区域的民风习俗等内容。

第三，研究的非系统性与不平衡性。西山永定河文化带内的非遗项目数量众多，目前还没有做到对每个项目进行从内涵挖掘到保护、传承与利用整体系统深入的研究，既有的研究成果多以梳理源流及发展脉络为主，缺乏理论层次的探讨。此外，研究存在不平衡性。这一方面体现在不同的非遗项目之间，有的项目受到关注多，研究较为深入，比如永定河传说、香山传说等已出版专著，但有的项目则关注不够，尤其是一些区级项目，对其传承谱系等资料挖掘与整理还比较欠缺。另一方面，非遗研究在各区之间也存在不平衡性，目前门头沟、海淀、石景山、房山、丰台、昌平各区虽然设有文化机构负责管理非物质文化遗产，但是各区的具体工作有详有略，从各区展示非物质文化遗产的网站建设上可管窥一斑，海淀文旅公共服务数字平台和石景山区公共数字文化服务平台的工作相对深入细致些，其网站上对非遗项目、传承人及级别等有非常清楚的介绍，这对民众了解非遗提供了便利，无形之中对扩大非遗的影响与传播提供了助力。

二　西山永定河文化带非遗的价值与作用

非物质文化遗产是指人类在历史上创造，并以活态形式传承至今的，具有重要历史价值、文化价值、艺术价值、科学价值和社会价值的传统文化事项，主要包括民间文学、表演艺术、传统手工技艺、传统生产知识、传统生活知识、传统仪式、传统节日等类别。① 非物质文化遗产是中华民族的宝贵的文化财富，也是今天进行首都三个文化带建设的重要文化资源。西山永定河文化带建设过程中，非遗的价值与作用不可忽视，这主要体现在以下几个方面。

第一，历史价值与作用。非物质文化遗产的历史价值与作用主要指通过非遗，可以帮助印证往昔历史过程、纠正记录偏颇的历史以及补充、丰富历史文献。西山永定河文化带内的非遗项目，很多具有该价值与作用，例如，民间文学项目潭柘寺传说，通过它的遗存与传承，从一个侧面印证了北京城的悠久历史，正如民间俗语所说"先有潭柘寺，后有北京城"。

第二，文化价值与作用。非物质文化遗产是民族的文化基因，它的文

---

① 苑利、顾军：《非物质文化遗产学》，高等教育出版社2009年版，第12页。

化价值与作用主要体现在可以帮助人们认识民族文化类型，因为不同民族的生活环境与习惯存在诸多差异，因此非遗具有文化内容的多样性与地域文化的独特性特征。在西山永定河文化带，多民族交融生活是历史的过程，现今留存的非遗传统杂技与竞技项目珍珠球和纪氏太极拳法，即是海淀区"三山五园"周边聚居满族旗人生活习俗与文化传统的印记。当然，其他类似的非遗项目举不胜举，这些成为开展西山永定河文化带建设可以深入发掘的一个重要资源路径。

第三，艺术价值与作用。绝大多数非物质文化遗产高度浓缩了民间艺术的精华，具有高超的艺术价值，具有帮助人类认识不同历史时期以及不同地域间审美生成与演变规律的作用。在西山永定河文化带，许多表演艺术类非遗项目有明显的艺术价值，它们在帮助我们深化认识该地域内文化的深度与演变历程中具有重要作用。例如，门头沟区的非遗项目燕家台山梆子戏，由陕西、山西传入的山陕梆子与当地原有的河北老调、地方方言融合而成，后来演变为百姓自娱自乐的地方山梆子戏。此戏种的存在具有浓郁的山乡艺术价值，也为我们深入认识传统戏剧在民间的演变提供范本作用。

第四，科学价值与作用。非物质文化遗产是人类历经千百年积淀起来的文化精华，可以帮助我们解读人类历史上所创造的各种科技成就，并通过其活态传承，为我们利用这些成就来创造新科技提供独特的参考借鉴作用。在西山永定河文化带，门头沟区琉璃渠村留存的非遗传统技艺项目——琉璃烧制技艺，是皇家琉璃制作的代表，具有制作工艺、釉料、原料、造型独特的特点，对于当前古建修复、古代审美文化研究等领域具有重要参考借鉴作用，这也体现了其科学价值之所在。

第五，社会价值与作用。非物质文化遗产来源于人类社会，又服务于社会，其社会价值体现在通过非遗的传承，对社会和谐发展、人际关系的调节等起到一定的推动作用。西山永定河文化带内的很多非遗项目都非常明显地具有该价值与作用，如门头沟区的非遗民俗项目——妙峰山庙会以及千军台、庄户幡会等。妙峰山庙会通过香会这个民间文化活动组织，保留和传承了众多的民间艺术、手工艺以及体育竞技活动，不仅对保护民间文化有重要作用，而且丰富了群众的文化生活，是群众自娱自乐的一种重要形式，通过举办庙会，体现了民众祈福禳灾、公议助善、谦和互助的精神。千军台、庄户幡会是山村古庙会的产物，通过请神、送神、祭神以及朝拜祖先牌位等活动，反映了山区百姓祈求太平安乐、尊老有序的精神。民俗庙会形成的精神品质和行为规范营造了安定祥和的社会风气和精神价值，对构建和谐社会和促进精神文明建设具有积极作用。

三 西山永定河文化带非遗保护存在的问题

西山永定河文化带范围内的非物质文化遗产，具有多种多样的表现形态，包括传说、民间戏剧、音乐、舞蹈、美术、武术竞技表演、手工技艺、民俗等多种类型。在当前传承过程中，西山永定河文化带的非遗事项存在着共性的问题，也有特殊性的困难。

首先，传承人年纪越来越大，后来的继承者缺乏，现代化的生活方式下，非遗传统事项的受众面缩小，这是非遗传承与保护中面临的非常明显的共性问题。例如，在非遗传说事项中，圆明园传说依靠集体传承，在圆明园周边生活的并知道相关传说的老人，以及早期收集整理圆明园传说的民间文学工作者都是传承者，近年来随着圆明园周边的开发和人口流动，越来越多了解圆明园传说的当地老人已不知去向，早期收集传说资料的文学工作者也年事已高，这使得该传说的传承和传播面临着现实的生存挑战。香山传说的讲述人也以居住在当地的农民、工人为主，如今许多香山传说故事的讲述者已去世，如舒成勋、杨浩、席振瀛、韩永等，健在的也大多为八九十岁的耄耋之人，语言表达能力降低，再请他们讲述老故事，存在很大难度。此外，随着现在年轻人价值观的改变，理解、欣赏、讲述传统故事的热情已经消失，这些都不同程度地为民间传说的传承带来困难。

在非遗传统音乐与舞蹈方面，传承人年老体衰，继承者青黄不接，使得非遗事项发展传承困难成为普遍的问题。目前，京西幡乐的古乐班能够演奏的老艺人已经不多，最小的艺人也是五十岁开外了，面临青黄不接的局面。近年来，随着城市化进程的推进，太平鼓赖以生存、发展的社会基础发生了变化，原来的老村落在搬迁中消失，太平鼓生存空间逐渐萎缩。一些颇有造诣的太平鼓老艺人年事已高，有的相继离世，有的逐步退出舞台，而随着现代文化艺术形式对传统民间艺术的冲击，大部分年轻人对太平鼓的兴趣降低，这使得一些太平鼓传统套路与表演技艺难以得到传承。海淀扑蝴蝶项目的濒危状况目前已日益显现，传承人年龄结构偏大，舞蹈动作简单、技巧不到位，很难呈现当年的风采，大部分作品只舞不歌，歌唱部分面临消失的危险。六郎庄五虎棍会也出现青黄不接的势头，会档人员年龄偏大，熟练五虎棍套路的老人大部分已经去世，剩下的十多位老人也年纪已大，腿脚不甚灵活，年轻的孩子由于学习任务繁重等原因，没有太多的时间练习童子功，使得该技艺的传承也面临后继力量不足的问题。

在非遗传统曲艺方面，在抗战时期，由于日军入侵，山乡戏曲演出传统一度中断，一些行头、道具等被毁，几经周折，目前一些老艺人年事已高，随着现代娱乐方式的发展，年轻人对传统的民间曲艺兴趣不大，使得传承面临断档的局面。例如，柏峪燕歌戏表演由于老艺术家的相继离去，村中人口锐减，年轻人较少，剧目由中华人民共和国成立时的三百多个锐减到目前的三十几个，传承面临一定的困难。淤白村的蹦蹦戏同样面临年轻人缺乏兴趣、传承存在压力的问题。在非遗民俗与传统技艺方面，由于传统村落变迁、老艺人年老去世等原因，非遗传承与保护工作迫在眉睫，时不可待。千军台、庄户幡会尽管每年还在坚持举办，但是会演奏的老艺人们年事已高，传承问题亟待解决。古城村的秉心圣会，由于古城村的拆迁，以及传承人不能有序对接等问题，在发展上也面临一定的危机。传统的手工技艺项目"曹氏风筝制作技艺"的传承人孔祥泽已年逾古稀，其子孔令民也已年过半百，但该技艺仍有20种制作技法需要挖掘和研究，传承保护工作亟须采取一定措施。琉璃渠琉璃烧造技艺的传承与发展也面临着一系列的挑战与困难，掌握全面技艺的艺人逐渐老去，而要学习掌握该技艺需要长期经验的积累，年轻人的学习热情不高。京绣随着宫廷需求孕育而生，又因宫廷的消失而渐渐没落，目前从事京绣的技师少之又少，而培养一个优秀的绣工，掌握京绣的多种针法技艺，需要至少十年以上，年轻人很少愿意学习该技艺，其发展着实令人担忧。

其次，非物质文化遗产是人类生产生活积累的产物，其产生与发展有一定的社会条件，不同类型的非遗还有不同的发展规律，因此，在传承与保护中也会面临不同的问题。西山永定河文化带内的非遗保护与传承过程中，面临着诸多独特性情况。

其一，非遗发展依赖的社会土壤发生变化，这对非遗传承影响甚大。例如，杨家将（穆桂英）传说主要在京郊燕山一带的自然村落中流传，传说内容大多与当地自然景观联系在一起，充满想象力。近年来，随着燕山地区工业化进程的加快，曾经留下杨家将、穆桂英"身影"的村庄和景观正在慢慢消失，这给该传说的发展带来致命性打击，继续传承这些传说的关键，在于保护传说诞生的土壤。又如潭柘紫石砚雕刻技艺的传承面临濒危现状，一个重要的因素是其原料紫石属资源性开采，随着蕴含量的下降，原料保障出现困难，技艺传承自然难上加难。

其二，传统非遗的传承路径在现代社会也面临一定的冲击，解决好传承路径的问题是目前非遗传承与保护中的一项重要任务。例如，柏峪村燕歌戏传习至今没有剧本，一直采取"子弟班"形式口头传授，后人均靠村里前辈人口述音传，绝少从外聘请教师，具有强烈的家庭传承的世袭观念，父教子、兄传弟，代代同习同演，素有"子弟传子弟"之说，而且一直是只有本村人会唱，传男不传女，传里不传外。琉璃渠琉璃烧造技艺的传承同样遵循"父传子、子传孙、琉璃不传外乡人"的规矩，该技艺的稳作（吻作）、窑作、釉作等核心技术多是通过口传心授，这使得其传承面非常狭窄，一旦凭靠自觉传承的后人跟进不够，非遗事项的发展面临断档问题便会显现。

其三，一些非遗事项自身存在发展动力不足的问题。例如，西斋堂山梆子戏由于山区村庄交通闭塞，与外地少有交流，至今仍保持山陕梆子戏的原貌和基调，但随着时代的发展，社会不断进步，从无改进的曲艺形式很难受到年轻人的欣赏，这无形之中使其面临缺乏生命力的局面。淤白村蹦蹦戏的发展同样如此，其表演艺人大多是没有文化的农民，思想上比较保守，与外界沟通较少，缺少变革精神，没有顺应时代潮流的新剧目，不能有效吸引年轻人，加上"西路评剧"的冲击，其发展渐渐由盛而衰，目前许多传统剧目也逐渐消失。

此外，还有一些非遗事项具有明显的时令性，发展空间有限，传承也面临困难。例如，菊花白酒制作技艺主要以重阳节为文化依托，具有季节性。加之酿制成本高、效率低等原因，技艺传承遇到困难，需加以抢救、保护。

四 西山永定河文化带非遗发展路径的探索

非物质文化遗产是人类宝贵的文化财富，是人类智慧的结晶，传承与保护好非遗事项，功在当代，利在千秋。随着文化遗产保护工作的不断推进，各级政府、民间艺人以及广大民众对非遗传承与保护发展问题给予了越来越多的关注,对非遗的认识不断深化,思想逐步开放,不拘一格,为非遗传承拓展道路,为非遗发展倾力谋划,逐步形成各有特色的发展路径。

首先,政府大力支持非遗传承与保护工作的开展,从资金扶持、政策制定、法律颁布、机构设置等多方面提供保障。为使中国的非物质文化遗产保护工作规范化,国务院发布《关于加强文化遗产保护的通知》,并制定"国家+省+市+县"共4级保护体系,要求各地方和各有关部门贯彻"保护为主、抢救第一、合理利用、传承发展"的工作方针,切实做好非物质文化遗产的保护、管理和合理利用工作。2011年,《中华人民共和国非物质文化遗产保护法》颁布,为非遗调查、传承与传播等提供了法律保障。2006年,国家专门设立了"文化遗产日",定在每年6月的第二个星期六,围绕文化遗产保护工作开展活动。从2006年开始,非物质文化遗产保护名录评选工作启动,入选保护名录的项目由国家设立专项资金扶助发展。省、市、县以及区文化部门也开展了地方非遗保护名录的评选,目前西山永定河文化带范围内入选国家级的非遗项目约20项,市级、区级项目有数百项。北京市文化和旅游局及下属各区文化机构作为非遗事项的主管部门,致力于非遗保护工作。例如,将节庆活动与非遗相结合,每年的春节庙会、文化遗产日等时期,专门推出不同非遗事项面向社会大众的展示展演活动,扩大了非遗的社会影响力与传播范围。

其次,充分搜集与整理非遗相关的资料,通过文献与口述访谈等多种途径,将非遗事项的发展脉络梳理清楚,条件成熟的出版专著或资料汇编,为非遗传承、传播与发展奠定根基。目前,西山永定河文化带范围内的非遗事项已出版专著的有《香山传说》《永定河传说》《曹雪芹西山传说》《八大处传说》《圆明园传说》《颐和园传说》《杨家将(穆桂英)传说》《京西太平鼓》《京西幡乐》《石景山太平鼓》《武道藏珠:善扑营纪氏太极拳法》《北京非物质文化遗产传承人口述史·曹氏风筝工艺·孔令民》等,此外,还出版了北京市非物质文化遗产普查项目汇编,包括海淀区、丰台区、石景山区、门头沟区、房山区等多卷本。这些非物质文化遗产相关的专著文献,为进一步研究西山非遗提供了参考,有的还被一些学校采用,成为乡土教材,为非遗教育发展奠定了基础。例如,《香山传说》一书在香山地区的一些学校被列为乡土教材,在学生中广泛推广。永定河文化研究会积极与石景山区水泥厂小学合作,在《永定河传说》的基础上，探索编写永定河文化校本课程教材，将永定河传说故事引进青少年课堂，扩大永定河传说在青少年中的影响，进而促进活态传承。

再次，为扩大西山非遗的社会关注度，增强民众对非遗传承与保护工作的热情，为非遗发展创造良好的社会环境，通过非遗进校园、非遗进社区展示展演，建立非遗传承基地，开展非遗表演竞技比赛等多种形式，探索非遗传承与保护发展的有效途径。例如，为了让杨家将（穆桂英）传说能够更好地传承下去，通过非遗进校园、进社区的形式，举办杨家将、穆桂英传说故事会，在文化馆开办民俗知识大讲堂，在图书馆设立民俗文学书架以及电视、网络宣传等多种形式，使杨家将（穆桂英）传说得到广泛传播和弘扬。为促进永定河传说的传承和保护发展，石景山区文化部门创办了石景山区民间传说故事会，利用全国文化遗产日进行民间故事比赛，先后在公园、图书馆、社区文化广场、文物景点等举办赛事，已经连续举办5年，吸引参加比赛的人群很多，其中年龄最小的仅有5岁，最大的95岁。此外，还将传说故事编印成册，发放到学校、部队、社区、驻区单位等，让这一濒危的文化形式回归到民众之中，以利于口口相传。为了更好地传播和传承曹雪芹传说，曹雪芹纪念馆采取了多种方式，如在展览中、讲解中、活动中加入相关传说，提供相关产品的售卖服务，纪念馆主办的香山地区小学生曹雪芹传说演讲故事会也受到社会大众的高度关注。又如，为促进太平鼓的传承与发展，石景山成立太平鼓队10支，包括与社区合作组建的古城社区太平鼓队、鲁谷社区太平鼓队、苹果园社区太平鼓队和五里坨社区太平鼓队等，这些太平鼓队活跃在各个街道、非遗示范校等地，开展生动的活态传承，政府给予一定的资金支持，在太平鼓传承人的带动下，以传、教、带方式进行传承普及工作，使得太平鼓队伍不断发展壮大。此外，北京九中、杨庄中学和北辛安小学等积极将太平鼓引入课堂，古城街道、鲁谷社区、五里坨民俗陈列馆等也积极开展太平鼓表演活动，成为太平鼓的传承教育基地或示范点。又如，为有效传承高跷表演技艺，在昌平区文化部门的帮助下，在十三陵镇涧头村设立了传承基地，内设6个展厅，不仅以文字、视频等形式介绍了高跷的发展，还展示了"戏服""胡子""锣鼓"等衣装及工具。此外，为传承传统的五虎棍表演，海淀区也采取了积极措施，一方面由海淀镇政府发工资，组织15名年轻村民专职向老艺人学习五虎棍，掌握传统套路。另一方面，为方便平时训练，建设了几百平方米的专用训练场地，还积极支持该会参加妙峰山走会活动等。为更好地传承曹氏风筝工艺，政府资助上庄乡成立"曹氏风筝工艺坊"，专门招收残疾、下岗等无业人员，既扩大了传承队伍，又真正体现了曹雪芹的"济世救人"和帮助鳏、寡、孤、独、废疾者让其"以艺自养"的思想。

最后，为有效传承非遗，门头沟区创建了记录传承、传承人传承、传承学校传承的多样化模式。自20世纪80年代，开始整理民歌近400首，民间故事70余万字，民谣民谚6000余条，民间戏曲10余万字，民间音乐曲谱上百首，民间花会16种40余档等文化资源，记录出版了《门头沟区民间花会舞蹈集锦》《门头沟歌谣谚语集成》《门头沟民间器乐曲集成》《门头沟民间戏曲音乐集成》等多套文化丛书。在传承非遗过程中，给传承人创造条件，提供支持，鼓励带徒授艺，发挥引导作用，使非遗事项后继有人。在学校传承方面，门头沟区文委与区教委大力协助，新桥路中学、城子中等职业学校、大峪二小被命名为"京西太平鼓"艺术传承学校，每周开设一节京西太平鼓舞蹈课，普及推广太平鼓。此外，还建立了坡头中学京西幡乐、千军台庄户幡会传承学校、龙泉务小学童子大鼓会传承学校、黑山小学京剧传承学校，开设非遗校本课程，组建学生表演队伍，扩大了非遗教育在学校的影响。在全区还建立了3支由小、青、老分别组成的太平鼓表演队，恢复成立了区民间太平鼓艺术表演团，还成立了文化馆太平鼓表演特色团队等，经常参加交流演出，进一步推动京西太平鼓的传承与发展。此外，门头沟区创新非物质文化遗产生产性保护和活态传承模式，2014年申报了潭柘紫石砚非遗生产性保护基地，新建妙峰山香会博物馆和紫石砚博物馆，更加直观、全面地宣传展示优秀的文化遗产内容。在保护山乡戏曲方面，政府一方面积极扶持置办服装、道具等，使西斋堂山梆子戏、柏峪秧歌戏、苇子水秧歌戏、淤白村蹦蹦戏等山乡戏曲演出条件得到改善；另一方面，鼓励传承人积极指导弟子，在清水镇、雁翅镇、斋堂镇设立山梆子戏、燕歌戏、蹦蹦戏等山乡戏曲传承基地。为促进非遗发展，通过组织"戏韵飘满五月天"戏曲演出周、一镇一品乡村大舞台、春节花会盛装巡游、清明节、端午节、文化遗产日等各类宣传展示活动，整合非遗资源，为山乡戏曲、太平鼓、民间花会非遗项目搭建展示交流平台。海淀区、石景山区等在非遗进校园演出、开展非遗教育等方面也积极进行探索，取得了一系列可喜的成果。

概之，丰富广博的非物质文化遗产是西山永定河文化带的重要文化源泉，服务北京文化中心建设，推动西山永定河文化带的进展，深入挖掘与保护、传承、利用好非物质文化遗产资源不可或缺。西山永定河文化带范围内的非遗资源是一个庞大的文化体系，非遗保护、传承与适当利用工作中存在的问题与困难也比较明显，这就需要我们切实贯彻"见人见物见生活"的理念，以保护传承的能力建设为着力点，全面提高非物质文化遗产保护传承水平。目前，在政府、传承人以及社会公众的共同关注与努力下，西山永定河文化带范围内的非遗传承、保护与发展工作经过多种探索，取得了一定的成效，积累了一定的经验。但是，非遗传承、保护与发展是较为新兴的事业，非遗保护传承的路径、措施等还需要进一步进行科学探索，真正做到保护好、传承好、利用好非物质文化遗产，让它们"活"起来，并且赋予它们崭新的生命力及时代内涵和特色，从而推动西山永定河文化带建设提升到新的水平，推动首都文化中心建设走向新高度。

北京长城文化带景观资源保护与利用现状调查报告[*]

王 玥 逯燕玲 高彩郁 王泽卉[**]

摘要： 本文在梳理典型历史时期长城修筑与自然地理环境的关系的基础上，对北京长城文化带景观资源现状进行了调查。以携程、马蜂窝、去哪了三大旅游网站2015—2019年有关长城的网络游记为研究对象，运用文本内容分析法、照片主题分析法、GIS空间分析法，分析游客对长城景观的关注焦点和游客对长城文化的感知，得到以下结论：八达岭、慕田峪、金山岭、箭扣、居庸关、司马台、黄花城水长城、水关长城游客感知级别由高到低，游客对长城历史文化、城墙、敌楼等感知程度较高，但对与长城共同构成拱卫京城立体式纵向分层防护体系的沿线堡寨、营城堡、卫所城堡关注较少。本文调查了近三年长城文化带保护工程建设项目推进情况，分析了其中问题，建议长城文化带建设要以长城国家文化公园建设方案为指导，推动长城文化生态协同优化，还应加大全面系统展示长城文化遗产整体价值。

关键词： 长城文化带；景观资源；游客感知；内容分析

---

[*] 北京学研究基地开放课题《新常态下北京城乡旅游一体化发展机制研究》（BJXJD-KT 2015-YB05）研究成果。

[**] 王玥，北京联合大学文化遗产区域保护规划硕士研究生，研究方向为城乡文化遗产保护规划；通讯作者：逯燕玲，北京联合大学应用文理学院教授，研究方向为数据分析、算法分析和GIS软件工程、文化遗产感知与计算；高彩郁，地理学硕士研究生，研究方向为地理信息科学、大数据分析；王泽卉，地理学硕士研究生，研究方向为地理信息科学、大数据分析。

长城是中国也是世界修筑时间最长、工程量最为浩大的古代军事工程，是为抵御塞北强大匈奴游牧民族侵袭而修筑的防御工程建筑，由城墙、敌楼、关城、墩堡、营城、卫所、镇城烽火台等组成了完整的防御工程体系，历代长城总长为 21196.18 千米。1987 年 12 月，长城被列入世界文化遗产，吸引了无数中外游客，"不到长城非好汉"是无数登长城领略祖国大好河山的旅游者发自内心的抒怀之语。其中，北京地区从东到西横跨平谷、密云、怀柔、延庆、昌平及门头沟区，长城呈半环状分布。北京长城作为万里长城的核心区域，是全国长城景区中开放时间最早、接待游客数量最多的地区，有较好的文化、生态和经济基础。北京长城文化带是《北京城市总体规划（2016 年—2035 年）》提出的"四个层次、两大重点区域、三条文化带、九个方面"历史文化名城保护体系的重要组成部分，也是全国文化中心建设的重要内容，更是北京历史文化整体价值的重要载体。

一 长城修筑与自然地理环境的关系

（一）典型历史时期长城的修筑

我国长城的修筑可以追溯到春秋战国时期，长城是诸侯国之间阻挡敌人进攻所建造的军事防御工程，长城的走向和选线主要受国家边界和自然地理环境的影响。但随着秦始皇统一天下，横亘在各诸侯国之间的长城和关隘也就被拆毁。秦始皇大规模修建长城则是为了防御匈奴的南侵，在原有燕、赵、秦三国北方长城的基础上修建，秦长城西起临洮、东至鸭绿江边，在西北地区沿渭水、泾水流域的北侧，因地形地貌此起彼伏，穿梭蜿蜒在河谷或山脊之间，易守难攻。汉代长城又称为塞、塞墙，是为了进一步加强对匈奴的防范，除修葺秦长城外，还加建了东西两段长城，将烽燧和城障修筑在更边远的地区，把甘肃河西走廊的大片绿洲、水草地带纳入长城内侧，从而断绝匈奴生存依赖。明王朝为了加强对北方游牧民族的防御，从派大将军徐达修筑居庸关等处长城开始，大修长城规模、次数都是空前的，东起鸭绿江，西至嘉峪关，跨越辽宁、北京、天津、河北、内蒙古、山西、陕西、宁夏、甘肃等省市区，全长 12700 多里。明代长城划分为"九边九镇"防守区，在北京、内蒙古、山西许多重要防御地段筑有外边、次边、内边多道城墙，三道防线层层设防，结合地形地势加强了北部防线信息传递及纵深防御能力。秦汉长城的中段和东段与明长城东段大部分呈东西走向，受阴山山脉和燕山山脉的控制，秦汉长城的西段则呈北西走向，受祁连山麓的绿洲与荒漠的控制，明长城中段呈北东走向，位于当时毛乌素沙漠的南缘，均沿山脉、河谷或沙漠顺势延伸。

北京地区修建长城的历史与北京城市的历史演变和发展密不可分。春秋时期，燕灭蓟迁都于蓟城（今广安门一带），战国时期燕也建都于蓟，又以武阳为下都。燕为防御北方东胡和林胡侵袭筑燕北长城，自河北怀来西南，向东北经延庆西部，向北经河北赤城县、沽源县，转向东北，从丰宁、围场境内穿过，至辽宁辽阳，大部分地段距今北京北界三四百里。燕北长城沿线修筑了大量烽燧和屯兵城堡，延庆西南部西拨子至今仍有墙体、墩台遗迹，战国燕在北京始置关塞，称居庸塞。燕北长城后为秦始皇所用，秦汉时期北京地区的长城基本没发生变化，居庸塞被称为居庸关。之后北齐为防御北方突厥、柔然、契丹等游牧民族以及西边的西魏、北周的威胁，曾在公元555年，大规模修建自昌平北至山西大同市的长城。第二年，北齐又筑大同西北至山海关的长城，这是北齐的外长城，在外长城之内还筑有重城，顺义区和通州区境内均曾有北齐长城。隋、唐、宋、辽几代数百年间，长城修建几乎处于停顿状态，直到金代才又开始修筑长城，但金长城基本不涉及北京地区，元代也没有大规模修筑。

明代为了保障京师和西北昌平十三陵的陵寝安全，在"九边九镇"的基础上，于蓟镇所辖长城中增设昌镇和真保镇，成为"九边十一镇"。明北京长城分属于蓟镇、昌镇和宣府镇所辖，明初洪武年间，蓟镇所筑长城仅限于北京东北和西部燕山山脉及军都山脉很少的地方用于阻隔山谷和连接关隘的城墙。明英宗为防御蒙古族南侵，加大修筑蓟镇长城的力量，且大都修筑在崇山峻岭之间，利用悬崖绝壁建山险墙或利用陡峭险峻的山岭人工削成劈山墙。明蓟镇所辖北口段的司马台长城就建于陡峭的峰巅之上，随着山脊变化长城墙体时宽时窄，既有随缓坡而舒展的马道，也有陡坡上以大阶梯叠进的"天梯"，还有适应悬崖峭壁而建的"半边墙"，不长的长城墙体时起时落，共有34座敌楼，城墙和敌楼的规格和布局会根据地形地势而变化。宣府镇长城以居庸关、紫荆关、倒马关组成的内三关长城为基点，北面筑有内长城护卫内三关长城，外长城掩护内长城，同时，建立起城墙、烟墩、烽堠、戍堡、壕堑为主的纵深防御体系，控制着北京到内蒙古大草原的通道，地处要冲，长城也修得非常坚固。

（二）北京地区自然地理环境对长城走向影响

北京市西部、北部和东北部是山地，中部、南部和东南部是平原，地势西北高东南低。北部和东北部山地属燕山山脉的西段，与太行山的交接部为军都山。燕山山脉处于大兴安岭、太行山和阴山相互交汇的位置，是华北平原与内蒙古高原的界山，战国时期的燕国就利用了这条自然分界的山地修筑长城，秦汉时期也大体沿袭此线，循燕山山脉北坡走向。明代长城在此基础上增修加固，沿燕山山脉南坡至延庆、密云、迁西、山海关，成为拱卫京师的重要屏障。北部中山带山体陡峻，起伏较大，此段长城则以高险著称。西部山地属太行山脉北段，山高谷狭，雄关据险，是北京、开封、邯郸的西部屏障，许多关隘是山西高原通往华北平原的主要通道。

明代北京修筑在山地上的长城，从山海关蜿蜒西来，在平谷区将军关附近进入北京市界，向北到将军关，又折西至建于明永乐年间的黄松峪关，后一直向北到四座楼山，出平谷到密云的墙子路长城，沿密云边界山岭起伏，抵达雾灵山后就由山的南坡绕到西坡，最后由北坡脚下绕到东方的黑关，长城沿黑关西北而行，经过五道梁、头道沟，直至司马台、金山岭、蟠龙山和古北口的卧虎山长城。经过古北口后长城进入深山中，很多地方以山险为障，没有设墙。经黄峪口折向西南方，到达著名的鹿皮关和密云首险之一石塘路后，又经过五座楼、黑山寺、白道峪、牛盆峪，至坐落于山谷之中小水峪城堡，相接于怀柔的大水峪关、神堂峪口，向西经慕田峪沿着起伏的山岭至火焰山九眼楼，沿着边界山脊直到延庆县四海冶，向西北行经营盘、宝山堡横穿延庆境东北部，直达同属宣府镇管辖的河北省独石口。这就构成拱卫京师的外长城，从平谷进密云到怀柔沿燕山内侧山梁而筑，呈"几"字形。

长城在怀柔和延庆境内地形复杂，历史悠久，单边和多边长城同时存在。慕田峪以东皆单边，以西至居庸关的内长城是明代为了拱卫京都和皇陵而修筑。长城从慕田峪过磨石口、大榛峪口向西，过大长峪口向南，至十八蹬、小长峪口，经黄花城的西水峪口西行入延庆，至东三岔西行，经小张家口、居庸关、八达岭转向西南的石峡，蜿蜒于门头沟区西北部的大峡谷中，经沿河城、黄草梁，向西南而去，由东灵山出北京市境，向紫荆关而去。昌平境内长城很短，只有几个关口和护卫关口的城墙段落。因为长城的主体主要在其北部的延庆境内，特别是在延庆盆地北沿和南沿、军都山山中和山东南麓出现三层长城，甚至更多层次，组成了纵深防御体系。

明代长城沿燕山和太行山内侧山脊从东到西而行，整体走势比较连续完整，明显呈现出不规则半环形环抱北京小平原、拱卫京师的态势。长城的城墙大都修筑在山脊峰巅之上，有些山脉断崖明显，地势十分险峻，而在山谷缓冲地带或两山之间的来往通道，则以高大的关城、瓮城、罗城、翼城和护城河等形成拦截之势。重要关隘或地形复杂关口设置长城副线，还配合大量的关隘、烽火台和寨堡等防御要素共同组合成的非封闭的军事防御体系。

（三）长城北京段环境保护现状

北京地区的长城多修筑在燕山山脉的西段，处于大兴安岭、太行山和阴山相互交汇的部位，是华北平原与内蒙古高原自然分界的山地，属于以游牧为主的牧业文明和以农耕为主的农业文明相互渗透、相互影响、相互交错而形成的农牧交错地带。气候条件位于东亚季风气候伸向内陆干旱地区的末梢，半湿润季风大陆性气候区，春季干旱多风沙，长城周边环境因广泛垦殖造成了林木稀少，水土流失严重；夏季多降雨，暴雨多集中于长城集中所在西部、北部和东北部山区，大暴雨所引发的洪水和泥石流对长城及其周边环境造成严重破坏。自然环境的过渡性质决定了生态环境的脆弱，植被群落的迁移带来了沙漠化和土地退化。构筑、护卫长城防线的军队历代都在长城沿线屯田垦荒，特别是明代长城区域，成片的森林被开垦成了坡耕田土，森林植被锐减，湖泊泉水日趋萎缩，水土流失严重。

长城沿线关寨屯堡驻扎形成的聚落加快了山区开发的进程，使荒芜的土地得到了资源利用，也为当今北京山区很多村镇的合理分布奠定了基础，在一定程度上改善了长城周边的环境。随着长城作为旅游资源被保护和利用，带动了周边经济的发展。但社会发展所需的大规模建设活动，也对长城造成一定破坏。如北京段长城很多建在交通要道上，修建公路时切断、穿行长城，甚至有所毁坏。再如 20 世纪修建的黄花城水库、大水峪水库、西水峪水库等，有些城墙甚至关城都被拆毁。长城城堡演化而来的很多村庄还保留着或土或石的城垣，但疏于保护，有的在村庄外荒野之中，有的周边长满农作物，有的民宅建筑紧贴城垣，或直接成为民宅建筑后墙，或是由于影响建设被拆除，现代的村镇建设使得城堡面临着逐渐被蚕食的命运（如图1）。就如密云的古北口村是传统村落的头衔，也只剩一个古民宅（如图2）。

图 1　延庆某城堡保留的土城垣

（图片来源：作者自摄）

图 2　密云古北口村仅存的古民宅

（图片来源：作者自摄）

二　北京长城文化带景观资源现状

（一）景观资源概况

北京长城从山海关直插过来进入北京市界，穿过将军关沿山脊向北，司马台—金山岭—古北口长城气势雄伟，砖包墙为主的城墙墙体大都完好，是北京地区长城城台最密集的地方。沿密云水库西岸向南，经慕田峪—箭扣长城—黄花城，城墙的最大特点是墙体两侧均为垛口，不仅有北京地区唯一保存的典型过水建筑，而且在枢纽式城墙"北京结点"，长城纵横交错，尽管有些墙体、城台严重损坏，呈断壁残垣，但景色格外壮观。再往西南，土石结构的城墙时有时无，经十三陵北面连续不断的土石结构墙体，到八达岭—居庸关长城，城墙高大宽厚，上部女墙、垛口齐全，是北京地区长城的精华。长城文化景区有34处，其中八达岭、慕田峪被评为国家5A级景区。还有大量非开放的"野长城"，也受到很多旅游和摄影爱好者的追捧。依山就势的长城与沿线的140多处古村古堡遍布着丰富的物质文化遗产和非物质文化遗产，不仅形成具有震撼力的线性文化遗产，也有自然保护区、风景名胜区等丰富的生态资源。以长城景观旅游、古村落为主题的民俗旅游、丰富的抗战红色文化旅游，发展成为当地经济的重要支柱。

（二）旅游资源基本类型

北京市长城文化带保护发展规划（2018—2035）按照资源与长城价值的关联程度，对664处/片保护性资源的2873处资源点进行价值主题分类，共分为长城遗产、相关文化和生态资源3类，相关文化又分为军防村镇文化、寺观庙宇文化、抗战红色文化、交通驿道文化、陵寝墓葬文化和历史文化景观，如表1所示。

表1　　　　　　　　北京长城文化带价值主题分类　　　　　　　（单位：处）

	资源类型	数量
长城遗产	长城墙体（长度：千米）	461（520.77）
	单体建筑	1742
	关堡	158
	相关设施	6
	原材料生产地	33
	相关事件遗迹	9

续表

资源类型			数量
相关文化	军防村镇文化	城堡型村镇	91
		传统民俗（非遗）	31
	寺观庙宇文化	寺观遗迹	45
		庙宇遗迹	135
	抗战红色文化	军事设施及事件发生地	31
		纪念地	40
	交通驿道文化	古代驿道及驿站	3
		近代交通设施	12
	陵寝墓葬文化	明代皇家陵寝	23
	历史文化景观		13
生态资源	自然保护区		16
	风景名胜区		4
	森林/湿地/地质/矿山公园		14
	重要水源区		6

（三）景观资源开发建设情况

北京长城文化带已开放长城景观资源有17处，除了大家熟知的八达岭、慕田峪、居庸关长城外，还包括箭扣长城、司马台、古北口、黄花城、水关、将军关、神堂峪口、磨石口、岔道城、沿河城等。如表2所示，还有一些是还没有正式开放的长城点段，但却是北京长城中非常有特点的精华点段，包括"一脚踏三省"的红石门段"干碴边"长城墙子路段的"V"形长城、非常险峻的箭扣段长城以及"北京结"位置的九眼楼长城；还有一些非常有特点的长城城堡包括白马关城堡、神堂峪城堡、白道峪城堡、柳沟城堡、双营城堡、石峡城堡、南口城上关城、白羊城、长峪城、沿河城等。长城文化带的区域，除了长城以外，还有如风景名胜区、自然保护区、湿地公园等北京长城贯穿了北京整个北部山区，所以确实和很多风景名胜区、自然保护区、湿地公园等生态资源有叠压关系，目前已经开放的景区有15个，其中国家4A级以上的景区就有近10个，比如桃源仙谷风景名胜区、青龙峡景区、灵山自然风景区、延庆野鸭湖湿地公园等。

表2　　　　　　　　　　　　北京长城景观资源

序号	景观资源	级别	类型	所在区	特色
1	八达岭长城风景名胜区	5A	关口	延庆	明长城建筑最精华段，位于军都山关沟古道北口，号称天下九塞之一，是居庸关长城的前哨，更是京城的重要屏障
2	慕田峪长城旅游区	5A	关城	怀柔	正关台由三座敌楼并立，上下两层，底层相通，蔚为壮观，为长城建筑史上罕见。正关台两侧均设垛口，以东的大角楼为制高点，四处削壁如刀削斧劈，直上直下
3	司马台长城旅游区	4A	城堡营寨	密云	以惊、险、奇著称，全长19千米，共有敌楼35座，是我国唯一一段保留明代原貌的古长城，被联合国教科文组织确定为"原始长城"
4	黄花城水长城旅游区	4A	关城	怀柔	由三道关卡、四道长城组成的一个完整的军事要塞，融青山、碧水、古城垣为一体，因水库大坝形成"长城三入水"景观
5	居庸关长城	4A	关城	昌平	"天下九塞，居庸其一"，以陡、高、险著称；现存云台为元代修建的过街塔台基，云台券洞上雕刻的佛教图像和梵、藏、西夏、维、八思巴、汉六种文字的经文，是现存元代雕刻艺术的精美杰作；关城还设有衙署、仓储、书馆、神机库、庙宇、儒学等各种相关设施，文化内涵极为深厚
6	八达岭水关长城	4A	关城	延庆	八达岭长城的东段部分，因修建中国第一条自主设计的京张铁路而截断，自水门箭楼长城呈"V"形，似鲲鹏展翅
7	青龙峡旅游度假区（大水峪口）	4A	关口	怀柔	建于明万历年间的大水峪关坐落于青龙峡景区群山峻岭之巅，景区集塞外山野秀色，翠谷碧水，飞瀑流泉，长城古貌为一体
8	金山岭	4A		密云与河北滦平交界	始建于明洪武元年，大将徐达主持修建，隆庆元年续建、改建；障墙、文字砖和挡马石是金山岭长城的三绝
9	八达岭古长城自然风景区	3A	"残长城"	延庆	八达岭长城的西南延伸段，有十二座烽火台；景区大门后不远处有两处残缺的城墙，据考证是"李自成破关"原迹
10	响水湖旅游区（磨石口）	3A	关口	怀柔	磨石口关遗址位于响水湖风景区内，地势险要，形如天堑，正如摩崖石刻"天设金汤"；两侧山腰之上各筑有镇关敌楼一座，北侧镇关楼保留着原始风貌，南侧的镇关楼被修缮一新
11	神堂峪自然风景区（神堂峪口）	2A	关口	怀柔	融山川、河流、奇峰、坚石及古长城为一体，修建于明万历年间的神堂峪关和古屯兵城堡遗址尚存
12	古北口	2A	关口	密云	地处龙脉，卧虎山、蟠龙山双峰耸立，潮河、汤河穿镇而过。地势险要，自古为京都锁钥重地，曾设驿道建营城，康熙曾在这避暑，乾隆曾在这阅兵

续表

序号	景观资源	级别	类型	所在区	特色
13	箭扣段长城（北京结到九眼楼）		关口	怀柔	北京最险峻、雄奇的一段长城，自牛犄角边、南大楼、鬼门关、东西缩脖楼、东西油篓顶、箭扣梁、将军守关、天梯、鹰飞倒仰、北京结到九眼楼（望京楼）绵延20多千米，充分展现了长城的惊、险、奇、特、绝，能领略到原汁原味的古老长城景观
14	红石门段	国保	关城	平谷	明长城连续性很好，边墙基本尚存，敌楼多已被破坏；有著名的东向西进入北京的第一个敌楼，基座上三省界碑俗称"一脚踏三省"
15	将军关		关城	平谷	长城北京段东端第一关，有一敌楼称为"正北楼"，残留高约只有6米的基座；关口东部城墙为北京境内仅存的一段明代石长城；城内有一高10米柱形巨石，称为"将军石"
16	黄松峪		关口	平谷	明永乐年间修建关口，修建黄松峪水库时连城墙一起拆毁；山脊上用红石条修筑的长城墙体依然保留自然风貌，敌楼均已坍塌
17	沿河城	国保	城堡	门头沟	始建于明万历年间，古城还保留着古城墙、古戏台和一些精美的古建筑，东门名"万安门"，西门名"永胜门"，东门已毁，只残留城墙和门洞尚可辨认
18	石峡关	国保	关口	延庆	属居庸关防御体系中与八达岭同等重要的关口，墙体多为砖石材质，双侧垛口，砖砌敌楼，如今大多损毁，依然保有原生形态
19	岔道城	市保	城堡	延庆	建于明嘉靖三十年（1551年），隆庆五年（1571年）重新加固并在墙外包砖；有"北关锁钥"之称，现存部分南城墙和西门城楼、明代石刻览胜碑

资料来源：北京市文物局：《北京文物地图集》（上下），科学出版社2009年版。

三 基于游记的长城文化游客感知分析

随着互联网时代的到来，人人都可以成为信息的发布者和传播者，很多旅游者通过网络游记把自己旅游的所见、所闻和真实感受分享在互联网上，由于完全是游客自发的行为，使得网络游记具有真实性、时效性、包容性和共享性的特征。网络游记的内容包含了游客的旅游整体规划、出行路径、旅行见闻和感悟收获等信息，以致有旅游意向的潜在游客在制订出行计划时愿意参考相关网络游记来选取出最佳路径、最节省时间、最适宜个性化需求的旅游出行方案。如姚占雷等通过统计分析网络游记中呈现的景点共现次数和烈度指标,来揭示热门景点的分布状态和共现关系。[1] 王灿等以网络游记为基础资料进行文本内容分析,通过分析游客的行为特征和游后评价,指出景区开发中存在历史文化资源开发程度低的问题。[2] 周晓贞等、胡传东等均以网络游记为样本进行旅游动机和旅游体验词频分析,不仅研究旅游体验规律及其特点,还研究旅游动机与旅游体验所呈现的耦合关系。[3] 近几年,国内学者将网络文本内容用于旅游感知研究,如吴佩等对网络游记采用文本内容分析方法测量游客感知价值。[4]

文本内容分析源于第二次世界大战时期军事情报内容研究,是一种对非结构化文本内容进行客观、系统和定量描述的研究方法,其实质是根据文本内容中所含有意义的特征词句推断出信息的准确意义[5]。Reilly、Tapachai 和 Waryszak,以及 Kim 等都运用内容分析法研究旅游目的地形象,统计样本内容中的高频特征词,量化分析游客对旅游目的地形象的感知。[6] Jenkins 认为旅游途中的照片反映了旅游者关注的主体,照片能将原本无形的旅游体验变得有形。[7] Haider 和 Hunt 通过风景照片判断游客对景观的喜好,进而解读游客对环境的认知。[8] 虽然照片分析法没有明确有效的方法,但是仅以文本内容分析游客对长城文化的感知不够全面,因此,本文把照片中所表达的直接感受和体验信息用恰当的特征词表示出来,与游记文本

---

[1] 姚占雷、许鑫、李丽梅等:《网络游记中的景区共现现象分析——以华东地区首批国家 5A 级旅游景区为例》,《旅游科学》2011 年第 2 期。

[2] 王灿、陈幺、任志远:《喀纳斯旅游者行为及游后评价研究——基于网络游记的视角》,《资源开发与市场》2013 年第 4 期。

[3] 周晓贞、杨红英、刘晓石:《基于网络游记的川藏骑行旅游动机和旅游体验分析》,《旅游纵览(下半月)》2014 年第 1 期;胡传东、李露苗、罗尚焜:《基于网络游记内容分析的风景道骑行体验研究——以 318 国道川藏线为例》,《旅游学刊》2015 年第 11 期。

[4] 吴佩、王春雷:《基于网络游记的游客感知价值研究——以上海为例》,《旅游论坛》2016 年第 5 期。

[5] 邱均平、王日芬:《文献计量内容分析法》,国家图书馆出版社 2008 年版。

[6] Reilly MD, "Free Elicitation of Descriptive Adjectives for Tourism Image Assessment," *Journal of Travel Research*, 1990, 28 (3); Tapachai N, Waryszak R, "An Examination of the Role of Beneficial Image in Tourist Destination Selection," *Journal of Travel Research*, 2000, 39 (8). Kim H Y, Yoon J H, "Examining National Tourism Brand Image: Content Analysis of Lonely Planet Korea," *Tourism Review*, 2013, 68 (2).

[7] Jenkins, O. H, "Understanding and Measuring Tourist Destination Images," *International Journal of Tourism Research*, 1999, (1).

[8] Haider. W., and L. Hunt, "Visual Aesthetic Quality of Northern Ontario's Forested Shorelines," *Environmental Management*, 2002, (3).

信息一起提取对旅游目的地、旅游环境、旅游条件等的游客感知。

（一）游记数量空间分布与影响

数据为游客发表的有关长城文化遗产及沿线相关旅游景区的网络游记和旅游点评，主要分布在旅游社交网站、旅游点评网站以及搜索引擎网站旅游频道等专业性强的旅游行业网站。根据 Alexa 网站对各网站的流量及链接率总体排名情况，选取访问量最高的三个网站携程、马蜂窝、去哪儿旅游网站作为数据来源地，筛选 2015—2019 年关于北京地区长城文化遗产的游记 526 篇。在游记筛选和整理过程中，剔除无文字内容、无个人感观、旅游广告推销及三大网站中同名作者内容相同的游记。按照时间有效性、内容真实性以及文本完整性的原则，最终整理得到 153 篇游记，其中携程 69 篇，马蜂窝 26 篇，去哪儿旅游网 58 篇。

来自携程、去哪儿、马蜂窝三大旅游网站有关长城文化遗产及沿线相关旅游景区的网络游记数量并不大，一般每篇游记也只记述一个长城景区，记述两到三个长城景区的游记很少。而从所记述的长城景区游记数量分布情况来看，北京地区的游记量占样本游记的 60%，其中，八达岭长城的游记量最大，所占比例超出了样本游记的四分之一；其次，游记数量较多的是司马台长城，嘉峪关与悬壁长城是联票，两个景点的游记数量加在一起与司马台相当。在这三大网站有关游览长城的游记中，阅读人数从 130—45882 人不等，阅读量差异很大，各长城景区游记阅读量如表 3 所示，有些游记不仅阅读人数多，还会有人点赞，甚至会进行相关评论；有些游记阅读人数不多，且没有人点赞或评论，可见网络游记的传播和影响有很大差异。

表 3　　　　　　　　游记阅读人数统计　　　　　　　单位：人

省市	长城景点	携程	去哪儿	马蜂窝	小计
甘肃	汉长城+玉门关	11245	7358		18603
	嘉峪关+悬壁长城	106721	15176		121897
宁夏	宁夏长城	15476	1363		16839
陕西	华阴魏长城	1849			1849
山西	娘子关		5509	1970	7479

续表

省市	长城景点	携程	去哪儿	马蜂窝	小计
北京	八达岭长城	19481	47400	2583	69464
	水关长城	4817			4817
	居庸关	17932	5283	815	24030
	箭扣长城	64019		5786	69805
	黄花城水长城	3634	2622		6256
	慕田峪长城	14212	4888		19100
	古北口长城	11752			11752
	司马台长城	22402	17721	3553	43676
河北	浮图峪长城	7280			7280
	独石口长城	5649			5649
	金山岭长城	26407	3813	5260	35480
	青山关	16668			16668
	山海关+老龙头	17237			17237
辽宁	九门口长城	5385	3095	4551	13031
	永安长城	5741			5741
	虎山长城	6453			6453

以各长城景区的网络游记阅读人数、赞/顶数、评论条数统计其影响，北京地区长城按照游记影响可将长城景区划分为五个等级。

第一级有八达岭、箭扣长城、嘉峪关及悬壁长城，游记的影响最大。八达岭长城为明代居庸关八景之一，其地势的险峻和城墙的坚固宏伟被称作"北门锁钥""玉关天堑"，是明长城向游人开放最早的地段，以长城世界文化遗产的代表、深厚的历史文化内涵和完善的设施而著称于世，是举世闻名的旅游胜地。箭扣长城虽然游记数量没有另外三个景点多，但它是明代万里长城最著名的险段之一，因整段长城蜿蜒呈 W 状、形如满弓扣箭而得名，山势非常富于变化，险峰断崖之上的长城也显得更加雄奇险要，近年来一直是驴友和长城摄影的热点。嘉峪关是明代万里长城西端的终点，以巍峨壮观著称于世，被誉为"天下雄关"，自古为河西第一隘口；悬壁长城位于嘉峪关城北 8000 米处石关峡口北侧的黑山北坡，是为了加强嘉峪关的防御而建，在山脊上似长城倒挂，铁壁悬空，封锁了石关峡口，俗称"悬壁长城"。这些长城景点都是以其与众不同的特色吸引着中外游客，游记数量就相对较多，也有一定传播和影响力。

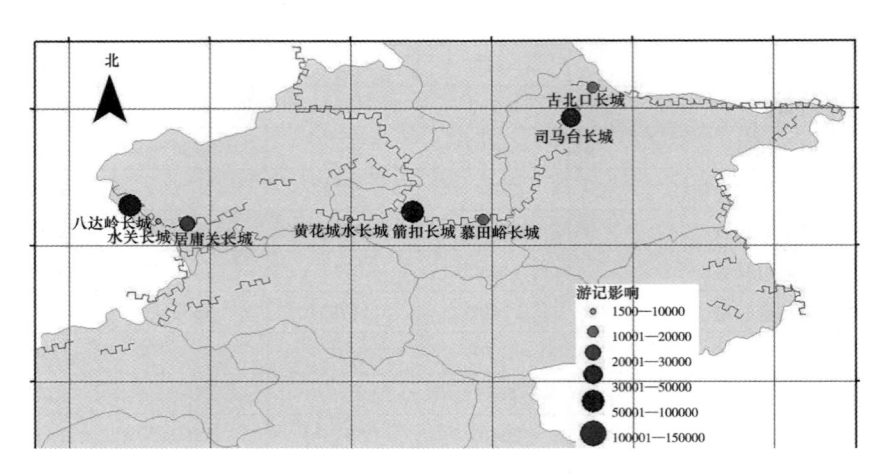

图3 北京地区长城游记影响空间分析

游记影响排在第二级的有司马台、金山岭、居庸关长城，都是京津冀游客心目中比较知名的长城景点，图3所示为北京地区长城游记影响空间分析。第三级有九门口、慕田峪、玉门关、山海关与老龙头、青山关、宁夏长城、古北口长城，其中宁夏境内古长城虽然文化丰富，分布很广，分东线、西线、北线和固原内边四道4部分，既有土筑也有石砌，但保存均不佳，坍塌破坏较重。第四级有娘子关、浮图峪、虎山长城、黄花城水长城、永安长城、独石口长城，知名度都不高。第五级华阴魏长城更鲜为人知，地处陕西华阴市有十余里长城残垣，其中有一段长365米、残高7米，底层最宽处9.2米，并留有堡寨和烽火台遗迹。游记影响较低的第四、五级长城景点，不仅游记数量少，游记阅读人数、喜欢或点赞人数、评论数都不多。

（二）长城文化游客感知分析

1. 游记文本内容分析

使用"语料库"在线词频统计软件对网络游记文本内容进行特征词提取，剔除无实际意义的连词、介词和歧义词，从中提取与游客感知相关的特征词，经过同义词合并后，得到206个游客感知词，共2776频次。再根据这些游客感知特征词所表达的共性，将其分为六大主题，分别是防御工程、军事、壮观气势、历史文化、自然风光、游客情怀，这六大主题特征词的词频数如图4所示。

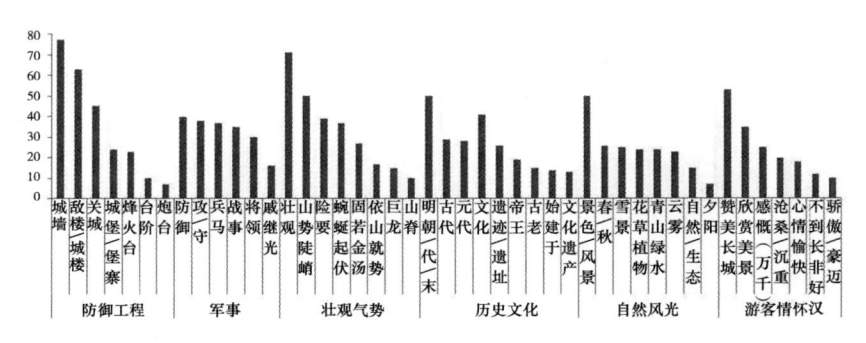

图4 游记文本内容游客感知特征词分布

长城作为我国古代一项规模庞大、结构复杂的军事防御体系，游客对于其城墙、敌楼、关城、城堡与烽火台等古代建筑艺术是最为关注的焦点，更被"雄城起伏似钢墙铁壁""雕楼林立，如甲兵护卫""一夫当关，万夫莫开"的壮观气势所震撼。从图5所示游记文本中的游客感知特征词分布可以看出，游客对于长城的历代文物古迹、军事设施与著名战事以及民间传说等长城的历史文化感知占比重也较高，并表现出对"巍峨高大的烽火台，星罗棋布的城关要塞"等古代建筑艺术的赞美与感慨，为万里长城集山、海、关、城于一体的海陆军事建筑防御体系的雄伟壮观和功能奇特而豪迈及"不到长城非好汉"的游客情怀。即便是对青山绿水自然风光的赞美，也表达出登长城视野开阔、大好河山与人文景观带给游客的愉快心情。

2. 游记照片主题分析

游客在游览过程中拍照往往来自于景观主体形象的吸引力，所拍照片的主题可能是游客根据对景观的已有认知事先确定，也有可能是游客在游览过程中根据对景观的感知临时决定，而对多数没有摄影专业水准的游客来说，更多的照片在拍摄时并未定主题[①]，但在选择插入游记中时往往是被赋予了表达游客事后感知的主题，有时甚至会通过裁片来提炼更加明确的照片主题[②]。照片信息识别是当前新兴的信息提取热点问题，目前人工

---

① 曾晓剑：《新闻图片主题确定的四种途径》，《国际新闻界》2010年第1期。
② 朱伟基：《如何提炼照片主题的鲜明性》，《艺术教育》2013年第10期。

智能识图仅仅是对图中内容识别，没有成熟的照片主题提取定义及理论方法。鉴于游客在选择放入游记中的照片时的主观性，采用专家打分法来判断游记照片的主题，并赋予"长城文化"类、"长城景色"类、"长城人物"类相应主题关键词。

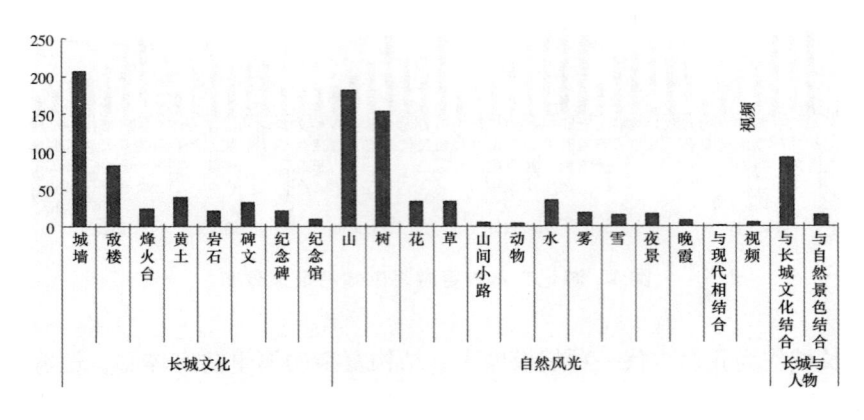

图 5 　照片信息提取主题词分布

如图 5 所示，可以直观地看出：在照片中出现的"长城文化"类中出现的频数较高的信息是城墙，出现 200 多次，其次是"敌楼"，说明游客在游长城时对文化感知程度关注较高的是城墙和敌楼；在"长城景色"类中出现频数较高的信息"山"和"树"，像这种长城的伴随伙伴同样受到游客关注，对此感知程度较高；在"长城人物"类中频数信息出现较高的是"与长城文化结合"，说明游客的感知程度关注点在长城文化，而非长城周边的景色。

长城作为世界文化遗产不单纯是世界著名古建筑，也不单纯是军事防御体系，更为重要的是它代表了中华民族的历史文化和民族精神。① 从秦始皇开始到明清时期对长城的不断修建都源于民族文化之间的差异和矛盾，因此，长城是民族矛盾和军事冲突的产物，历代长城的修筑最终演化为中国农耕文化和游牧文化的分界线。在一定历史时期，长城的阻隔与封锁使长城内外文化的特色更鲜明、差异更显著。但从整个历史进程来看，

---

① 　程圩、隋丽娜、张昱竹：《网络游记对旅游者出游决策的影响分析》，《资源开发与市场》2016 年第 3 期。

长城内外各民族之间的经济贸易交往一直没有停止过，矛盾冲突过后，各民族反思自己的民族政策和文化交流政策，促进了民族间经济文化的交流、融合与发展①。虽然，网络游记中处处流露出游客为长城而豪迈的情怀，也有对"不到长城非好汉"为代表的自强不息的民族精神的感知。但是，游客对历代长城形成和分布的文化背景、中华民族及其文化多元性的特征却少有诠释，说明长城文化的研究者与旅游开发部门对长城文化的传承保护下的功夫不够。

四 长城文化带保护建设项目进展

十九大报告提出，"深入挖掘中华优秀传统文化蕴含的思想观念、人文精神、道德规范，结合时代要求继承创新，让中华文化展现出永久魅力和时代风采"。长城是最具中华民族文化特色、民族凝聚力和创造力的世界文化遗产，是中华民族传统文化的瑰宝。2006年10月颁布的《长城保护条例》明确加强对长城包括长城的墙体、城堡、关隘、烽火台、敌楼等的保护，规范长城的利用行为，长城文化的研究者与旅游开发部门应该充分挖掘中国历代长城的文化内涵和民族精神，讲好长城故事。2015年，北京市文物局率先提出长城文化带、运河文化带、西山文化带文化遗产整体保护思路，2016年6月正式发布的《北京市"十三五"时期加强全国文化中心建设规划》中明确了"统筹长城文化带、大运河文化带、西山永定河文化带建设，精心保护好世界遗产，凸显北京历史文化的整体价值，加强首都风范、古都风韵、时代风貌的城市特色"建设目标。在所列"十三五"期间北京市重点文物保护利用工程中，长城文化带文物保护工程要重点推进平谷红石门、昌平南口、怀柔箭扣、密云古北口等地长城保护，编制北京段长城文物保护规划。自2000年以来，北京已开展长城保护工程。2018年，北京市文物局修改完善《北京市长城保护规划》，编制各重要点段长城保护规划，不断探索长城修缮保护方式与长效机制。2019年4月，《北京市长城文化带保护发展规划（2018—2035）》正式公布，明确了北京长城文化带"一线五片多点"的空间布局，从保护长城遗产、修复长城

---

① 郭丽丽、秦志玉：《基于网络游记的日照旅游形象感知研究》，《曲阜师范大学学报》（自然科学版）2016年第1期。

生态、传承长城文化、增进民生福祉、健全管理机制五个方面，为未来这一区域的工作推进与项目落地提供了明确思路。

自长城文化带的概念提出以来，2017—2019 年，北京长城文化带建设项目取得显著进展，其中，长城文化带保护工程建设项目推进情况如表 4 所示。

表 4　　　　　　　长城文化带保护工程建设项目推进情况

序号	项目名称	项目主要内容	建设进展
1	八达岭长城文化广场改造	滚天沟区域环境改造提升、中国长城博物馆升级改造	2017 年八达岭长城文化广场改造项目正式启动；2019 年 1 月，112 家商户 4 天内全部签约，搬离了滚天沟综合市场；计划对滚天沟区域环境进行改造提升，启动中国长城博物馆升级改造，打造集交通集散、休憩游览、文化休闲于一体的文化区域，为八达岭景区从旅游为主转向以文化为主创造基础条件
2	箭扣长城修缮工程	箭扣长城天梯至鹰飞倒仰段、南段、东段敌楼、敌台及边墙修缮	2017 年 7 月，箭扣长城最险段——天梯至鹰飞倒仰段修缮工程宣告完成；箭扣长城修缮工程二期（箭扣长城南段 151 号敌楼至 154 号敌台及边墙）将于 2019 年 6 月底前完成修缮；2019 年 3 月启动箭扣长城东段的修缮工作，预计将在两年内完工
3	平谷红石门长城段景区	红石门至将军关段修缮	2017 年 10 月，红石门长城文物保护规划正式完成，重点对红石门至将军关段进行修缮，打造红石门"一脚踏三省"长城景区
4	长城田野石刻保护	长城周边及沿线田野石刻的摸底、建档和收集工作	2017 年年底，怀柔区文物部门完成对长城周边及沿线文物特别是田野石刻的摸底、建档和收集工作，共有田野石刻约 227 件，收集上来田野石刻 50 余件，已于圣泉山景区中小学生社会大课堂基地集中放置，包括墓碑、庙碑、长城碑、匾额、石构件等，年代跨度多为明清、民国时期
5	九眼楼长城保护性设施及展示利用工程	九眼楼长城保护性设施及展示利用工程，包括防护设施、展示和游客服务设施、配套基础设施、景观环境等建设工程的设计方案	2017 年 11 月九眼楼长城保护性设施及展示利用工程设计方案已经批准招标，2019 年 5 月九眼楼长城公共服务设施维护维修项目批准招标，开始建设公共服务设施、文物保护管理用房，长城文化展示服务于教育
6	昌平区南口长城保护	城墙抢险	2018 年启动昌平区南口城墙抢险项目，且项目进展顺利
7	密云古北口	蟠龙山段长城 304 号、309 号敌楼抢险加固	2018 年 2 月批复启动密云古北口蟠龙山段长城抢险加固项目，2019 年项目进入施工

续表

序号	项目名称	项目主要内容	建设进展
8	"明代长城修缮技艺"	"明代长城修缮技艺"的非遗申报工作	2018年"明代长城修缮技艺"的非遗申报工作已列入北京市长城文化带建设重点项目，专家对项目进行座谈、调研、论证工作，为下一步撰写申遗报告打基础
9	《长城踞北》丛书	编辑出版北京长城文化带的丛书《长城踞北》	2018年2月《长城踞北》丛书共七册正式出版，从整体梳理挖掘长城文化内涵和时代价值，对长城的保护现状、战略规划构想及利用发展思路等，进行了全面系统梳理和整体性研究
10	岔道土边长城抢险工程	岔道土边长城1—6号烽火台抢险	2018年延庆区启动了岔道土边长城1—6号烽火台及边墙抢险加固工程，2018年秋天正式进入施工阶段，本着"最小干预"原则加固有裂缝的墙体，坍塌或掏蚀空洞使用土坯补砌或支护，年底基本完成
11	水关长城塌方段抢险修缮	水关长城塌方段抢险修缮	2018年延庆区启动并完成水关长城塌方段抢险修缮
12	长城及附属文物保护项目	6个长城及附属文物抢险修缮	2018年延庆区启动6个长城及附属文物抢险修缮：南寨坡遗址考古、长城67—69号敌楼及边墙抢险修缮、刘斌堡城墙遗址抢险修缮、缙山县城墙遗址抢险修缮、延庆城墙遗址抢险修缮和环境整治、柳沟城隍庙抢险修缮和环境整治工程

　　三年来，丰富多彩的文化活动也围绕长城文化带建设而相继展开，2017年8月26—28日慕田峪长城古风文化节是以传统文化为核心，开展古代即时情景剧互动、华夏古典婚礼、箭阵操练、开笔礼……丰富多彩的娱乐活动，以多彩民俗展示为形式的创新文化节。2018年10月，第二届慕田峪长城古风文化节活动现场，演武列阵、汉女起舞、古集市等各种文化展示，仿若回溯千古岁月，金戈铁马破梦而来，缨缨素带随风飘扬，重现长城雄浑壮阔的景象。2017年10月，八达岭国家森林公园举办长城红叶生态文化节，红叶岭景区有5万余株黄栌和元宝枫，青龙谷植被丰富，色彩斑斓，市民可在此体验"数点青峰来眼底，满山红叶入衣襟"的佳境。2019年8月17—18日，长城文化国际高级论坛在怀柔区举行，并以电视论坛方式进行，公众通过线上互动参与，围绕长城文化研究成果落地、遗存现状与保护、社会学意义与未来等话题展开探讨交流，扩大长城文化遗产在社会大众和年轻人中的影响力，把"遗产活化"落到实处。北京市委宣传部、北京市文化和旅游局等单位共同主办的2019北京八达岭

长城文化节，围绕保护长城、生态长城、文化长城等主题，以北京长城文化带建设为依托，举办了长城文化高峰论坛、长城文化主题展览、"长城夜话"文化沙龙等主题活动，搭建全国长城保护发展的交流平台，诠释"长城精神"，彰显北京在全国长城保护发展中的重要地位和长城文化带建设成果。2019年10月29—31日，中国长城文化学术研讨会在北京市八达岭长城脚下召开，探讨北京长城文化带建设如何积极融入长城国家文化公园建设中，在保护和管理协同创新、文化与旅游融合的基础上，更好地保护、传承和利用长城这一世界遗产，建成充满人文关怀的国家文化公园，满足公众游览与文化交流的需求，提升国家文化软实力与自信力。

五 长城文化带建设存在的问题与建议

（一）文化带定位与发展目标清晰，但缺乏统筹协调、整体推进

长城文化带的保护发展规划给出了长城文化带建设的顶层设计，使长城文化带建设有了清晰的定位与发展目标。但目前长城文化带建设六个区缺乏统筹协调、整体推进，各行政区在着力盘活文化遗产资源，打造或升级各个零散的文化景区，各个资源点独立发展，带状资源群的优势没有充分发挥出来。如长城文化带建设现状，长城周边地区的关隘堡寨、民俗村落等同样隶属于文化带的资源并没有得到很好的保护和发展，但明显存在着周边环境的治理水平远低于文物本体的修复程度的问题，更有地区忽略文化资源与城市发展的关系，使得修缮好的资源"独立"于城市和社会生活之外，成为难以继续发展的"死物"，这是没有从整体出发统筹文化资源带来的后果。长城旅游仍然主要停留在几处城墙的简单观赏上，缺少统一的规划和管理使得很多文化遗产资源得不到有效的保护与利用。

（二）注重挖掘文化带的文化精髓和象征，但宣传和推广力度不够

长城文化带核心影响力来自长城作为建筑遗存所具有的雄伟魅力和长期以来作为中国文化符号所形成的深切认同。长城文化带保护建设对北京建设全国文化中心和世界文化名城有着全面、系统并且是决定性的支撑作用，更是传承北京城市文脉、构建城市景观格局、提高城市文化实力和影响力的重要推手。在对长城文化带的历史文化资源深入研究、挖掘文化内涵的基础上，明确了长城文化带在京津冀协同发展和首都北

京新发展中的战略方向和定位，但长城文化带的文化内涵对市民文化遗产保护和生态文化的教育引导作用并没有显现出来，除了旅游景观的热度，公众的文化遗产、生态环境保护意识和对长城文化带的情感关注度、实践参与度还不高。有关长城文化带的文创作品不仅少，受众面也不够广，宣传和推广力度都不够。

（三）以长城国家文化公园建设方案为指导，推动长城文化生态协同优化

以长城国家文化公园建设方案为指导，建立健全统筹实施长城文化带保护利用体制、机制，加强各区、各部门的统筹联动，统筹协调各方、形成合力，跨区域统筹协调，为全面推进国家文化公园建设创造良好条件。同时，充分利用现代信息技术和新媒体资源，如电视、网站、微博、微信等，建立公开的长城文化带公众文化信息渠道，通过构建载体、拓展渠道、活化等手段，加大向海内外的推介交流力度，使长城文化带的文化遗产在良好氛围和宽松环境中得以保护和传承，切实发挥文化遗产在弘扬民族精神、增强民族凝聚力等方面的重要作用。运用现代数字化技术手段对长城文化带的文化遗产进行创造性转化和创新性发展，共同摹绘一幅幅富于时代气息和审美情调的文化景观，为民众提供对长城文化带的认同感和文化自信心，进一步推动京津冀自然与文化生态的协同优化。

北京市长城文化带传统村落非遗保护利用的现状、问题与对策建议*

张 勃 龚 卉 王 鑫**

摘要： 北京市长城文化带覆盖六区已经建立了国家、市、区三级非遗名录体系和代表性传承人体系，多样化的非遗保护传承体系正在形成，列入名录的各级非遗项目保护传承状况较好，有些表现出强劲的发展势头，显示了非物质文化遗产保护行动的积极作用。但也存在着传承者不足、非遗保护传承的生态环境亟需改善，非遗管理机构专职人员配备不足、非遗工作内容普遍缺乏长期规划、区际之间沟通不畅，非遗保护传承补贴资金投入不足，村民对非遗的认知度、重视度亟待提高、村民非遗保护的自觉性和主动性有较大提升空间，缺乏社会力量介入，利用不充分和不平衡等问题。有鉴于此，报告提出了多条具有针对性的意见和建议。

关键词： 北京市长城文化带；传统村落；非物质文化遗产

党的十八大以来，我国高度重视中华优秀传统文化的传承发展。2019年8月，习近平总书记在甘肃考察时发表重要讲话，指出："要加强对国粹传承和非物质文化遗产保护的支持和扶持，加强对少数民族历史文化的研究，筑牢中华民族共同体意识。"并强调："长城凝聚了中华民族自强不息的奋斗精神和众志成城、坚韧不屈的爱国情怀，已经成为中华民族的代表性符号和

---

* 北京学研究基地开放课题《新型城镇化背景下门头沟区传统村落民俗文化传承模式创新研究》（BJXJD-KT2015-TS06）研究成果。
** 张勃，北京联合大学北京学研究所研究员、北京学研究基地副主任；龚卉，北京联合大学北京学研究所助理研究员；王鑫，北京市商业学校教师。

中华文明的重要象征。要做好长城文化价值发掘和文物遗产传承保护工作，弘扬民族精神，为实现中华民族伟大复兴的中国梦凝聚起磅礴力量。"

当前，我国正大力实施乡村振兴战略，推进文化与旅游融合，并积极开展多项文化保护和建设行动，如《国民经济和社会发展第十三个五年规划纲要（2016—2020年）》提出"建设国家文化公园"的重大文化工程。2019年7月，审议通过了《长城、大运河、长征国家文化公园建设方案》（以下简称《方案》）。同年12月，中共中央办公厅、国务院办公厅印发了《方案》，并发出通知，要求各地区、各部门结合实际认真贯彻落实。与此同时，传统村落保护和非物质文化遗产保护行动也蓬勃兴起并持续推进。而北京市也提出长城文化带保护和发展的时代命题，制定了《北京市长城文化带保护发展规划（2018—2035）》，并积极参与到传统村落保护和非遗保护行动之中。

在这种背景下，北京联合大学北京学研究所接受北京非物质文化遗产中心的委托，开展"北京市长城文化带传统村落非物质文化遗产保护调研"课题。课题组负责人张勃研究员带领40余人组成的团队，紧紧围绕长城文化带、传统村落、非物质文化遗产三个关键词，对北京市长城文化带覆盖区域的26个传统村落所承载的非遗资源进行田野考察，归类整理各传统村落非遗传承、保护、利用的状况，发现其中存在的问题，并提出相应的对策建议。

一 北京市长城文化带传统村落的基本特征

长城是历史上中原王朝为了保护农业文明地域、抵抗北方游牧民族南下侵扰而在农牧交错地带修筑的、具有浓厚军事色彩的大型墙体建筑体系，分布于我国15个省、直辖市和自治区。北京长城文化带是由北京市域内长城防御建筑体系及受它辐射、影响的地域组成的带状文化区，它横贯北京北部生态涵养区，约占北京市域面积的30%。北京市长城文化带涉及平谷区、密云区、怀柔区、延庆区、昌平区和门头沟区6个区的42个乡镇，包括785个行政村，涉及户籍人口约68万人，约占6个区户籍人口总量的30%。

目前北京市共有21个中国传统村落，44个市级传统村落，其中处于北京市长城文化带涉及六区内的中国传统村落共17个，市级传统村落（包括中国传统村落）共35个，具体参见表1。

表 1　　　　　　　　　　北京市传统村落一览表

行政区划	村落名称（标黑者为中国传统村落）	数量（括号内为中国传统村落数量）
门头沟区	斋堂镇**爨底下村**、**灵水村**、**黄岭西村**、**马栏村**、**沿河城村**、**西胡林村**、龙泉镇**琉璃渠村**、**三家店村**、雁翅镇**碣石村**、**苇子水村**、王平镇**东石古岩村**、大台办事处**千军台村**、清水镇张家庄村、燕家台村	14（12）
密云区	古北口镇古北口村、潮关村、河西村、新城子镇**吉家营村**、遥桥峪村、小口村、冯家峪镇白马关村、太师屯镇**令公村**、石城镇黄峪口村	9（3）
延庆区	张山营镇东门营村、柳沟村、珍珠泉乡南天门村、康庄镇榆林堡村、**八达岭镇岔道村**	5（1）
昌平区	流村镇**长峪城村**、十三陵镇万娘坟村、德陵村、康陵村、茂陵村	5（1）
平谷区	大华山镇西牛峪村	1（0）
怀柔区	琉璃庙镇杨树底下村	1（0）
房山区	史家营乡柳林水村、佛子庄乡黑龙关村、大石窝镇石窝村、**南窖乡水峪村**、**南窖村**、蒲洼乡**宝水村**	6（3）
通州区	漷县镇张庄村	1（0）
顺义区	**龙湾屯镇焦庄户村**	1（1）
海淀区	苏家坨镇车耳营村	1（0）
总计		44（21）

本次调研的传统村落包括长城文化带涉及六区域内全部中国传统村落，共17个，市级传统村落8个，没有列入中国传统村落和市级传统村落名录但历史资源丰富的村落1个，共计26个，即平谷区的西牛峪村，怀柔区的杨树底下村，密云区的古北口村、吉家营村、令公村、遥桥峪村，延庆区的东门营村、柳沟村、榆林堡村、岔道村、石峡村，昌平区的长峪城村，门头沟区的沿河城村、灵水村、碣石村、苇子水村、马栏村、西胡林村、爨底下村、黄岭西村、张家庄村、燕家台村、琉璃渠村、三家店村、东石古岩村和千军台村。

课题组对26个传统村落的基本信息，包括村落的位置、布局、历史源流、居民情况、经济情况、村落与长城的关系、村落的保护措施、村落保护中存在的问题等进行了详细调研，发现具有以下特点。

第一，地处山区、离市区较远，交通不便。

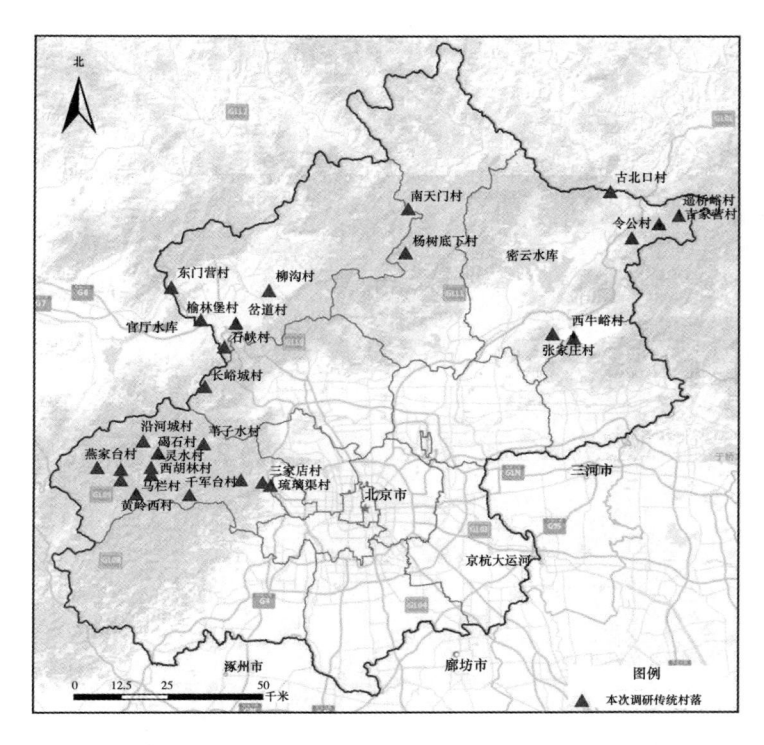

图 1 "北京市长城文化带传统村落非遗保护调研"课题调研村落分布

（黄建毅制图）

第二，村落历史悠久，与长城军事防御系统关系密切，或为历史上的交通要道。

第三，村落大多位于山区，自然资源丰富，环境优美，有丰富的经济林木。

第四，物质文化遗产资源十分丰富。

第五，红色文化资源丰富厚重。

第六，大多数空心化、老龄化严重。

二 北京市长城文化带传统村落非遗资源情况

自 2004 年我国正式开展非物质文化遗产保护行动以来，北京市积极参与该项行动。于 2005—2007 年，在全市范围内开展了非物质文化遗产普查工作，共普查到非物质文化遗产 12623 项，其中 3223 项被编进《北京市非物质文化遗产普查项目汇编》，北京长城文化带区域非物质文化遗产详情可参见表2。

表2　北京长城文化带区域非物质文化遗产普查数据分类汇总

非遗十大类别	对应普查类别	平谷	怀柔	密云	昌平	延庆	门头沟	合计
民间文学	民间文学	400	252	9	96	33	6630	7420
传统音乐	传统音乐	4	1	3	6	7	400	421
传统舞蹈	传统舞蹈	40	8	8	25	34	62	177
传统戏剧	传统戏剧	16	1	2	3	3	30	55
曲艺	曲艺	9	3	3	0	8	7	30
传统体育、游艺与杂技	民间杂技	0	0	1	3	0	1	5
传统体育、游艺与杂技	传统体育、游艺与竞技	32	35	4	4	15	1	91
传统美术	传统美术	40	5	14	14	21	1	95
传统技艺	手工技艺	78	114	12	12	32	51	299
传统医药	传统医药	12	2	0	5	0	1	20
民俗	生产商贸习俗	11	30	12	12	9	2	76
民俗	消费习俗	36	66	16	16	24	67	225
民俗	人生礼仪	24	30	15	15	9	1	94
民俗	岁时节令	19	15	3	3	6	3	49
民俗	民间信俗	19	23	6	6	18	8	80
民俗	民间知识	40	44	69	69	4	9	235
民俗	其他	0	0	0	37	0	0	37
合计		780	629	177	326	223	7264	9409

根据统计，截至2019年2月，北京市长城文化带覆盖六区国家级、市级和区级非遗代表性项目分别为11项、42项和165项，列入《北京市长城文化带保护发展规划（2018—2035）》的非遗项目共30项。其中传承地在本次调研村落中的项目不多，仅有八达岭长城传说，京西太平鼓，千军台、庄户幡会、古北口花灯制作技艺等数项。

本次调研除了特别关注已列入各级名录中的非遗项目外，还十分重视通过访谈村民挖掘和发现新的非遗资源。目前调研涉及各类非遗项目共84项。详情见表3。

表3　　　　　　　**北京市长城文化带传统非遗资源项目汇总**

民间文学		
项目名称	项目所在传统村落	列入名录情况
观音潭传说	密云区吉家营村	
呼延庆打擂的传说	密云区吉家营村	
泥二娘娘的传说	密云区遥桥峪村	
大寺的传说	密云区古北口村	
帝王帽和轿顶山的传说	密云区古北口村	
杠上官儿的传说	密云区古北口村	
娘娘庙山寨的传说	密云区古北口村	
姊妹楼的传说	密云区古北口村	
一步三眼井的传说	密云区古北口村	
药王庙的传说	密云区古北口村	
杨七郎打擂的传说	密云区古北口村	
杨令公庙的传说	密云区古北口村	
杨家将的传说	密云区古北口村	
丫髻山口和丫髻山的传说	密云区古北口村	
万寿山吕祖庙的传说	密云区古北口村	
七郎坟的传说	密云区古北口村	
蟠龙山的传说	密云区古北口村	
潘仁美凿山洞的传说	密云区古北口村	
百世书香的传说	延庆区东门营村	
李自成闯关的传说	延庆区石峡村	
慈禧西逃夜宿刘家的传说	延庆区榆林堡村	
李闯王进京的传说	延庆区榆林堡村	
珍珠翡翠白玉汤传说	延庆区岔道村	
柳沟村传说	延庆区柳沟村	
牤牛沟传说	平谷区西牛峪村	
茶叶山的传说	平谷区西牛峪村	
母亲石的传说	平谷区西牛峪村	
神仙洞与大石船的传说	平谷区西牛峪村	
鸡冠碇子的传说	平谷区西牛峪村	
雷劈孝子传说	门头沟区苇子水村	
老虎分坟的故事	门头沟区苇子水村	
霹雳石的传说	门头沟区苇子水村	
碣石村古槐传说	门头沟区碣石村	
碣石村古井传说	门头沟区碣石村	

续表

民间文学		
项目名称	项目所在传统村落	列入名录情况
马栏村古树传说	门头沟区马栏村	
马栏村的由来	门头沟区马栏村	
马栏村的义和团运动	门头沟区马栏村	
马栏排的事迹	门头沟区马栏村	
龙女庙的传说	门头沟区马栏村	
张兰珠英雄事迹	门头沟区马栏村	
黑龙潭的传说	门头沟区西胡林村	
贞节匾的故事	门头沟区西胡林村	
村民"韩"姓由来	门头沟区爨底下村	
替皇帝出家	门头沟区爨底下村	
兴隆寺传说	门头沟区张家庄村	

传统音乐		
项目名称	项目所在传统村落	列入名录情况
京西幡乐	门头沟区千军台村	市级项目

传统舞蹈		
项目名称	项目所在传统村落	列入名录情况
东门营高跷	延庆区东门营村	
东门营花会小车	延庆区东门营村	
石峡村跑驴	延庆区石峡村	
岔道村斗高跷	延庆区岔道村	
柳沟村旱船	延庆区柳沟村	
五虎少林会	门头沟区琉璃渠村	区级项目
京西太平鼓	门头沟区三家店村	国家级项目
龙王庙会（高跷会）	门头沟区三家店村	

传统戏剧		
项目名称	项目所在传统村落	列入名录情况
梆子戏	昌平区长峪城村	
苇子水秧歌戏	门头沟区苇子水村	市级项目
燕家台山梆子戏	门头沟区燕家台村	区级项目
燕家台山蹦蹦戏	门头沟区燕家台村	

续表

传统技艺		
项目名称	项目所在传统村落	列入名录情况
鲁班枕制作技艺	密云区古北口村	市级项目
古北口花灯制作技艺	密云区古北口村	区级项目
酸浆豆腐制作技艺	延庆区东门营村	
铁匠技艺	延庆区东门营村	
山茶制作技艺	延庆区石峡村	
杏仁油榨制技艺	延庆区石峡村	
石烹宴制作技艺	延庆区石峡村	
"酸浆豆腐"制作技艺	延庆区柳沟村	
琉璃烧制技艺	门头沟区琉璃渠村	国家级项目

传统医药		
项目名称	项目所在传统村落	列入名录情况
王氏接骨技艺	门头沟区张家庄村	
编篓组架技艺	门头沟区张家庄村	

民俗		
项目名称	项目所在传统村落	列入名录情况
令公庙庙会	密云区令公村	
药王庙庙会	密云区吉家营村	
二八席	密云区吉家营村	
敛米放花	密云区吉家营村	
九曲黄河阵灯俗	密云区古北口村	
灯山会	延庆区榆林堡村	
柳沟村民间信俗	延庆区柳沟村	
敛巧饭习俗	怀柔区杨树底下村	国家级项目
灵水村秋粥节	门头沟区灵水村	区级项目
转灯节	门头沟区灵水村	
爨底下村建筑风水	门头沟区爨底下村	
爨底下村婚俗	门头沟区爨底下村	
燕家台祈雨民俗	门头沟区燕家台村	
千军台庄户幡会	门头沟区千军台村	国家级项目
石佛岭求雨习俗	门头沟区东石古岩村	

整体上看，本次调研的非遗资源情况不尽如人意。一方面，列入各级名录的代表性项目较少，其中国家级项目4项，市级项目3项（不含国家

级),区级项目4项(不含国家级和市级);另一方面,资源数量比预期的偏少,平均每村只有3.1项。资源数量少固然与调研时间的长短、访谈人数的多寡有一定关系,但更主要的原因在于村落文化的衰败、村民村落文化记忆的普遍丧失,以及对村落文化价值认知的普遍缺乏。

仅就目前调研获得的非遗资源来看,在民间文学、传统音乐、传统舞蹈、传统戏剧、曲艺、传统体育、游艺与杂技、传统美术、传统技艺、传统医药、民俗十类非遗项目中,北京市长城文化带传统村落中的民间文学、传统舞蹈、传统戏剧、传统技艺以及民俗资源相对丰富。其中不少具有突出的历史价值、艺术价值、生活价值和共享价值,值得保护好、传承好、利用好。

三 北京市长城文化带传统村落非遗保护传承现状及问题

(一) 北京市长城文化带覆盖六区非遗保护工作现状

1. 建立了国家、市、区(县)三级非遗名录体系和代表性传承人体系

北京市长城文化带覆盖六区已建立区级非物质文化遗产名录,与国家级和市级非物质文化遗产名录一起,形成了国家、市、区(县)三级非物质文化遗产名录体系,并逐步建成区非物质文化遗产名录申报、论证、评审、公示和公布制度。各区列入各级非遗名录情况见图2。

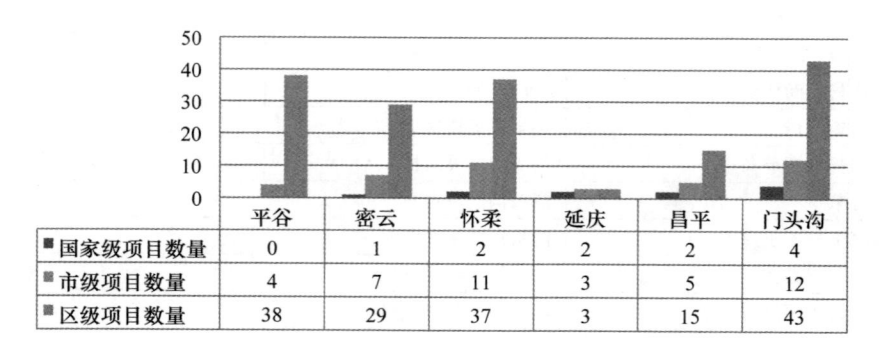

	平谷	密云	怀柔	延庆	昌平	门头沟
国家级项目数量	0	1	2	2	2	4
市级项目数量	4	7	11	3	5	12
区级项目数量	38	29	37	3	15	43

图2 长城文化带各区名录项目数量对比

此外,六区还建立了代表性传承人体系,具体情况参见图3。

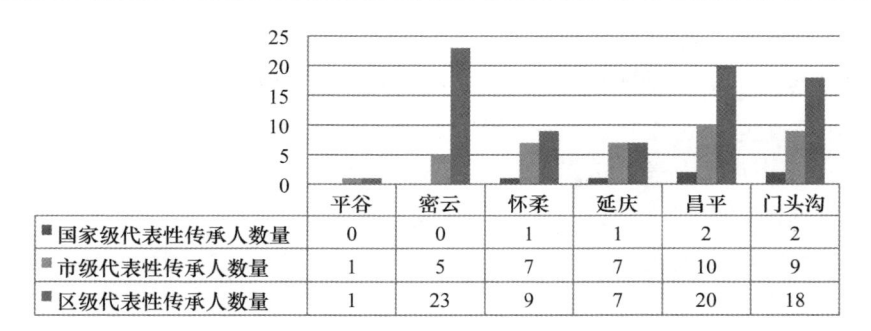

	平谷	密云	怀柔	延庆	昌平	门头沟
国家级代表性传承人数量	0	0	1	1	2	2
市级代表性传承人数量	1	5	7	7	10	9
区级代表性传承人数量	1	23	9	7	20	18

图3 长城文化带各区代表性传承人数量对比

从区域来看，无论是代表性项目还是代表性传承人，都存在着较大的不平衡性。其中延庆区、平谷区分别在区级代表性项目名录建设和区级代表性传承人名录建设方面明显滞后。

2. 多样化的非遗保护传承体系正在形成

经过不断探索，六区逐步形成一个集多种"非遗+"于一体的、多样化的现代非物质文化遗产传承体系。具体包括以下几个方面。

第一，非遗+教育，开展非遗进校园。推动非遗+教育，开展非遗进校园，是当前六区十分重要的非遗保护方式。比如，密云区针对6个项目在多家小学和幼儿园建立了7个非遗保护培训基地，延庆区在八达岭中心小学建立八达岭长城传说传承基地，在永宁学校建立永宁南关竹马传承基地，等等。在推动非遗+教育的过程中，多种行动主体分工合作，协同增效，取得良好效果。

第二，非遗+社区，让传习所在乡村落地。在非遗项目的传承地设置传习所，促进当地居民的保护自觉，提高其相关技艺，既是对非遗持有者文化权利的尊重，也是保护传承非物质文化遗产的有效途径。如昌平区建有后牛坊村花钹大鼓传承基地、漆园村龙骨传承基地、涧头村高跷传承基地和阳坊五虎棍传承基地四个非物质文化遗产传承基地。

第三，非遗+公共文化设施，发挥文化馆、博物馆的积极作用。如门头沟区妙峰山香会博物馆、潭柘紫石砚博物馆等集文物保护、展览展示和活动于一体。

第四，非遗+高校，把产、学、研、创一体化思路融入非遗保护与传承。高等学校具有人才培养、科学研究、社会服务、文化传承与创新、国际交流合作等基本职能。非遗的保护与传承需要高校的参与。如门头沟区与首钢工学院合作开展非遗数字化保护与开发合作项目，利用光学式动作捕捉设备，采集"国家级非遗项目——京西太平鼓"传承人的舞蹈动作，实现内容全息化、无损化的矢量记录，同时为下一阶段应用于虚拟现实、步态分析、人体力学、运动学等一系列课题开发提供基础性数字化内容，从而告别国内用"火柴棍"记录舞蹈动作的历史。

第五，非遗+活动+旅游+文创，提升非遗在社会上的可见度和应用性。近年来，六区利用传统节庆和文化遗产日，积极开展和参与多种活动，引导、鼓励和资助各项活动朝向更有文化内涵、更加贴近市民生活的方向发展。同时在非遗和旅游、文创方面积极探索，如门头沟区实施"琉璃重生"计划。

（二）列入名录的各级非遗项目的保护传承现状

本次调研范围内列入国家级非遗名录的项目共4项，即京西太平鼓、琉璃烧制技艺、千军台庄户幡会、敛巧饭习俗，市级项目3项（不含国家级），即京西幡乐、苇子水秧歌戏和鲁班枕制作技艺，区级项目4项（不含国家级和市级），即古北口花灯制作技艺、五虎少林会、燕家台山梆子戏、灵水村秋粥节。总体上看，除了琉璃烧制技艺由于琉璃瓦烧制对环境有较大污染和破坏被停产而必须"重生"外，长城文化带覆盖六区内其他列入各级别名录的项目都在活态传承，有些表现出强劲的发展势头，显示了非物质文化遗产保护行动的积极作用。

非物质文化遗产保护作为以政府为主导、动用大量资源、依靠多种力量、有组织、持续开展的大型公共政策行动，是当前中国社会传承和复兴优秀传统文化潮流的组成部分，也是政府当下推动中华优秀传统传承发展的重要抓手，对于传统文化是一种强大的作用力，深刻地影响其生命轨迹，也深刻地改变了其存在形态。它提升了人们对非物质文化遗产项目的价值认知，促进了人们的文化自觉，并因此促进了遗产的活态传承和良性发展。

此外通过对比不同村落的调研数据，可以发现一个重要现象，即拥有列入各级名录非遗项目的传统村落的村民对非遗的信心普遍较高。

（三）北京市长城文化带传统村落非遗保护利用中存在的问题

1. 传承者不足，非遗保护传承的生态环境亟须改善

北京市长城文化带传统村落非遗是在北京长城文化带传统村落中生长

发展的文化事项，传统村落是它们生存的土壤。然而目前这些村落大多数出现空心化、老龄化严重的问题，村民对村落发展普遍信心不足，这对非遗保护和传承产生了至关重要的影响，其中最关键的问题是传承者不足。

人是非物质文化遗产项目的载体，没有传承者便没有非遗项目的传承。不同类别的非遗项目具有不同的传承者。大致说来，主要有三类传承者。其一是活动的组织者。非遗项目的开展一定意义上讲都是活动事件，民间文学的讲唱与聆听，传统技艺产品的生产与消费，传统舞蹈、传统戏剧、传统音乐、传统体育游艺与杂技的表演与观看，都是人际交流活动，民俗类非遗就更是如此。如果没有活动组织者的组织协调，许多活动很难开展。其二是传统技艺、艺术表演技艺等的具体承载者和提供者。各类非遗项目，总或多或少与技艺相关，那些掌握技艺的人是非遗项目的核心传承者。其三是活动的参与者与享用者，他们可能没有掌握核心技艺，也可能不参与活动组织，但是他们具有生产消费需求，如果没有这些需求，各种非遗就没有传下去的必要，也没有传下去的可能。目前大多数村落人口数量锐减，使得三类传承者都十分不足。这是传统村落非遗项目在保护和传承工作中面临的最大难题，也是最关键问题。

村落空心化、老龄化严重还导致了村落文化的普遍萎缩。村落是依靠地缘关系结合而成，具有自然、社会、经济特征的地域综合体，兼具生产、生活、生态、文化等多重功能。在传统社会，它是"自足的生活空间"，"在与外界市场、国家政权发生联系以及受婚姻圈、灌溉系统等影响的同时，自身内部基本上形成经济上和社会文化上的自我满足的生活格局"，具有一系列"知识、技术、经验；伦理观念、行为规范，信仰心理和象征仪式，文艺和娱乐活动"，以及"共同性价值观念和由相通的个人感受所构成的集体认同意识"。但是村落的衰败使得原有村落文化系统变得支离破碎，村民的文化记忆丧失严重。本次调研过程中许多村民对自己的村落文化知焉不详，甚至几无所知。

2. 非遗管理机构专职人员配备不足，非遗工作内容普遍缺乏长期规划，区际沟通不畅

非遗保护在我国是一项制度化常态化的工作，需要有专门机构和专职管理人员负责。我国非遗保护管理工作机制，是自上而下设立相应的工作机构。国家层面在文化和旅游部设立非遗司，主管全国非遗保护工作，同时辅以部级联席会议制度。北京市级层面在文化与旅游局设立非遗处，但区级层面尚未有统一安排。目前长城文化带覆盖六区中，延庆区于 2006

年在区文化馆设立民保办公室，全面负责区划范围内非物质文化遗产保护工作，2019年4月底，非遗工作调整到区文物管理所，与文物保护职能合并，建立非遗中心，目前有在编专职工作人员2名。平谷区于2005年在区文化馆设置"非遗保护部"，目前有专职工作人员1人。昌平区于2006年在文化委员会文化科设立非物质文化遗产保护部，2007年转至区文化馆，目前有专职部室主任和业务干部各1名。怀柔区在区文化馆内设立了非遗工作小组，由1名文化馆副馆长主要负责非遗相关工作，目前工作人员5人均为兼职。门头沟区目前尚未设置专门机构，相关工作人员由公共服务科（原文化科）和文化馆各1人承担，根据区文化和旅游局的"三定"方案，非遗工作将调整至产业科。

整体上看，长城文化带覆盖六区非遗专职人员较少，机构设置归属又不统一，这在很大程度上影响了保护工作的开展，目前各区非遗工作内容普遍缺乏长期规划，而区际也缺乏沟通机制，难以互相交流、取长补短、同步高效、形成合力。

3. 非遗保护传承补贴资金投入不足

非遗保护需要经费支持。我国《非物质文化遗产法》明文规定，县级以上人民政府文化主管部门根据需要，采取措施，支持非物质文化遗产代表性项目的代表性传承人开展传承、传播活动，其中就包括"提供必要的经费资助其开展授徒、传艺、交流等活动"。从实际情况来看，近年来，六区虽然在非遗经费方面都有支出，但目前尚未有一个区发布《非物质文化遗产保护专项资金管理办法》，为非遗保护传承提供制度化的资金支持。在现实中，各区用于非遗项目、传承人、活动等保护的扶持资金每年多在20万—30万元，数量偏少，个别区自2004年至今财政投入仅约80万元，平均每年不到6万元。财政资金对于非遗的扶持制度化缺失，力度偏小，直接影响了非遗保护与传承工作的有效性与持续性。

4. 村民对非遗的认知度、重视度亟待提高

从调研情况来看，村民对于非遗的认知度、重视度和传承信心与课题组的预期差距较大，绝大多数村民将非物质文化遗产与物质文化遗产混为一谈，还有不少没听过非物质文化遗产的概念；对于非遗项目保护传承的信心和参与热情也明显不足。这与政府的重视程度以及宣传力度有直接关系。

5. 村民非遗保护的自觉性和主动性有较大提升空间

联合国教科文组织《保护非物质文化遗产公约》对非遗的界定，特别

强调了它与社区居民的关系。社区居民不仅应该是非物质文化遗产的创造者、享用者，还应是非物质文化遗产的认定者、保护者和传承者。但是，我国在推进非物质文化遗产保护行动的过程中，比较强调政府主导，这当然非常重要，也十分必要，但也在很大程度上导致社区居民在非物质文化遗产保护行动中的参与不足，尤其是参与的主体性和自觉性不足。体现在绝大多数村民不把非物质文化遗产保护首先视为自己的事情，而是首先视为政府的事情。在调研过程中，当被问及"影响传统文化遗产项目传承下去的关键因素是什么"以及"您认为非物质文化遗产保护传承的主要力量是什么"的时候，大多数村民首先想到的是政府。事实上，这一倾向也存在于不少学者的认识和非遗工作者的认识中。

6. 缺乏社会力量介入，影响非遗存续力

非遗保护是一个需要动用多种力量、采取多种措施的行动过程。联合国教科文组织《保护非物质文化遗产公约》指出，"保护"是"指确保非物质文化遗产生命力的各种措施，包括这种遗产各个方面的确认、立档、研究、保存、保护、宣传、弘扬、传承（特别是通过正规和非正规教育）和振兴"。其中既讲到措施，又涉及不同的主体。《中华人民共和国非物质文化遗产法》和《北京市非遗条例》等非遗保护相关法律法规也都鼓励社会力量的加入。但从现实情况看，长城文化带覆盖六区正在积极探索政府主导下的多元主体协作，但具体到传统村落中的非遗保护，仍然主要是政府发挥主体作用，采取一定的措施合理有效地引入社会力量开展非遗保护势在必行。

7. 北京市长城文化带传统村落非遗利用呈现出不充分和不平衡的双重特点

不充分即绝大多数村落在思想上没有充分认识到非遗对于村落发展的重要性，在实践上没有充分将非遗作为村落发展资源加以利用。不平衡即不同村落之间存在较大差异性，在总体不充分的情况下，也有一些村落在非物质文化遗产利用方面先行先试，使非遗对于村落发展产生了重要的经济效益、社会意义和精神价值。

四　北京市长城文化带非遗资源保护利用建议

进一步提升北京市长城文化带非遗资源保护利用水平，需要深刻认识北京市长城文化带非遗的特点，并结合当前已有的经验和存在的问题进行思考。

（一）基于北京市长城文化带跨行政区划的特点，北京市长城文化带非遗保护必须秉持区域整体眼光

北京长城文化带作为由北京市域内长城防御建筑体系及受它辐射、影响的地域组成的带状文化区，覆盖北京的六个区，约占北京市域面积的30%。北京长城文化带非遗保护是北京长城文化带保护发展的重要内容，而以其为单位开展非物质文化遗产保护，必然不同于一般以行政区划为单位开展的非物质文化遗产保护，而要求秉持区域整体眼光。

1. 树立一个意识：北京市长城文化带保护发展"不能无非遗"意识

经过多年的保护实践，非物质文化遗产的价值已经得到较为广泛的认同，但重物质文化遗产轻非物质文化遗产的现象仍然普遍存在。在北京市长城文化带保护发展过程中，必须高度重视非遗在北京市长城文化带保护发展过程中的重要价值，牢固树立"不能无非遗"意识。当前《北京市长城文化带保护发展规划（2018—2035）》已经公布，长城文化带非遗保护应积极与规划的实施相联结，从规划实施中获取资源，谋求发展机遇。

2. 加强一项规划：北京市长城文化带非遗保护工作长期规划

认识到非遗保护是北京市长城文化带保护发展必不可少的重要组成部分，就必然要求进行非遗保护的长期规划，明确其资源构成、价值与现状，确定其战略定位、规划原则、实施目标和采取措施，也必然要求加强区际沟通联动。鉴于此，有必要在市非遗处和非遗中心的主导下，建立各区非遗管理机构定期会议制度，合理确定重点任务的年度安排和行动计划，实现市区协调、区际联动。

3. 设立一个保护区：北京市长城文化生态保护区

设立文化生态保护区，对历史文化积淀丰厚、存续状态良好，具有重要价值和鲜明特色的文化形态进行区域性整体保护，是我国独具特色的非遗保护制度。目前，文化和旅游部已批准设立了21个国家级文化生态保护实验区，各省（区、市）也设立了共146个特色鲜明的省级文化生态保护区。习近平总书记说："长城是中华民族的精神象征，具有特殊的历史文化价值。要本着对历史负责、对人民负责的态度，切实完善政策措施，加大工作力度，依法严格保护，更好发挥长城在传承和弘扬中华优秀传统文化中的独特作用。"本课题组认为：北京市长城文化带历史文化积淀丰厚，存续状态良好，具有重要价值和鲜明特色，应该加强整体保护，设立北京市级长城文化生态保护区，并努力成为国家级文化生态保护区。

根据 2019 年 3 月 1 日起正式施行的《国家级文化生态保护区管理办法》，申报国家级文化生态保护区要具备良好的文化生态区域性整体保护工作基础，应当在本省（区、市）内已实行文化生态区域性整体保护两年以上，成效明显。设立北京市级长城文化生态保护区，并坚持保护优先、整体保护、见人见物见生活的理念，以"遗产丰富、氛围浓厚、特色鲜明、民众受益"为目标，将非遗及其得以孕育、滋养的人文环境加以整体性保护，为申报国家级文化生态保护区做好准备、打好基础。

（二）基于村落是北京市长城文化带非物质文化遗产主要传承地的特点，北京市长城文化带非遗保护应通过主动参与国家乡村振兴战略提升水平、发挥作用

北京市长城文化带非物质文化遗产在空间分布上的特点是重在乡村，村落是北京市长城文化带非物质文化遗产的主要传承地。乡村兴则乡村文化兴。没有乡村的振兴，不可能有乡村文化的振兴。非物质文化遗产的传承，根本在于乡村的振兴。另外，非遗又是实现乡村振兴的重要资源，本次调研结果显示了非遗传承利用与村落活力之间的正相关性。凡是那些能够将自身非遗资源盘活的村落就有更强的生命力。因此，当下应将北京市长城文化带传统村落非遗保护与国家的乡村振兴战略紧密联系起来，一方面充分利用乡村振兴战略实施带来的各种资源与条件，保护非遗，发展文化，促进非遗传承，延续村落历史文脉。另一方面，要认识到非遗保护本身并非目的，而是保护文化多样性和保障非遗持有者文化权利的重要手段。从而自觉将非遗保护融入乡村振兴的过程，对非遗资源的挖掘、发现、筛选和利用，通过策划及举办文艺活动、举办节庆活动等，为乡村振兴提供认同感、发展信心和发展路径。

（三）基于长城文化带非遗保护的多主体参与，建立以传承者为核心、多主体分工合作、发挥优长的协同增效机制

非遗保护与传承关联多种主体，即传承者、政府、学校、新闻媒体、学术研究机构、公共文化机构、文艺表演团体、演出场所经营单位、企业、非遗文化消费者等。其中非遗传承者居于核心地位，其余主体则从不同方面承担责任，共同促进非遗的保护传承。

非遗作为文化遗产，与物质文化遗产最大的区别即在于它是以人（非遗传承者）为载体的活态传承文化，因此非遗保护虽然也重视相关实物的保护，但更重视对传承者的保护和培育，传承者处于非遗保护工作的核心地位。而传承者对于相关非遗项目的立场态度、技能掌握和发展信心，直接影响该非遗项目的命运前途，因此，培育合格的传承者，是使非遗保护工作成功的关键环节。

在我国，政府居于非遗保护工作的主导地位，这既是作为《保护非物质文化遗产公约》缔约国履约职责所在，也是符合我国国情的做法。但是，政府只是在非遗保护工作中居于主导地位，对于非遗的具体操演和传承而言则并非处于主体地位，而是一个服务者。因此，政府的主导作用并非越俎代庖，并非主导具体非遗项目操演，而是为那些被民族、社区、群体等珍视的具体非遗项目能够如其所是地操演营造环境、出台政策、搭建平台、管理监督，甚至提供资金、提供服务。

学校作为有计划、有组织地对受教育者进行系统教育活动的组织机构，拥有大量年轻学生，他们是非物质文化遗产的后备军、潜在的非遗传承者。学校可以将非物质文化遗产纳入正规或非正规教育，通过传授相关知识、理论与技能，将这些后备军和潜在的非遗传承者变成正规军和现实的传承者。因此，学校在培养传承者方面作用巨大。

新闻媒体作为超越时间和空间距离对广大群众传播信息的工具，影响着社会、政治、经济、文化诸多方面，对于信息的共享、共同意识的建立、社会价值的传递、大众文化的形成改变都具有重要意义。就非遗保护而言，新闻媒体可以传递非遗相关知识、相关价值，形成利于非遗操演、传承的社会舆论和氛围。

学术研究机构拥有较多文化研究者或非遗研究者，他们擅长非遗资源挖掘、问题分析、价值阐释，不仅可以通过研究成果为非遗保护提供学理支撑，而且可以凭借广博知识、对文化的深刻理解介入非遗保护的实际工作过程中，将理论与实践相结合，并通过参与非遗保护实践进一步丰富相关理论。

公共文化机构、文艺表演团体、演出场所经营单位、企业等社会力量，可以为民间文学、传统音乐、传统舞蹈、传统戏剧、曲艺、传统体育、游艺与杂技等具有表演性质的非物质文化遗产提供表演平台，对传统美术、传统技艺、传统医药等具有生产性质、服务性质的非物质文化遗产进行相关产品的生产、销售和相关服务的提供，从而实现其活态传承。

非遗文化消费者是消费主体，也是最广大的参与者，需要引导和宣传普及，使其在消费非遗文化中认识、热爱非遗，参与、支持非遗保护发展。

具体到北京市长城文化带非遗保护，近期可以推进三项重点工作：

1. 搭建一个平台：能够实现多主体需求和供给对接的北京长城文化带非物质文化遗产保护信息平台

由北京市文化和旅游局非遗处或北京非物质文化遗产保护中心牵头，建设汇聚非遗传承者、有非遗教育需求的幼儿园和大中小学校、非遗研究专家、热衷非遗报道的新闻媒体人以及对非遗表演和非遗产品生产、非遗服务提供感兴趣的公共文化机构、文艺表演团体、演出场所经营单位、企业等于一体的北京长城文化带非物质文化遗产保护信息库，为非遗保护的需求和供给对接搭建平台、提供服务。

2. 进行一项试点：专家学者、企业参与村落非遗传习基地建设项目试点

与高校、学术机构或企业合作，由北京非物质文化遗产保护中心牵头实施多学科专家学者参与村落非遗传习基地建设项目试点。专家学者在项目建设中，与当地村民一起，挖掘村落的文化遗产资源并筛选出可以向旅游业或其他行业发展的优质资源，提升当地居民的保护发展信心和能力，在此基础上，根据发展需要，引入企业等力量介入，最终在村落中实现人、文、地、景、产的有机结合，促进乡村振兴和非遗保护。

3. 建立一支队伍：以村落社区为单位的文化保护员队伍

非物质文化遗产保护关键在人，培养一支熟悉乡土文化、热爱故土、有毅力、能深入挖掘和研究非遗文化的工作队伍至关重要，为此，可以建立以村为单位的文化保护员队伍。本次调研中发现各村都有一个或几个"乡贤"，他们出生于村落中，又曾在别处工作，退休后还归乡里，他们对自己的村落怀有深厚的情感，掌握更多的地方性知识，具有比一般村民更高的工作热情，他们在发掘、发现当地非遗资源，激发非遗活力方面的重要作用值得充分重视，可优先成为村落文化保护员。另外，村落中列入各级非遗名录项目的传承者是理所当然的文化保护员，颁发文化保护员证

书，负责搜集整理和宣传当地文化资源。

（四）基于北京市长城文化带传统村落非遗保护目前存在的问题，采取相应对策

1. 更新一种理念：非遗保护虽然强调政府主导、社会参与，但首先是村民自己的事情

由于长城文化带非物质文化遗产的承载空间主要是乡村，所以村民往往成为非遗项目的传承者。过度依赖政府，村民在非物质文化遗产保护行动中参与不足，尤其参与的主体性和自觉性不足是普遍问题。这与"非遗保护是政府的事"这种保护理念密切相关，目前有必要更新非遗保护理念，明确村落非遗保护首先是村民自己的事情，村民是非遗项目的认定者、所有者和享用者，应在非遗保护工作中发挥主体作用和重要作用。在村落非物质文化遗产保护利用的实践中，政府非遗保护部门应最大限度地使村民在利用非物质文化遗产中受益，激发村民学习、表演传统技艺和艺术的热情，如修复老戏台，让村里的传统艺人登台为游客表演，不但保护了民间艺术，还增加了收入，并带动了村民学习传统艺术的热情。此外，还应积极引导当地居民参加传统工艺制作、民间文学整理、传统民谣演唱等群体性活动，让当地居民切身感受民间民俗文化的魅力，培养和树立地方文化自信，形成文化自觉、最终落实到保护民间文化和技艺的行动中去。只有形成文化行动，才能够解决保护与传承的问题，促进地方经济社会和谐可持续发展，带动村民保护和传承的积极性和主动性。

2. 实现一种结合：传承者的自然传承与自觉传承相结合

人是非遗保护与发展的核心元素，正确处理自然传承与自觉传承的辩证关系，既要尊重非遗传承人依据自身专长和内外部有利条件，以师徒传承和家族传承的方式自然传承；又要有组织、有计划地加强非遗传承人教育和培养，构建包括非遗进校园、非遗进公共文化机构、非遗进研学机构、非遗进旅游景区、非遗进民宿等在内的非遗传承体系，让更多的非遗传承人走进课堂，直接参与培养非遗保护与传承的专业技术人才。

3. 加强一项建设：区级非遗名录的制度化建设

本次调研显示了建立非遗名录体系的重要性，不仅列入各级非遗名录的非遗项目本身有更好的存续状态，而且促进了所在村落居民对非遗价值的认知，提升了所在村落居民保护非遗的自觉性。但目前长城文化带覆盖

各区的区级非遗名录建设制度不完善，各区在区级非遗名录项目的评定频次和参与村落方面没有明确规定，建议明确长城文化带覆盖各区区级非遗名录每两年评定一次，并鼓励所有的村落积极参与，由村落中的文化人或非遗传承者在专家和非遗管理人员的帮助指导下自己填报申报书，以申报促进村民对自我文化的发掘、发现、呈现、保护和传承，提升文化自信，加强文化认同。

4. 制定一个《办法》：区级《非物质文化遗产保护专项资金管理办法》

为解决非遗保护资金缺乏和无制度化资金支持的问题，各区制定本区的《非物质文化遗产保护专项资金管理办法》，明确非物质文化遗产保护专项资金的最低额度或者在财政预算中的最低比例，对专项资金的补贴范围，专项资金的申报、审批与管理，专项资金的监督与检查等做出明文规定。

5. 拓宽一种渠道：官方与民间、线上与线下相结合的宣传渠道

观念决定行动，对非遗的价值认知事关非遗保护传承的自觉性。从大处讲，长城文化带传统村落非物质文化遗产是中华文明的重要组成部分，是传承民族文化的有效方式，是提高民族自信心的重要途径，是发展民族新文化的基础与凭借，是造就和谐社会的文化动力；从小处讲，是村落居民维系村落认同、满足精神文化需求、促进村落振兴的文化资源，值得加以重视。基层干部离民众最近，最能起到引导民众的作用，加强基层领导班子对非遗的价值认知及文化自觉尤为重要。

融媒介时代，习近平总书记倡导构建网络空间共同体，在此倡议下，文化作为重要内容对于网络环境下个体对文化身份的认同和公民身份的建构具有积极意义，特别是对于历史悠久的地域性非物质文化的传承，具有特殊意义，对于讲好中国故事也必能注入新鲜血液。考虑到浅阅读时代，网络用户对于信息的接受与传播模式和传统媒体的"你写我看"的模式大相径庭，因此，各区级及市非遗保护中心，充分利用互联网技术，如微信、微博、H5、APP等互动传播手段，加强对长城文化带传统村落非物质文化遗产及其价值的宣传工作。

6. 推动一种融合：旅游与非遗文创产业的业态融合

从目前来看，封闭式的村落发展没有出路，村落只有纳入市场化体系才有未来，乡村文明只有与城市文明相衔接才有发展。虽然旅游产业对于

传统村落不一定是最佳路径，但却是当下较适宜的发展路径。非遗文化创意产业同旅游的融合可以创造出富有参与性和文化体验性的旅游产品，这有利于打破目前传统村落旅游观光的传统模式，实现旅游业的产品升级。此次调研柳沟村和石峡村非遗资源有效利用的经验，就是把文化优势转化为旅游优势，这也是非遗薪火相传的有效途径。因此，充分挖掘非遗资源，加大非遗项目综合利用力度，推动文化与旅游深度融合，通过打造旅游品牌、商品生产等方式使非物质文化遗产在与产业和市场的结合中更好地传承。

传统村落旅游资源特色是其历史文化的底蕴和让人留恋的文化景观，通过挖掘利用传统村落独具魅力的非遗文化旅游资源，超越传统旅游产品观光的简单功能属性，将非遗文化旅游资源转化为特色旅游文化创意产品，提升旅游产品的价值附加，为旅游产品注入新的价值和历史文化含义。因此，置身于传统村落的独特的"三生"空间（生产、生活、生态）的这种"旅游产品"，其核心产品特征应是生态的、生活的、生动的、深度的，有别于一般的旅游产品。具体产品开发策略包括：

一是通过传统工艺创意、美术加工、音乐创作、影视制作等形式，设计出有别于一般旅游产品的，适合传统村落生产、生态和生活的旅游产品。激励各界撰写介绍和研究长城文化带传统村落旅游发展的文章，制作精良的旅游宣传片、明信片、广告信息、歌曲等，建立自己的综合宣传平台。通过对传统村落文化遗产的重现与重演，将旅游业态融合发展，设计出符合游客需求的新型旅游产品，恢复传统村落固有的生机与活力，具有重要意义。

二是结合村落自身的文化技艺与工艺，开发有明显地域文化特征的旅游纪念品和服务。开发利用非遗资源，要注意结合当地的特色，注意创造具有时代感和现代气息的产品，以吸引现代游客，从而产生良好的经济效益和社会效益。比如，豆腐宴已经成为柳沟村的金名片，在北京地区也有一定的知名度。但是旅游资源不足，产业链条短，旅游功能不完善，导致游客逗留时间短，消费拉动不足。因此，可以推出体验旅游项目，结合当地特色推出豆腐制作体验馆、豆腐博物馆等大众参与性项目。

三是通过互联网、移动端，运用智慧旅游形式将村落社区、游客、线上线下旅行社、景区整合在一起，打造多元的旅游产品宣传推介渠道，注重游客参与性与体验性，关注游客口碑变化，及时满足游客的体验需求，打造北京市长城文化带旅游产品宣传标识系统。

同时，要注意开发利用的幅度和进程，要保持非遗项目的核心要素和基本内涵不丢失。因为非遗项目的核心要素和基本内涵丢失，既不符合保护的本义，也会影响它对游客的吸引力。

历史上中国大运河与北京运河[*]

蔡 蕃^{**}

摘要：本文通过对中国大运河发展历史规律的梳理，了解中国大运河始终朝着首都修建，并详细论证水利家郭守敬在水资源匮乏的北京地区，如何解决建设中的困难及取得的各项成就。明代水资源改变后运河运行艰难，嘉靖年间吴仲重建通惠河，改为五闸二坝运行模式，使通惠河安全运行到清末。清代北京运河主要着力于扩大水源工程，乾隆年间扩建昆明湖，引西山诸泉入玉泉山。文章最后总结了1949年以来北京水源建设及对大运河遗产的保护。

关键词：中国大运河 北京大运河 玉泉河坝河 金口河 通惠河 漕仓

中国运河初创自春秋时期，有确切文字记载的是公元前486年吴王夫差开凿邗沟运河，沟通长江和淮河，至今2500年。秦统一六国，开始全国的通航水运大连通，这是中国大运河第一次修建高潮。秦汉四百年运河的目的地是长安和洛阳，运河把经济繁荣的江南地区（南端是杭州）与首都连接起来。

中国大运河始终朝着首都修建

一 大运河第一次建设高潮（秦汉）：修建东西大运河

秦汉首都（政治中心）在关中长安（今西安），粮食物资生产主要在

---

* 北京学研究基地开放课题《北京运河》（BJXJD - KT2017 - YB01）研究成果。
** 蔡蕃，中国水利史研究会常务理事、高级工程师，主要研究水利史。

关东江淮安及沿海地区。因此首要任务是将各地区已经修建的运河连通起来。从杭州至长江的运河在先秦已经修建。① 过长江入邗沟通淮安，再向西由泗水、汴渠，再通到黄河，溯黄河西上潼关，然后再沿人工开凿的漕渠到达长安。这条自西向东连接起来的二千多公里的大运河被称作"东西大运河"②。班固《西京赋》："（长安）东郊则有通沟大漕，溃渭洞河，泛舟山东，控引淮湖，与海通波。"描述西汉沿东西大运河从首都向东，可以通达东南到淮湖至海边。秦帝国虽然短促灭亡，而汉代继承了大运河的福祉迅速强大。东汉迁都洛阳，其中重要原因是不再经过十分艰难的黄河三门峡险滩进行漕运。

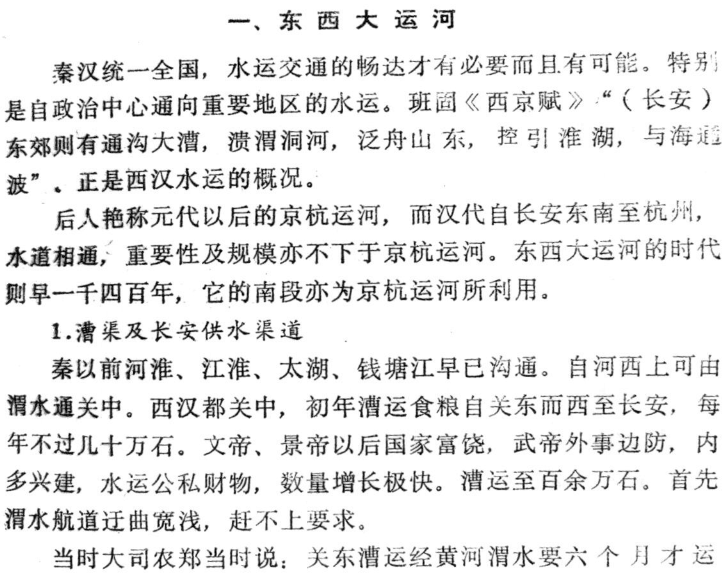

一、东西大运河

> 秦汉统一全国，水运交通的畅达才有必要而且有可能。特别是自政治中心通向重要地区的水运。班固《西京赋》"（长安）东郊则有通沟大漕，溃渭洞河，泛舟山东，控引淮湖，与海通波"。正是西汉水运的概况。
>
> 后人艳称元代以后的京杭运河，而汉代自长安东南至杭州，水道相通，重要性及规模亦不下于京杭运河。东西大运河的时代则早一千四百年，它的南段亦为京杭运河所利用。
>
> **1.漕渠及长安供水渠道**
>
> 秦以前河淮、江淮、太湖、钱塘江早已沟通。自河西上可由渭水通关中。西汉都关中，初年漕运食粮自关东而西至长安，每年不过几十万石。文帝、景帝以后国家富饶，武帝外事边防，内多兴建，水运公私财物，数量增长极快。漕运至百余万石。首先渭水航道迂曲宽浅，赶不上要求。
>
> 当时大司农郑当时说：关东漕运经黄河渭水要六个月才运

图 1 姚汉源著《中国水利史纲要》中关于"东西大运河的论述"

而后，长达三百多年的三国至南北朝国家分裂期，大运河被分割截断，各地方政权所在都市为中心修建运河网。曹操大力修建联通黄河与海河的白沟、平房渠、泉州渠等运河。以许昌、邺城、洛阳等城市为中心修

---

① 《史记·河渠书》，转引自周魁一等《二十五史河渠志注释》，中国书店1990年版。
② 参见姚汉源《中国水利史纲要》，水利电力出版社1987年版，第79页。

睢阳、利漕、成国渠等运河。孙吴都建业（今南京），利用长江、太湖外开破岗渎，治理江南运河。会稽山阴（绍兴）人贺循开始修建浙东运河。蜀汉利用长江水系，大力维修成都平原水网使通航。

二　大运河第二次建设高潮（隋唐）：修建南北大运河

隋统一全国，立即重修通往首都大兴城（西安）的东西大运河。隋文帝开皇四年（584年）开关中广通渠，引渭水经大兴城北，东至潼关三百余里。开皇七年（587年）在扬州开山阳渎，修复邗沟。隋炀帝迁都洛阳，大业元年（605年）开通济渠并重修邗沟。大业六年（610年）重修江南运河。以上基本是汉代"东西大运河"的重建。隋炀帝为了保卫辽东，于大业四年（608年）开永济渠到达涿郡（今北京），增加了向北的一支运河后始称"南北大运河"，或者"隋唐大运河"。

隋代前后动用几百万人修大运河，又战争不断，导致国运短暂，但是全力修建的大运河成为留给唐帝国的厚礼，为唐王朝近三百年强盛奠定基础。唐人皮日休在《汴河铭》中说得准确："在隋之民不胜其害也，在唐之民不胜其利也"。他还在《汴河怀古》诗写道："尽道隋亡为此河，至今千里赖通波。若无水殿龙舟事，共禹论功不较多。"

唐代对通往首都长安的"东西大运河"治理十分重视，多次治理黄河三门峡险滩。每年江淮财赋和400万—600万石的漕粮运输均仰仗于此。隋唐数次伐辽，通过永济渠运输军队和战争物资。从首都向北通过"南北大运河"控制辽东，维护国家的统一。

北宋都东京（开封），对运河建设十分重视。《清明上河图》反映出东京的繁华。北宋每年漕运量达700万—800万石入京。还有1700万斤薪柴、炭100万秤（每秤100斤）入京。这一时期的运渠数量、规模以及停泊港、码头和渠道建筑物的质量、工程技术水平、管理维修制度、航运的繁盛等各方面均超过前代。宋代运河工程上有许多创新和发明，许多技术领先世界水平。

南宋都临安（杭州），主要利用江南运河、浙东运河和淮扬运河。浙东运河从杭州到明州（宁波），开发历史悠久，唐宋使用到达高峰，成为海上丝绸之路的重要运河。这一时期的运河工程技术水平、管理维修制度、航运的繁盛等各方面均超过前代。宋代运河工程上有许多创新和发明，许多技术领先世界水平。

图 2 隋代南北大运河路线示意图

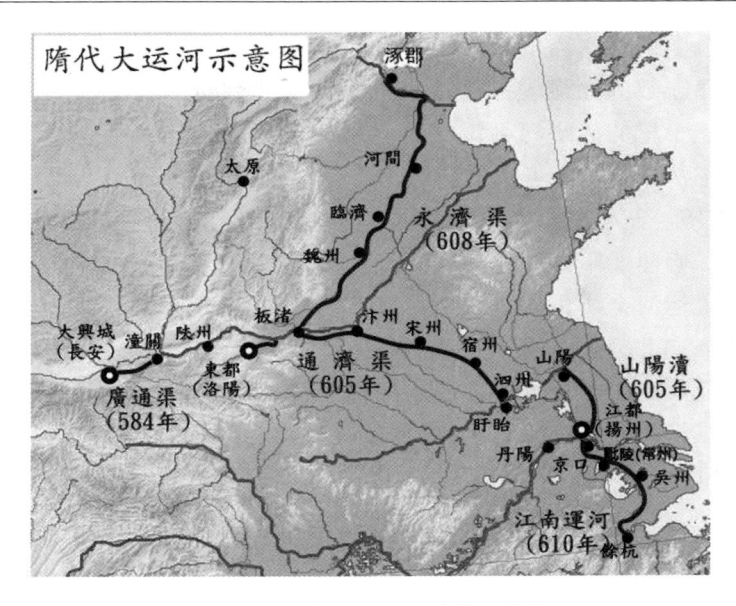

金代对卫河和山东运河都有修建，而对中都至通州潞水之间运河的修建最为重视，前后修建了漕渠、金口河、闸河；但是总的说来运河并不通畅。金为了加强对运河管理，泰和六年（1206年）规定"凡漕河所经之地，州府官衔内皆带'提控漕河事'，县官则带'管勾漕河事'，俾催检纲运，营护堤岸。"[①] 这就是今天所说的河长制。

"黄河百害，惟富宁夏。"西夏利用秦汉以来开发的黄河灌溉，成为北方重要粮食生产基地，辽、金、元初都曾经仰仗于此。因此沿黄河的漕运成为重要方式。

三 大运河建设第三次高潮（元明清）：修建京杭大运河

元代统一全国建都大都（北京），政治中心第一次移到北方，因此首要任务是修建沟通经济重心所在的两湖和江浙地区的大运河。当时隋唐运河迂回曲折，而且由于战乱失修，难以利用。当时最困难的是大都到通州和淮扬运河以北山东御河以南到汶、泗河两段必须开凿新运河。至元十二年（1275年），丞相伯颜立即派郭守敬调查汶、泗、御河相邻地区水系情

---

① 据《金史·河渠志》，引自周魁一等《二十五史河渠志注释》，中国书店1990年版。

况，并且绘图上报朝廷，为修建大都至杭州的运河做准备。

经过郭守敬的勘测规划，首先于至元二十年（1283年）完成济州至安山一百三十里的济州河开凿工程；接着于至元二十六年（1289年）完成安山至临清二百六十五里的会通河开凿。这样完成了山东运河建设，修建船闸31座。至元三十年（1293年）在郭守敬亲自设计、主持下成功开凿通惠河，修建船闸24座，完成最艰难的山东运河和通州至大都段运河，至此京杭大运河全线贯通。

元代京杭大运河一般分为七段：北起依次是通惠河、白河（北运河）、御河（南运河）、会通河（含泗水运道）、黄河运道（河漕）、淮扬运河、江南运河。另外还有杭州至宁波的浙东运河。由于山东运河水源没有解决好，每年通过能力只有30万石。元代漕运主要依靠海运到直沽（今天津），然后沿白河（北运河）、通惠河等水道进入大都。

明永乐帝执政后就准备迁都北京，着手重修中断几十年的京杭大运河。主要在制高点修建了戴村坝，解决会通河北部缺水问题。大修通惠河，起点改在东便门，终点在通州城北。

重修会通河。永乐九年（1411年）宋礼听从白英老人建议，在制高点修建了戴村坝，分水南北入会通运河，解决会通河北部缺水问题。同时引用周围泉水，增加运河上闸坝控制水流，以利行舟。

重建通惠河。明初由于无法引用白浮泉水，宣德七年（1432年）皇城东墙移到运河东岸[①]，从此漕船无法进入积水潭，通惠河起点改在东便门外大通桥下，因此明代以后又称大通河。由于运河水源困难，嘉靖七年（1528年）吴仲大修通惠河，重建运河上闸坝，河道上只使用五座闸，在通州新建土、石二坝为漕运码头。运河主要航道逐渐改在通州城北与北运河连接。通惠河河道缩短至50里左右。

从借黄济运到避黄行运。自元代新建京杭大运河时就利用了360里黄河，称作"借黄济运"。但是在黄河行船有多处险滩，经常出事故。为此，从明嘉靖四十五年（1566年）工部尚书朱衡开南阳新河起，开始了"避黄行运"工程。万历三十一年（1603年）李化龙大力开泇运河，最后清康熙二十七年（1688年）靳辅开通中河，经历了120多年的努力京杭大运河才完全脱离黄河，只剩下清口一处与黄河相交叉。

---

① （清）于敏中等纂：《日下旧闻考》卷33，北京古籍出版社1983年版。

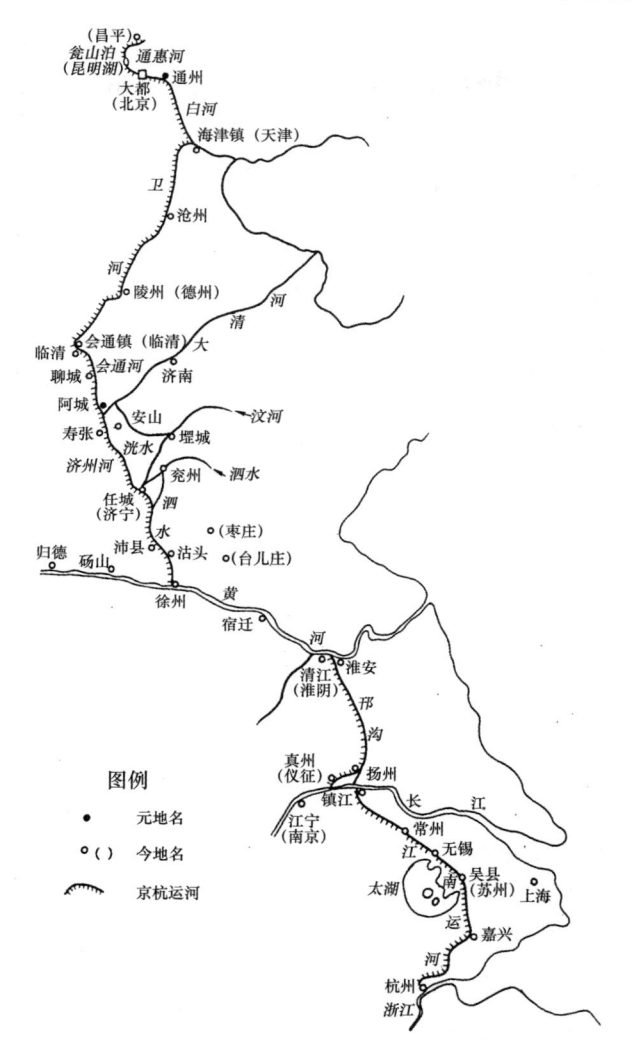

图 3　元代京杭大运河路线示意图（作者手绘）

清代京杭大运河受黄河泛滥影响日益严重，运河矛盾最集中地方在黄河、淮河、运河交汇的清口，严重影响京杭大运河的畅通，运河日益衰落。京杭大运河其他段治理难题是：北运河与通惠河衔接处依然需要人工倒载，水源缺少时还需要陆运补充；山东运河水源完全依靠附近的泉水，经常患不足。到咸丰五年（1855年），黄河在铜瓦厢决口，改道由张秋穿运河入海（即今天的黄河），运河被截断。光绪二十七年（1901年），漕粮改收现银，漕运停止，三年后正式裁撤漕运总督，京杭大运河漕运废止，自秦王朝以来中国大运河二千多年的漕运历史拉下帷幕。但是济宁以南一千公里的京杭大运河依然在通航，发挥着重要作用。

民国时对京杭大运河的全线勘测与规划。1935年以汪胡桢负责的京杭大运河全线勘察设计后完成了《整理运河工程计划》报告书，是中国大运河历史上第一次以科学的手段进行的实地考察，获得了十分珍贵的第一手资料，可惜只停留在纸上。

纵观中国大运河发展历史，如唐《元和郡县志》所说："公家运漕，私行商旅，轴舻相继。"同时也能十分清楚地看到，大运河始终是朝着首都修建的，大运河是国家统一的保障线，是国家经济交流的大动脉，大运河是文化融合的主纽带。

辽以前幽州的运河

一 隋以前幽州引水与漕运

东汉时幽州刺史部上谷、渔阳、广阳诸郡，都是北方边防重地。当时（大约公元33—59年）大将王霸："数上书言宜与匈奴结和亲。又陈委输可从温水漕，以省陆转输之劳，事皆施行。"[①]

三国魏（250年）刘靖开车箱渠引永定河水灌溉农田。据《水经·鲍丘水注》记载，征北将军刘靖镇守蓟城（今北京城西南）时，他"登梁山以观源流，相漯水（今永定河）以度形势……乃使帐下督丁鸿军士千人，以嘉平二年（250年）立遏于水，导高梁河，造戾陵遏，开车箱渠"。"水流乘车箱渠，自蓟西北迳昌平，东尽渔阳潞县，凡所润含四五百里，所灌田万有余顷。"[②] "遏"就是堰。当时引用永定河水灌溉范围很大，号称万顷，"含润四五百里"，应当包括蓟城西北、东北至东南都在灌溉网内，那么今日北京城市都在其范围内。这是北京历史上最早的永定河引水工程，也是历代永定河引水的渠首所在地。

在戾陵堰已毁废二百余年，到北魏神龟二年（519年），幽州刺史裴延俊重加修复。裴延俊"相度水形，随力分督，未几而就。当溉田万余

---

① 《汉书·王霸传》。
② 据永乐大典本。

亩，为利十倍，百姓至今（指北齐时）赖之。"①

唐永徽时（650—655年）检校幽州都督裴行方，曾经"引卢沟水，广开稻田数千顷，百姓赖以丰给"。②裴行方所引卢沟水，应是对戾陵堰永定河引水工程的修复，下游也应修复了北齐时的灌溉渠道。

二 隋、唐永济渠将北京与全国连接起来

隋炀帝准备伐辽东，于大业四年（608年），"诏发河北诸郡男女百万开永济渠，引沁水南达于河，北通涿郡"③。大业七年（611年）隋炀帝自江都乘龙舟，经通济渠，过黄河入永济渠，到涿郡。当年"七月，发江淮以南民夫及船运黎阳（今浚县东北）及洛口诸仓米至涿郡，舳舻相次千余里"。永济渠长两千里，唐代时期仍然是通往河北主要运道。永济渠进入涿郡蓟城（今北京西南）的具体路线，由于《元和郡县图志》中幽州部分记载的阙如，引出不同观点。根据蓟城当时附近河流走向和相关文献，还是可以确定其比较合理的线路。大体上利用桑干河（永定河）一支，由今天津西至信安镇，转西北经永清县城西、安次县（唐代县在今旧州镇），

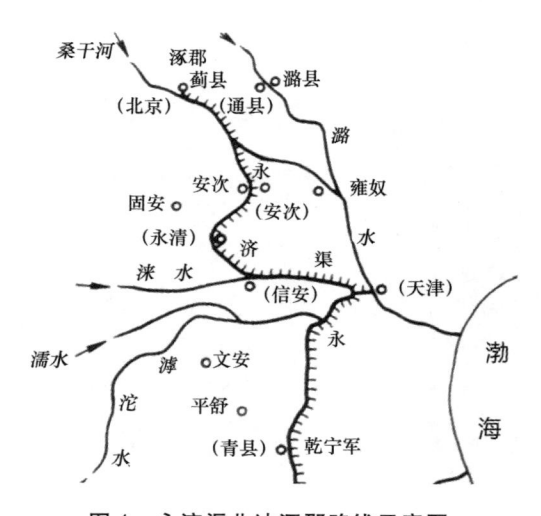

图4 永济渠北达涿郡路线示意图

---

① 据《中国水利史稿》上册，水利电力出版社1979年版。
② 据《册府元龟》卷497。
③ 《隋书·炀帝纪上》卷3。

更北利用一段桑干河北支（又称清泉河），至蓟城东南。按蓟城周围水道看，当时很可能利用了洗马沟水。洗马沟即今莲花池河，发源于蓟城西的大湖，今莲花池前身。而当时距蓟城比较远的东南方向"高梁河"下游，处于宽浅散漫且缺少上源状况，难以用来行船。记载到今天津附近是向西行走，再向东北方向困难较多，况且这些河流的北端距离中都城还有五六十里，直到金代这段水路还要走十来天。

三 辽金时期运河初步开发

辽在燕京设立南京析津府（今北京市），负责处置汉、渤海等各民族事务。《辽史》记载：统和十二年（994年）春，由于潞阳镇（今潞县镇）水灾，"诏修旧渠"。"旧渠"，可能是永济渠旧道。此外《辽史》还记载太平九年（1029年）有开运河漕运辽东的议论，并没有实行。

过了五百年明代文献才有"萧太后运粮河"出现，如明蒋一葵《长安客话》说：香河县，辽置，"境内有大龙湾、小龙湾二水，夏秋始合流，经宝坻界入海。相传辽时海运故道"。没有看到辽金元时期确切文献记载。而现在地图上标记的"萧太后运粮河"或"萧太后河"，应该是元末开凿金口新河的孑遗。

图5 张家湾通运桥及老城（传说的萧太后河）（1987年航拍）

金贞元元年（1153年），迁都燕京，改名中都。首先要把华北各地的粮食运到都城，实行春秋两季的漕运。据记载当时可以漕运的河道很多，"皆会于信安海壖，溯流而至通州"。① 信安海壖，即今天津附近海岸，通过潞水（后来的北运河）逆流而上至通州。这时对潞水进行了整治，基本上还是利用天然河道通航。当各地粮食运抵通州后，距离中都城还有五十余里，需要修建运河运输。金代前后三次大规模开凿中都至通州运河。

《金史·河渠志》记载："金都于燕，东去潞水五十里，故为闸以节高良、白莲潭诸水，以通山东、河北之粟。"白莲潭位于中都城东北郊，其南端被围在北宫之内，称太液池，其北部水域（即元代的积水潭）可以灌溉、供应运河用水和停泊船只。

1. 金中都至通州北线运河——金漕渠

记载中，金代修建的运河最早时间是大定四年（1164年）十月。金世宗去密云，走到近郊（中都城东北方向），看见一条湮塞的运河，他询问原因，大臣答复是户部不肯经营筹划，时间长了以致如此。世宗责备户部侍郎曹望之说："有河不加浚，使百姓陆运劳甚，罪在汝等。宜悉力使漕渠通也！"② 金世宗看到的是，因长期失于治理而淤塞的旧漕运河道，只能是从白莲潭直接向东引出至通州的水道旧漕运。第二年（1165年）春天，命令官府闲杂人员，及五百里内军夫进行疏浚，这就是金漕渠。它是由白莲潭北出口至通州的运河。可是因白莲潭水量不足及河道过陡，不久运河便淤塞不通。这是明确记载通州至北京运河的路线，大体是元代坝河的路线。

2. 金永定河通漕运工程——金口河

金大定五年（1165年）修复的"漕渠"水源依靠白莲潭，水量有限，估计运行不太通畅，无法满足漕运需要，通州至中都漕运仍然十分紧迫。因此几年后有人提出利用卢沟水（今永定河）通漕运的建议。大定十年（1170年）。朝廷议定开卢沟水，通京师漕运。世宗皇帝高兴地说："如此，则诸路之物可经达京师，利孰大焉。"并且命令赶紧进行工程设计，可以使用"千里内民夫"，其中受灾地区"上命免被灾之地，以百官从人助役。"不久，世宗皇帝指示大臣"山东岁饥，工役则妨农作，能无怨乎。

---

① 《金史·河渠志》，引自周魁一等《二十五史河渠志注释》，中国书店1990年版。
② 《金史·河渠志》，引自周魁一等《二十五史河渠志注释》，中国书店1990年版。

开河本欲利民，而反取怨，不可。其姑罢之。"工程暂时停了下来。第二年（1171年）十二月，大臣又上奏要求开工，并且说："自金口疏导至京城北入壕（护城河），而东至通州之北入潞水。计工可八十日。"十二年（1172年）三月世宗皇帝派人复查，报告说用工五十日就可以了。① 世宗皇帝召见大臣们训斥说，多出的30天白白耽误农活又浪费工日，你们也太欠考虑了。工程终于开工。金口河在永定河上的取水口在石景山麓的金口（今地形缺口处，三国时车箱渠曾在此引水），下游过中都北城壕，再向东至通州北入潞水。这是通州至北京的第二条线路。可惜，运河完工后因"地势高峻，水性浑浊……不能胜舟"② 而失败。后来又想办法解决困难，都没有成功，只有灌溉之利。这期间中都的粮食只得依靠陆运。大定二十一年（1181年）八月，因为"京城储积不广，诏沿河恩、献等六州粟百万余石运至通州，辇入京师"。百万余石粮食全靠车从通州运至中都城，何等艰难。最终于大定二十七年（1187年）将金口堵塞。③

3. 金代中都至通州南线运河——天津河（闸河）

世宗时浚治的漕渠不畅通，金口河又不成功，通州至中都的粮饷只得靠陆运。堵塞金口河后13年，章宗承安五年（1200年）正月，派都水监丞田栎普查了运粮河道。5年以后，即泰和五年（1205年）正月，章宗"至霸州，以故漕河浅涩，敕尚书省发山东、河北、河东、中都、北京军夫六千，改凿之"。④ 实际运河在此前一年就开工了。关于金闸河的开凿，《金史》记载，乌古论庆寿于"泰和四年（1204年）迁本局提点。是时议开通州漕河，诏庆寿按视。漕河成，赐银一百五十两、重币十端"。⑤ 这次开河的建议人是韩玉，文献记载：他"泰和中建言开通州潞水漕渠，船运至都。升两阶"。⑥ 从开渠后可以"船运至都"的记载看，这次所开漕河，应包括通州以南的"潞水漕渠"和通州至中都的一段运渠。这次动员军夫地区包括中都在内，所改凿的重点应是中都至通州的运河，就是"金闸河"。据《金史·百官志》记载，"通济河都巡官兼建春宫地方河道"。建

---

① 《金史·河渠志》，引自周魁一等《二十五史河渠志注释》，中国书店1990年版。
② 《金史·河渠志》，引自周魁一等《二十五史河渠志注释》，中国书店1990年版。
③ 《金史·河渠志》，引自周魁一等《二十五史河渠志注释》，中国书店1990年版。
④ 《金史·本纪》。
⑤ 《金史·乌古论庆寿传》。
⑥ 《金史·韩玉传》。

春宫在今南苑附近，属大兴府。由此可见通济河是指闸河，天津河应指通州以南的漕河。

闸河水源改用白莲潭所贮之清水。引水路线，利用白莲潭东闸外的渠道，即元代通惠河自澄清闸东引过南河沿大街一段，然后南下与金口河旧道相接。闸河长50里，大约修建了5座闸，这些闸有的在1293年修通惠河时被发现。从原定五日转脚之费看，计划每日过一闸，后来因供水不足而多用了一倍时间。正如泰和八年（1208年）六月"通州史张行信言，'船自通州入闸，凡十余日方至京师，而官支五日转脚之费。'遂增给之。"① 金闸河从开通到迁都汴京（今开封），仅使用了10年左右的时间，到1214年迁都汴京漕运也停止了。但是值得指出，其兴建指导思想上，吸取了金口河失败教训，避免引用含沙量高的浑河水，并通过建闸节水来减缓坡降，克服水源不足矛盾，这确是北京地区实现通航的可行经验。元代正是借鉴了这一经验兴建了通惠河并取得巨大成功，一直使用到明清。

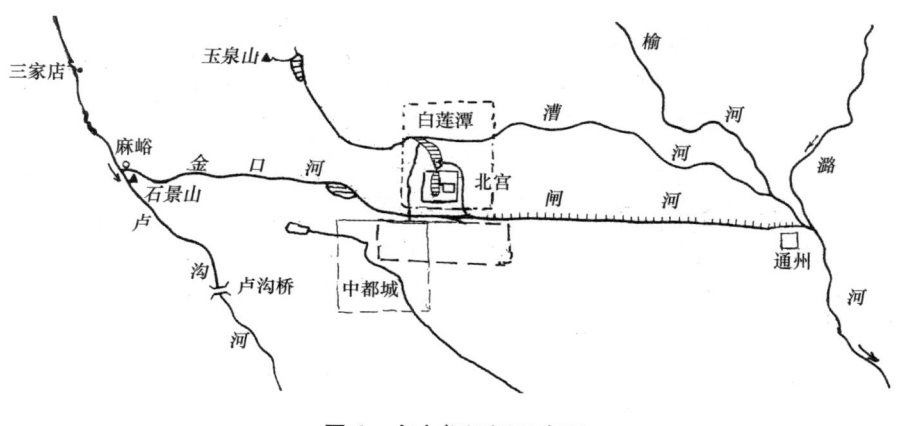

图6 金中都运河示意图

元代大都运河建设的辉煌成就

忽必烈即位后十分重视都城建设和发展漕运两件大事。在修建了大都新城同时，不遗余力地寻找城市水源和进行运河建设。按时间顺序主要修

---

① 《金史·河渠志》，引自周魁一等《二十五史河渠志注释》，中国书店1990年版。

建了三条大都通往通州的运河。

一　元代永定河引水通航工程

至元三年（1266年），都水少监郭守敬，提出重新打开金口，引导永定河水通漕运计划。① 历史上永定河引水的多次失败，除水利技术的困难之外，永定河的乖戾特性是导致工程容易失败的重要原因之一。永定河本身有三大特性，其中之一是受流域内气候特点的影响，河水流量季节变化大，夏秋常常暴涨。郭守敬针对金代失败做出科学对策，最关键的是做出最合理的三项防洪安全设计：一是上移取水口，二是增加"退水渠"，三是设置中间调节水库。金口河获得成功，保证了大都新城建筑材料供应。

首先将永定河取水口上移到金代取水口上游的麻峪村。在取水口左侧向上游筑一段导水堤，经过三四里长的引渠河水才到达进口闸。当永定河发生大洪水时，首先淹没导水堤，冲毁这段引渠，可以减少洪水流入金口威胁京城。其次，在金口闸前预先开减水口。在减水口后开挖一条"退水渠"（即溢洪道），直接进入永定河。当取水口进入超标洪水，还可以自动沿这条退水渠回流到永定河，不会进入金口，这是第二道防线。第三在引水渠中间，今玉渊潭附近设置调节水库。其功能不仅可以作为漕运码头，更重要的可以调蓄上游引进渠道的水量，以保证运河供水的均匀性。金口河下游在李二寺汇入白河。

金口河使用30年之后，大德二年（1298年）永定河发大水，大都路和都水监出于安全考虑，将金口闸下闭了闸板②，金口河完成了引水通漕运的使命。这次引永定河水通漕运虽然只成功使用30余年，但这在永定河引水史上可以说是"空前绝后"的。

郭守敬去世十几年后又有人提出开金口河。1330年行都水监郭道寿曾经建议，"金口引水过京城，至通州，其利无穷"③。当时工部官员和河道提举司（都水监下设）、大都路及有关部门负责人、资深人士一起商议，详细论述不可行的原因，否定了郭道寿的建议。至正二年（1342年）正月，朝廷上又发生关于是否开新河激烈争论。新上任的右丞相脱脱主张大规模开挖金

---

① 《元史·世祖本纪》："至元三年十二月丁亥，凿金口，导卢沟水，以漕西山木石。"今石景山还发现至元三年刻石遗迹。
② 《元史·河渠志》，引自周魁一等《二十五史河渠志注释》，中国书店1990年版。
③ 《元史·河渠志》，引自周魁一等《二十五史河渠志注释》，中国书店1990年版。

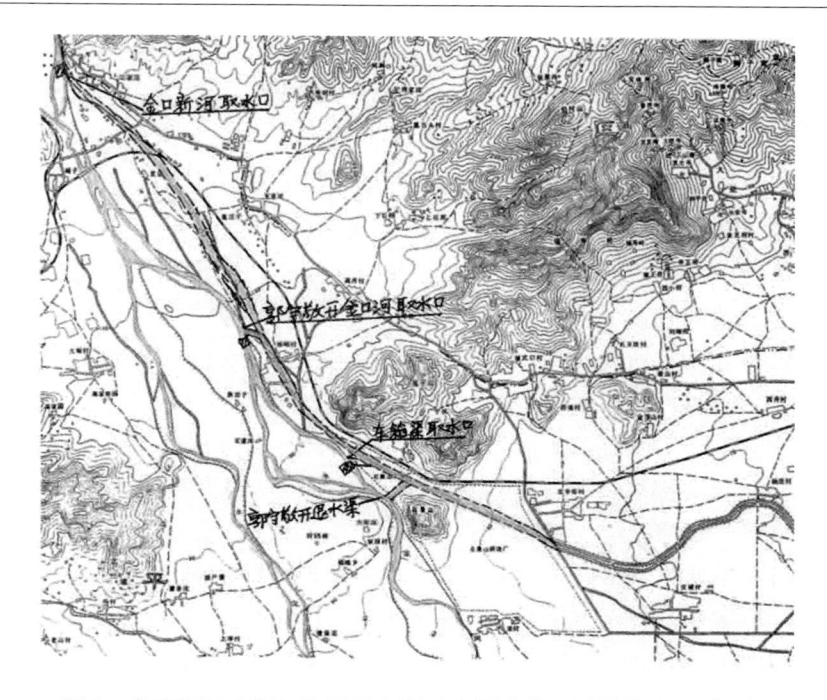

图 7　永定河引水渠口位置示意图（底图为北京测绘处 1949 年图）

口新河。他说，世祖皇帝（忽必烈）时，郭守敬曾引浑河水通漕运，"上有西山之利，下乘京畿漕运"，后来堵塞了河道。"如今有皇帝洪福里，将河依旧河身开挑呵，其利极好有。西山所出烧煤、木植、大灰等物，并递来江南诸物，海运至大都呵，好生得济有。"[1] 主张开河的人用郭守敬当年的成功为依据，况且有那么多好处。分析建议的原因，可能是当时通惠河已运行 50 年，河道问题较多，漕运受到一定影响，故而寻求开辟新运道。

当时脱脱急于立功，力排众议，最后还是决定上马。据《析津志》记载[2]，"依着圣旨"，由中书省、御史台、宣政院、工部、大都路及都水监等七个部门组成联合指挥部，都是正三品以上至从一品的朝廷要员。脱脱十分重视，征集 10 万之众。工程在"当月（二月）举行，脱脱亲自归勤，百工备举，至十月毕竣（整整建设 8 个月）。命许左丞诣金口，用夫开启所铸铜闸板二，水至所挑河道，波涨潦汹，冲崩堤岸，居民彷徨，官为失

---

[1]　（元）熊梦祥:《析津志辑佚》，北京古籍出版社 1983 年版。
[2]　（元）熊梦祥:《析津志辑佚》，北京古籍出版社 1983 年版。

措，漫注支岸，卒不可遏，势如建瓴，河道浮土壅塞，深浅停滩不一，难于舟楫。"新河竣工试放水时就惨遭失败，朝廷追究责任时把当初建议人中书参议孛罗帖木儿、都水傅佐都处死。《元史》的编写者还说"用为妄言水利者之戒"，其实这两个四品小官只是替罪羊，真正主张并执意开河者是右丞相脱脱。自此以后几百年间，再无人敢言引永定河通漕。直到1956年修建官厅水库后，才修建永定河引水渠，永定河得到彻底控制。但是，这也只是城市供水和农业灌溉工程，无法通航运。

元代成功实现永定河引水，奠定永定河作为北京城市供水的重要水源之一。

二 元代大都至通州北线运河——玉泉河、坝河以及双塔漕渠

玉泉河。中统三年（1262年）八月，郭守敬在上都见到忽必烈时，就提出"开玉泉水以通漕运"规划，"中都旧漕河东至通州，权以玉泉水引入行舟，岁可省僦车费六万缗"。建议立即得到忽必烈的赞赏和批准。[①] 于是派一个叫宁玉的人"充河道官，疏浚玉泉河渠"[②]，在疏浚玉泉后得到提升。下游是引入"中都旧漕河"，应该指"金漕渠"，这是金代北线运河的称呼。

坝河。至元十六年（1279年）因"舟运甚艰"，发动六千人用五十天时间，疏浚大都至通州水路。这是将十几年前郭守敬疏浚的漕河，改造成分段驳运制的坝河。因为此前一二年大都新开了一条金水河，分引了玉泉水供应大内使用。《元史·王思诚传》记载，这一年"开坝河，设坝夫户八千三百七十有七"。可以看出漕运规模很大。坝河，又称阜通河，河道自积水潭北部出口，沿今北护城河，出大都城光熙门，大致沿今东北郊坝河至通州城北入温榆河。坝河上共设有拦河坝七座，因此又称阜通七坝。漕粮越过最东边深沟坝，用船运至上一级王村坝下，如此逐级而上。再越过郑村坝、西阳坝、郭村坝、常庆坝，最后到达最西端光熙门附近的千斯坝，再转运至千斯仓内。这七坝与1976年新建7座拦河闸位置有明显对应关系。

双塔漕渠。元代通州至大都运河还有一条向北直达昌平附近的双塔漕渠，又叫双塔河。发源于昌平县孟村一亩泉，经过双塔村向东，至丰善村入榆河（今温榆河），就是北沙河。今双塔村、丰善村仍然存在，而且中

[①] 《元史·世祖本纪》："中统三年八月己丑，郭守敬请开玉泉水以通漕运……并从之。"

[②] （元）阎复：《静轩集》。

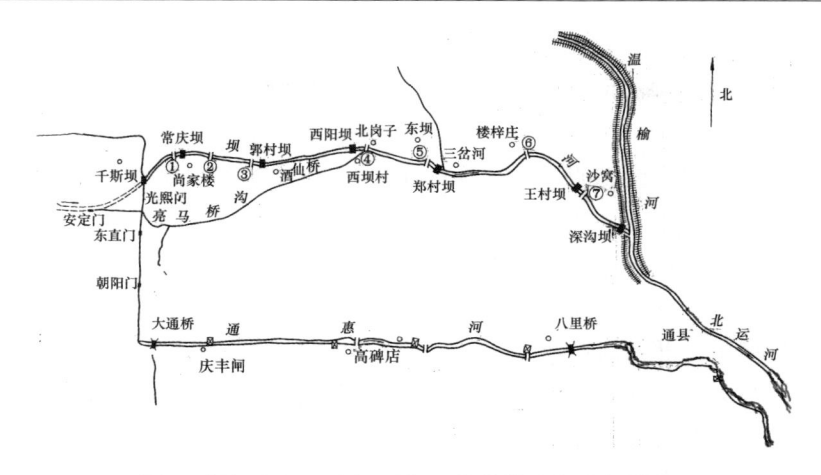

图 8　坝河七坝示意图（标示①②等为新建闸编号）

间河道两岸还有东闸村、西闸村。以两村距离推测，应该是当年修建运河时所建的两座船闸，后来河湮闸废而地名保留下来。

三　元代大都至通州中线运河——通惠河工程

北京地区修建运河有两大困难：一是缺水，二是河道坡降过大。郭守敬通过对北京地区水资源及地形详细勘查，制订了修建通惠河的计划："自昌平县白浮村开导神山泉，西南转，循山麓，与一亩泉、榆河、玉泉诸水合，自西水门入都，经积水潭为停渊，南出文明门，东过通州至高丽庄入白河。"

兴建通惠河方案重点一是修建白浮瓮山河跨流域引水工程，增加白浮泉等新水源；二是修建瓮山泊及积水潭调蓄水库，最大限度节蓄水源。在合理分配大都城市用水的同时，保证运河供水；三是通过缩减运河断面，增设闸坝建筑物实现人工控制水流，使之充分为行船服务；四是选择最佳运河路线，缩短航程，合理与北运河衔接；五是制定严格的管理制度，以保证漕运畅通。

综观元代通惠河总长度为 164 里又 104 步，是由 2 个湖泊串联 3 段河道组成。这 2 个湖即瓮山泊（西湖）和积水潭；这 3 条河的名称从上游起依次是：白浮瓮山河、长河、通惠河（这里依历史习惯把后门桥至通州的河道称通惠河）。由于元代文献记载的不一致，和明代以后通惠河自身的变化，导致从明代开始对通惠河的河道就产生了各种称呼。

最上游白浮瓮山河。《元史·河渠志》有"白浮瓮山"章节，明确指出该河是通惠河的上源。到明代这条河已全湮废，有的文献称之为"白浮堰"，有的仍称之为"高粱河"。

第二段——长河，元代也写作高粱河或御河等。这是连接两个湖泊的水道，也是大都至西湖水上交通的要道。这是利用原有河道加以疏浚，是元代通惠河中分重要一段。

第三段是从积水潭出口至李二寺入白河的通惠河，其中从澄清闸至东便门一段，由于开始是从皇城外边流过，又有御河（玉河）之名。明代将其圈入皇城中，北京城内不再通船，漕船只到东便门。以后称呼东便门至通州石坝为大通河或通惠河。下面简要叙述通惠河各段情况。

1. 白浮瓮山河引水工程

要根据大量文献记载和实地勘查相比较，大致确定出《元一统志》记载引用的白浮泉至玉泉十大泉水的位置，其中白浮泉在今白浮村北龙山北麓，至今保存完整。再根据这十个泉的位置，推测出白浮瓮山河的路线。

白浮瓮山河走向大致可分为三段：一是白浮泉至横桥村北，渠道均在今京密引水渠北岸200—300米处，高程都在海拔50米以上。二是从横桥至冷泉段，渠道在今京密引水渠东侧和北侧。这段地面高程稍低于50米，填方量较多，因而也是最易被山洪冲毁地段。三是从冷泉至瓮山泊段，渠道在今京密引水渠东侧。经推算，从白浮泉起到瓮山泊止总长约32千米。这条渠线既可多汇集泉水，又避免穿过低洼的沙河和清河河谷，保持了尽可能的高度。

在处理渠道与山溪交叉工程上，结合中国传统水利工程技术，创造性地应用在白浮引水工程中。就是专门设置了12个渠道与山溪的平面交叉的"清水口"工程。"清水口"工程是用荆笆编笼装石建成的"自溃堤"，山溪洪水过大时可将其冲毁，水过后人工很快可以抢修，比都江堰的飞沙堰修复还要容易。

2. 扩建运河水源水库——瓮山泊

瓮山泊，最晚在金代时由玉泉山的泉水"汇为巨浸"。元代将天然湖泊建设成北京历史上第一座水库——西湖（瓮山泊）。水库修筑的具体情况，从元末失于治理的瓮山泊情况看，可知瓮山泊的存在是由湖堤维系的。控制西湖水量有上下二座闸。上闸位于青龙桥下，元代为白浮瓮山河流入瓮山泊的控制闸，明初重修后成为西湖向北排洪入清河的水闸。下闸是瓮山闸，后来移到绣漪桥下。元代皇帝都有专门游西湖的"御舟"。至顺三年（1332年），文宗"泛舟于西山高梁河"①，泛舟的目的地自然是游西湖。明万历十六年（1588年），神宗游西湖，阵容庞大"经西湖，登龙舟，后妃嫔御皆从。"

3. 输水长河的建设和治理

昆明湖至紫竹院的河道（依现在称呼为长河），大约开凿于辽代。由于长河是城区通往西湖的黄金水道，在修建通惠河所建24座闸中，有6座在积水潭上游，即在长河上，用以控制水流。另外长河上还有麦钟桥、长春桥等著名桥梁。文献中记载，元明清皇帝和大臣们经常乘船经过长河到昆明湖泛舟。

4. 扩建积水潭为京杭大运河的终点码头

积水潭，元代又称作海子。《元一统志》记载："大都之中旧有积水潭，聚西北诸泉之水，流行入都城而汇于此，汪洋如海，都人因名焉。"中统三年（1262年），开玉泉水通漕运，先将玉泉水引入积水潭，再经过北支运河至通州。至元十六年（1279年）大开坝河，积水潭是坝河的最大泊船水域。到至元二十九年（1292年）开凿通惠河时，对积水潭进行全面改造和治理。积水潭承金代白莲潭北部水域，历明清演变成为今什刹三海。元代积水潭是一个大湖，面积比现什刹三海大许多。明初改筑北城墙后，将大湖西北部分隔在城外，即后来的太平湖；后来城内的大湖由于上游水源的减少，又考虑德胜门内的交通，中间以建德胜门桥将湖再分开。桥西的湖仍称积水潭，桥东的湖泊称作什刹前、后海。

5. 在通航水道的疏浚及闸坝建设

元代开通京杭大运河的北段——通惠河，并且在通航水道上修建24闸，实现"节水行舟"，可以使运河船只直接驶入大都城内。

在通航水道上共新修建闸门10处，规划每处闸门是上下两座闸，共20座。施工时，其中有2处根据地形需要增建了中闸，加上原来已有的广源闸2座，最后河道上闸门总数为11处24座。

从上游开始，在长河上设闸4座、积水潭进出口控制闸5座、大都城外至明清北京城内河道设闸4座、大通桥至八里桥河道设闸7座、八里桥至通惠河入北运河处河道上设闸4座。其路线是自积水潭东出口澄清闸流出，经过今东不压桥胡同、北河胡同，向南过南河沿大街、正义路、台基厂二条、船板胡同、北京站东南出大都城。以下是改造金闸河河道（今通

---

① 《元史·文宗五》。

惠河）一段，直至通州城南的高丽庄李二寺入白河。当年浩浩荡荡的漕船队伍在大都城内驶过的情景，十分壮观。

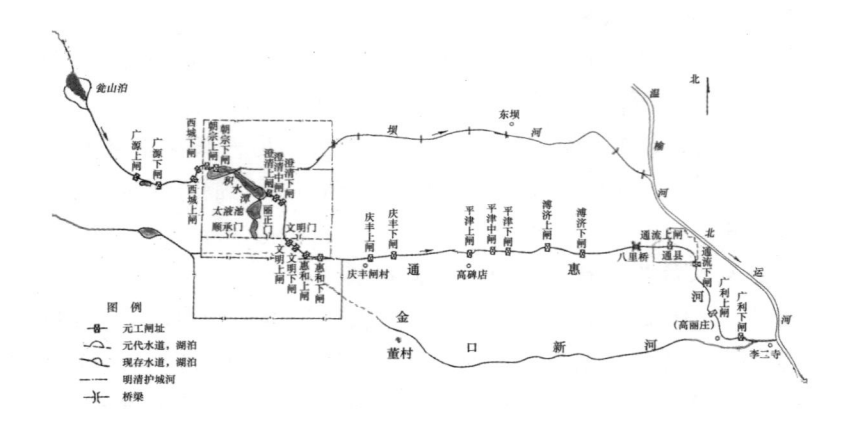

图 9　元代通惠河 24 闸位置示意图（作者绘制）

下面以积水潭出口控制闸——澄清闸为例，说明通惠河闸坝的演变。

澄清闸共 3 座，初建时名海子闸，1295 年七月改现名。据《析津志》记载："澄清闸三，有记，在都水监东南。""万宁桥在玄武池东，名澄清闸。至元中建，在海子东。至元后复用石重修。虽更名万宁，人惟以海子桥名之。"万宁桥，又称海子桥，今称地安桥，或后门桥。桥西侧是澄清闸第一座，即上闸。明清仍然不断修治。这座闸一直使用到 1953 年。2000 年在此位置上建成三孔"金锭桥"。

图 10　2018 年澄清上闸遗址

关于澄清中闸，《析津志》记载"丙寅桥，中闸，有记"。其位置在今东不压桥胡同与平安大街（元代"海子东西道路"）交差处，桥紧靠道路的北侧。2007年4月中旬—2008年5月上旬，北京市文物部门配合基建工程对万宁桥至地安门东大街之间的填埋河道进行了考古发掘。共清理出元代通惠河堤岸、明代玉河堤岸及其河道、清代玉河堤岸及其河道、东不压桥及澄清中闸遗址、两座便桥遗址、玉河庵遗址和码头遗址等。

图11　澄清中闸遗址（2008年）

关于澄清下闸，见《析津志》记载："望云桥，在后红门东，今澄清下闸。"后红门即元皇城的"厚载红门"，俗称"后门"。明代将皇城北移，称"北安门"，清代称"地安门"。望云桥在厚载红门东，大约在今北河胡同与水簸箕胡同北口交差的石桥处。2014年发掘出澄清下闸和桥的准确位置。

需要说明的是，设计时这里只有两座闸，根据地形变化大，施工中改为三座。这是元代京杭大运河进入终点码头积水潭最后一千米上所修建的复闸，这也是现在京杭大运河唯一能够看见的复闸，是中国大运河十分珍贵的遗产。

图 12　澄清下闸遗址（2014 年）

四　元代流入皇城的金水河

《元史·地理志》记载："金水河源出玉泉山，流入皇城，故名金水。"并用专门措施确保供水的清洁。笔者根据历史资料分析与实地考察，认为元代供皇城用水的金水河总共有三条：一是从玉泉山引出的河道，二是从积水潭西侧引出被称为"西河"的河道，三是从积水潭南侧直接引入皇城的河道。

1. 从玉泉引出的金水河

《元史·河渠志》记载："金水河其源出宛平县玉泉山，流至和义门南水门入京城，故得金水河名"。十分明确，这是元代从玉泉山下引出的金水河。元代人记载："（玉）泉极甘酣，供奉御用。"泉水出流量不小，当时燕京八景之一就有"玉泉垂虹"。这条金水河进城后的路线，经考证与传统说法有较大的分歧。

金水河入城后，经前半壁街、柳巷胡同，在柳巷胡同东口处通过"跨河跳槽"，在"西河"之上向东行。然后向东南，过今北帽和大帽胡同（都是斜街），可能从当时的普庆寺（宝禅寺，位于今宝产胡同路北）之北流过。以下路线查看元代崇国寺资料，其规模宏大，还有几亩葡萄园，到明代依然存在。明《帝京景物略》一书卷一"崇国寺"条目下，录有袁宏道（1568—1610）诗《崇国寺葡萄园同黄平倩诸君剧饮》；以及袁宗道（1560—1600）诗《夏日黄平倩邀饮葡萄林》："数亩葡萄林，浓条青若若。……对泉坐良久，客衣增尚薄。依岸排绳床，禅玄入诙谑。"这里提到的河岸的确是有一条河流过。再看《析津志》有"无名桥，葡萄园金水河一"的记载，证明从崇国寺流过的确是金水河，而且正是前面所说经过"跨河跳槽"向东流的那条河。

跃过"西河"之后金水河道向东南，查看清末至民国年间地图，应该过今北帽和大帽胡同（都是斜街），从当时的普庆寺（宝禅寺北，位于今宝产胡同路北）流过。然后穿过今新街口大街，过崇国寺南门桥（依地理位置推测河道应该在寺南部），穿过东枪厂大坑（原来应该是水洼，后来形成不规则的胡同），再过厂桥（皇城北垣的兴圣宫北门前，对着后来的德内大街），流到"海子南岸东西道路"的南侧。这段水道应该是元代新开挖的。从地形和路线看，这条河道比较顺畅。过去认为金水河先向南绕沿赵登禹路向南流，再向北绕一个大弯入皇城，在水量供应、环境保护和河水高程上都有问题。一是难以保持从几十里外引玉泉水进城时的高程；二是一路上修建了"跨河跳槽"以保持清洁，而进城后又多流几千米，很容易受到污染；三是金水河从玉泉引出的水量原本只有总出水的一半，根本无法满足太液池两岸三四处用水分流支引。反观之，这条金水河最重要的目的是要供应琼华岛和宫城内用的最清洁的水源，因此必须处于优先的地位，以最短的河道实现引水。从这两点上看应该选择最短的路线才合理。

进入皇城的金水河，一直在东岸较高位置上南行，大约沿濠濮涧（公园东墙内今有水道，墙外称北海北夹道、北海中夹道），至北海东门附近，分出一支向西转从陡山桥位置过桥，供琼华岛、万岁山用水。这里是皇城内最重要的宫殿区，应该有金水河供应清洁的水。

2. 从积水潭西岸引出的金水河

从金代起，就存在白莲潭西岸分支的河道，主要是连通到中都北城濠，转运金漕河从通州运输来的粮食。这条河道最早应是白莲潭西部灌溉渠道，元代称之为"西河"。现存国家图书馆一张清初的北京地图，清晰绘出积水潭西侧有一条河，沿板桥头条、东新开胡同汇入西直门内大街洪桥下，沿今赵登禹路向南流。表明最晚清初积水潭西支河道还存在，也说明在元代这条河不应该堵塞不用。元代西河的引水量比较多，可以供应皇城太液池西岸兴圣宫和隆福宫用水。而且这两个宫殿使用后的余水流入太液池，成为太液池的主要水源。

3. 从积水潭南岸引出的金水河

《析津志》记载"厚载门，松林之东北，柳巷御道之南。有熟地八顷，内有田。……每岁,上亲率近侍躬耕半箭许,若籍田例。……海子水逶迤曲折而入,洋溢分派,沿演渟注贯,通乎苑内,真灵泉也。"这条"海子水逶迤曲折而入"的渠道,正是从积水潭南岸支引的金水河。厚载门是宫城北门,与皇城(又称萧墙)之间是御苑,在这里开辟了八顷熟地,其东边还有一座水碾,每天可碾十五石米。皇帝在这里按籍田的规矩"躬耕",表示对农业的重视。这条金水河也有防火的功能。

五 元代通州地区是北方运河交汇中心

通州唐为潞县,金天德三年(1151年)改称通州。大定十年(1170年)金世宗开凿金口河,是"东至通州之北入潞水"。与潞河衔接地点在今通州城北。泰和五年(1205年)开凿"金闸河",与潞河衔接地点仍然在通州城北。

元代记载:"通州,唐为潞县。金改通州,取漕运通济之义,有丰备、通济、太仓以供京师。"所谓"漕运通济",说明通州漕运转运京师的功能十分重要。而元代大都开凿的运河都要在通州与北运河衔接。

元坝河和双塔河,都在通州北汇入白河。《元史》记载:"今丈量,自深沟榆河上湾,至吴家庄龙王庙前白河,西南至坝河八百步。"可以确定坝河距离通州城北只有几百步,为此在附近修建了乐岁等五座粮仓。

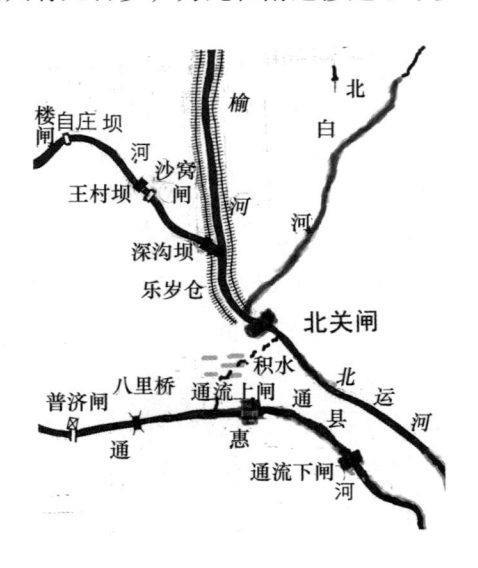

图13 坝河与北运河衔接情况示意图

而元代建通惠河时，在城北水道上修筑了一座"堰水小坝"，堵塞了金代通州城北的水道，改向东南至高丽庄（李二寺）入白河。其主要目的是要实现漕船的直航。《元史》记载，如果通惠河汛期水大时，洪水仍然可以从这座"堰水小坝"溢流而过，直接泄入北运河。这样就形成了"通州城北通惠河积水"。

到了明代正统十四年（1449年），为了保护通州旧城外西边的粮仓，在旧城西扩建了新城。嘉靖年间吴仲大修通惠河时在元代"废土坝基"的基础上，改建成石坝，形成"五闸二坝"。

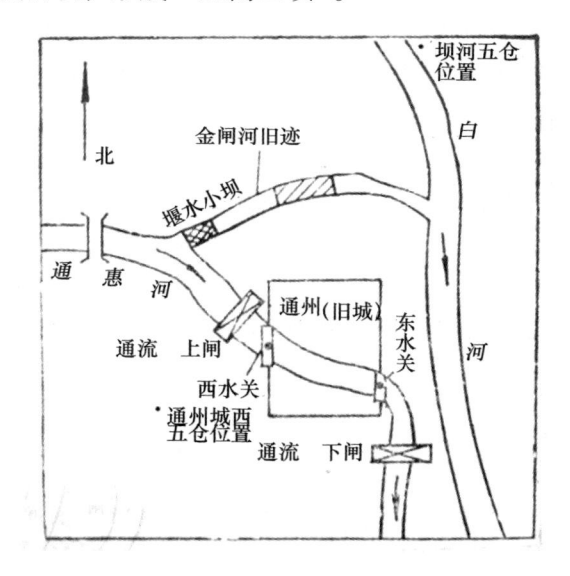

图14　元代通惠河与通州位置示意图

为了实现漕船由北运河直航入京城，解决两条河流的落差，在通州城南到李二寺之间修建了三座闸（即通流下闸、广利上闸、广利下闸），漕船就可以从李二寺河口，直接行驶，也节省了时间，提高了运河的效率。这样也缩短了高丽庄（李二寺）到大都的总航程。从文献上可以知道，元代白河李二寺至通州城的距离是30余里，而沿通惠河李二寺至通州只有20里，缩短了三分之一。到清代嘉庆年间北运河变化，在1801年九月邹炳泰绘制的《运河全图》中可以清楚看出这一变化。

此外，元初郭守敬开金口河及元末至正二年（1342年）丞相脱脱等所开金口河，也是在李二寺入白河。据《析津志》记载，金口新河自丽正门外的河道路线是,"东南至董村、高丽庄、李二寺运粮河口相合"。应该是当时借用了通惠河入白河的河口。

元代京杭大运河进入大都城先后修建了三条运河。

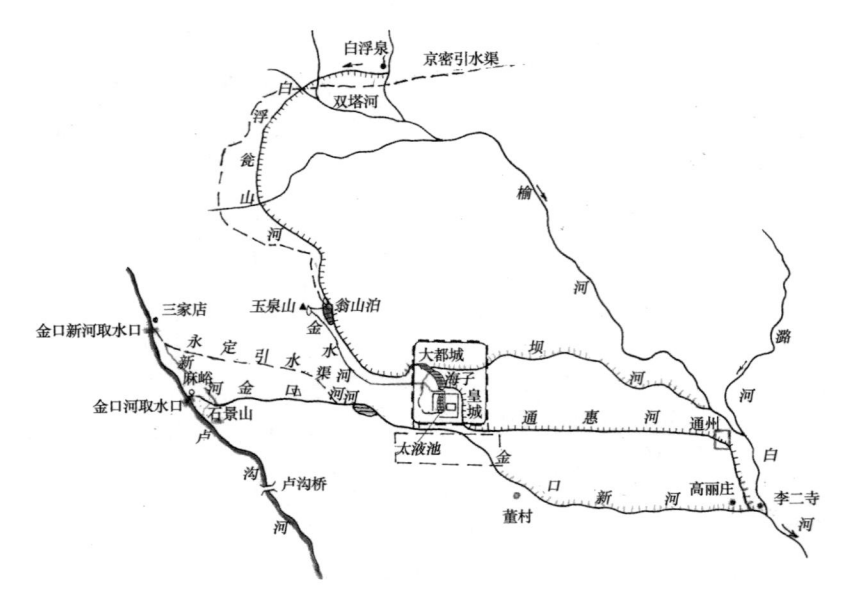

图15　元代京杭大运河进入大都的三条路线示意图

明清北京地区运河的建设与改造

明初,由于白浮泉断流,北京水源又恢复的只有依靠玉泉山泉水状况,给北京大运河带来巨大困难。因而,从明代中期运河也必须随之做出重大调整,直到清朝末期大运河停止漕运。

一　明初通惠河北京城内断航与吴仲对通惠河的改造——五闸二坝的形成

元至正二十八年（1368年）元朝灭亡,明朝建都南京,北京的漕运停止。朱棣继位准备迁都北京。永乐十五年（1417年）,朝廷决定重新治理通惠河,曾经派人到昌平县考察。作为通惠河上游的白浮瓮山河,土筑的河堤及荆笆编制的水口工程,近五十年失于治理而荒废殆尽。并且因"元人引昌平东南山白浮泉水往西逆流,经祖宗山陵,恐于地理不宜。及一亩泉水经过白羊口山沟，雨水冲截，俱难导引。"只能"独引西湖一泉"供应通惠河，从此水源困难。

永乐十七年（1419年），建北京内城，将大都城墙向南推移了二里，原在大都南面的文明、惠和二闸被包入城内。宣德七年（1432年）六月，宣宗以东安门外缘河百姓居住靠近黄墙，喧嚣之声响彻于大内，命令行工部改筑东皇城墙于河东，将南北河沿大街一段通惠河完全包入皇城。从此什刹海以下城内河道已不能行船。正统三年（1438年）五月大通桥闸建成，标志着明代通惠河新起点的开始，以后通惠河也因此称作大通河。

嘉靖初年，督漕官吏为运输修建北京宫殿的超大木材，再次建议大规模治理通惠河。嘉靖六年（1527年）巡按直隶监察御史吴仲，经考察确定了筑新坝、修旧闸、浚河道，实行分五段搬运的方案。工程于嘉靖七年（1528年）五月底完成。当年漕运获得成功，吴仲又提出管理上的改进方法，使通惠河安全运行了近六十年，使用时间与元代相同。

通过这次重修后通惠河漕运格局已成定式，至清不变，驳运与陆运并行（水陆并进）。隆庆元年（1567年），北京城河闸坝工程定下三年一修的制度，一直执行到清末。

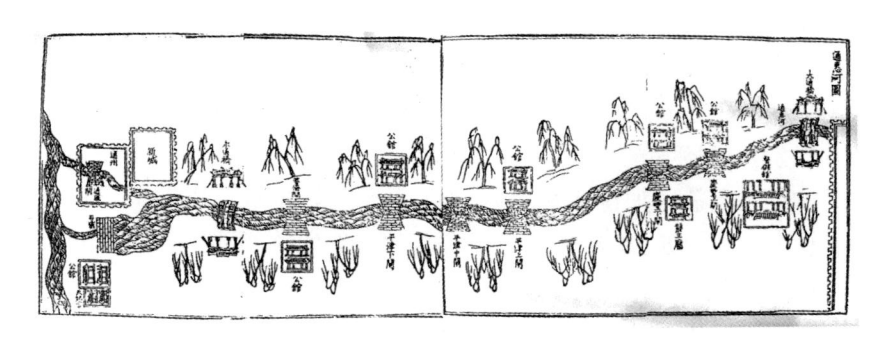

图16　明代通惠河图（摘自《通惠河志》，图中上南下北）

二　清代对通惠河的治理

清顺治十四年（1657年），给事中雷一龙请修石坝及里河五闸堤工，开始修治明末破败的通惠河。康熙三十五年（1696年）全面整治通惠河，疏浚通州至京城五闸河道，加筑堤岸等。为解漕船停泊问题，翌年还全面疏浚了城东的护城河，引大通桥运船达朝阳门、东直门，以更靠近京城东部漕仓，减少陆运距离，节省了可观的运费。这段河道乾隆年间还多次修治，改岁修为集中大修办法，得到批准执行。道光二十九年（1849年）大修通惠河，有工部竣工上报朝廷的黄本奏折和竣工图纸，可以清楚地了解当年大修所有工程量。

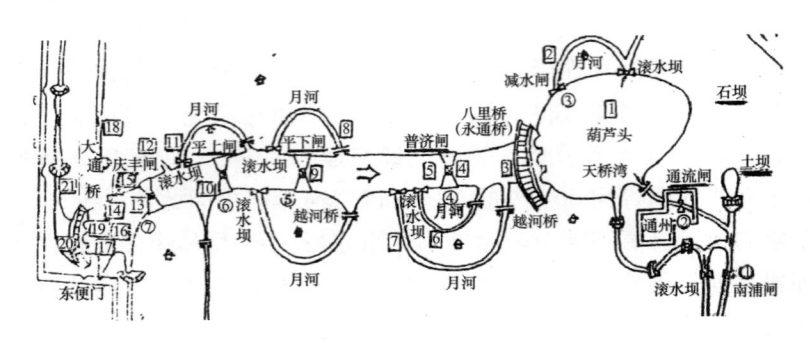

图17 清道光二十九年（1849年）通惠河岁修竣工图（临摹）[1]

由于通惠河水源只有玉泉山一处，乾隆年间进行了大规模昆明湖扩湖工程。工程于乾隆十五年（1750年）初已完工。这次扩湖工程及其效果显著。新湖的形成是将原来的堤防移至今知春亭以东，留下龙王庙孤岛，建十七孔桥相连，南移响水闸于新湖南端绣漪桥下。新湖周岸达三十余里，面积是原来的两三倍以上，扩大了湖水面积和容量，并系统修建力量闸、坝、涵洞，保证了运河用水，同时对北京城市的防洪、灌溉、园林用水等方面发挥了巨大的作用。

三年后，为了增加昆明湖的水源，进行了引导西山泉水至玉泉山的工程。引水上源有两处："其一出于十方普觉寺旁之水源头，一出于碧云寺内石泉，皆凿石为槽，以通水道。"[2] 水源头，即樱桃沟之水源，很早便得到开发，这次用石槽引导至广润庙前分水龙王庙（遗址在今万安公墓站前）。碧云寺泉水有二处：一是寺左水泉院之水，一是寺右之泉。二泉合流，大约沿148米等高线流入香山见心斋，再南流为月河与双清之泉下流合为静翠湖，出香山园墙，利用石槽东等到地广润庙内方池。这二条水道至四王府广润庙汇合后，再东行土墙上经普通、香露、妙喜诸寺，然后入静明园。

---

[1] 原图名《清道光二十九年通惠河南北两岸岁修各工图说》，彩绘，带贴黄用方框内数码表示，国图善本部。

[2] （清）于敏中等纂：《日下旧闻考》，北京古籍出版社1982年版。

元代起，北京修建许多粮仓，贮存运河的皇粮。元中统年间修建的千斯仓应该是修复金代的旧仓。到至元十六年（1279 年）大规模开坝河以前，大都已经建有 9 座粮仓，开坝河后又修建了 6 座，共计 15 座。修建通惠河后又陆续兴建漕仓 7 座，京仓总数达 22 座。通州粮仓达 13 座。明清在北京城内东部在元代基础上修建的粮仓，至今还有几座比较完整地保留下来，如南门仓。通州的粮仓被陆续拆掉，只有大运西仓墙的遗址可见。

图 18　今日保存的南门仓建筑（2013 年）

三　通惠河上游水源治理

康熙初年开始治理什刹海上游玉泉山及水道。据《大清一统志》记载，康熙七年（1668 年）浚玉泉山一带的河道，增修高梁桥、白石桥诸闸坝。康熙十二年（1673 年）浚治玉泉山河道。二十二年（1683 年）在北长河上建玉泉新闸，此闸现保存完好。二十九年（1690 年）又建玉泉山石闸一座，并疏浚了河道。这些工程首先增加了通惠河源。

乾隆年间扩大昆明湖工程。乾隆十四年（1749 年）冬至翌年春，进行规模浩大的昆明湖扩湖工程。扩后"新湖之廓与深两倍于旧"，且"为闸，为坝、为涵洞"，使湖水完全得到控制。昆明湖扩湖工程始于乾隆十四年（1749 年）冬，至十五年初已完工。乾隆十五年御制《西海名之曰昆明湖而纪以诗》，"西海受水地，岁久颇泥淤。疏浚命将作，内帑出余储。乘冬农务暇，受值利贫夫。葳事未两月，居然肖具区。……师古有前闻，赐命昆明湖。"据《清高宗实录》赐名时间为三月十三日："谕，瓮山著称万寿山，金海（西湖）著称昆明湖，应通行晓谕中外"，从"葳事未两月"推算，当完工于十五年一月。

乾隆年间香山双清泉及卧佛寺水源头引水工程。《日下旧闻考》记载得很详细："其一出于十方普觉寺旁之水源头，一出于碧云寺内石泉，皆凿石为槽，以通水道"。水源头，即樱桃沟之水源，很早便得到开发，现在山下立了块石碑。明代已通过水槽引至卧佛寺西方池中。清代再次用石槽引导至广润庙前分水龙王庙（遗址在今万安公墓站前）。碧云寺泉水有二处：一是寺左水泉院之水，明代记载甚详，一是寺右之泉。二泉合流，大约沿148米等高线流入香山见心斋，再南流为月河与双清之泉下流合，出香山园墙，利用石槽东等到地广润庙内方池。这二条水道至四王府广润庙，再东行经普通、香露、妙喜诸寺，然后入静明园。石槽总长约为7千米（卧佛寺至文润庙约2.8千米，香山园墙至广润庙约2.2千米，广润庙至玉泉山西麓约2000米）。石槽工程大约在八国联军入侵北京，西山诸园被焚殆尽后而失于修治，逐渐毁废。石槽遗迹20世纪80年代还可见多处，近年因修公路，都已被拆去。

四　明清通州以北至沙河和清河的运河

明成祖朱棣永乐九年（1411年）决定在昌平北修建陵寝，当时所需要的大量建筑材料和施工人员的粮食，需要从通州运输。当时是沿温榆河至元代双塔漕渠到昌平，再通过陆运到达十三陵。在陵寝修筑完毕还需要不少的守陵军，以及北部重要边关——南口军队的粮饷，温榆河的水运也一直不会停止。到明中期，温榆河的水运只到达沙河的巩华城。

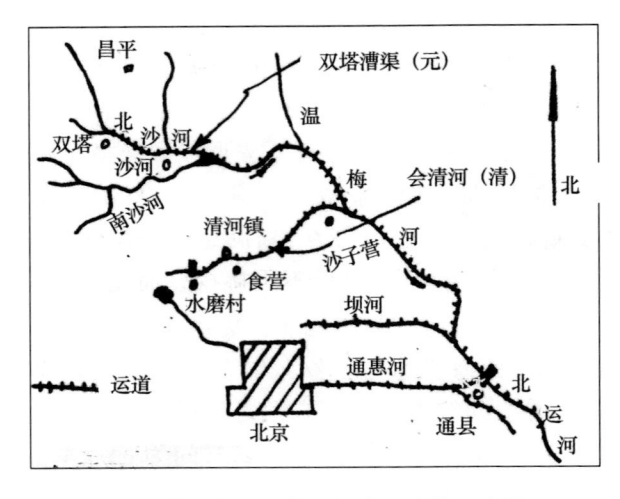

图19　温榆河历史上通漕运路线示意图

清军入关后昌平失去边防意义，沙河漕运衰落。但是清军诸旗驻军多分布在清河镇附近，军队需要的供应依赖通州北上清河水路运输。另外，清初修建三山五园时，需要大量的物资供应，很多时候需要水运。因而在康熙年间开辟会清河漕运，直到光绪初年废止。

乾隆《大清会典》记载：康熙四十六年（1707年）开会清河，起水磨闸，历沙子营，至通州石坝止。中间建设七座闸，派120名闸夫，运通州米至本裕仓。本裕仓是当年为了收储军粮而新建的粮仓，设仓库30廒，共150间，其位置应在今清河镇东南一里的仓营村。

五　明清对北运河的治理

明清对北运河治理十分重视。明正德十二年（1517年）海河流域北部连续一周大雨，通州、张家湾"弥望皆水，冲坏粮船"很快修复。四年后张家湾以南滨河地方再次被淹成灾。到万历三十一年（1603年）北运河全线治理河道，修筑堤防。清康熙十九年（1680年），派遣官员疏浚通州至天津的河道。康熙三十三年（1694年），修筑通州运河堤827丈。雍正三年（1725年）北运河大水，堤岸冲毁多处。第二年怡贤亲王允祥奏请：北运河一切工程归通永道管辖。五年十二月怡亲王又奏请：所有工程都有保固年限，北运河工程较永定河稍容易，保固期定为二年，保固期内堤岸冲决，由承修官员赔修。

乾隆十四年（1749年）四月，修筑张家湾被冲塌河岸460丈，建护岸排桩板工460丈，又建挑水木坝三座。乾隆三十八年（1773年），温榆河上游发洪水，河道东移与潮白河汇合，下游河道干涸。原来通州石坝前的水源依赖温榆河下泄水，造成停泊困难。嘉庆六年（1801年）大水，潮白河偏移下游东岸，西岸淤出岸滩。两年后派大员查勘，议定接着挑挖温榆河下游540丈新淤，这样可以通船到石坝。嘉庆十一年（1806年）新挑处又淤并且向下延伸180丈。以后不再挑挖，而是斜挑引河，引潮白河水行舟。

六　明清通州城扩建与漕运管理

通州城明初洪武元年（1368年）修建，俗称旧城，周长九里多一些。正统十四年（1449年），因当时西南两大粮仓在城西门外，感到不安全，遂修建新城包围起来，东边与旧城墙相连接。直到清乾隆三十年（1765

年）重修通州城时候，才拆去旧城西门，两城合并为一。旧城留有东、北、南三门，新城有西、南两个门。通惠河流到通州分三支：一支自西水关入城，出东水关，折而绕城南流至东南，至南浦闸向南流至张家湾入北运河（这是元代通惠河旧道）。旧城东门外有土坝，凡是准备暂存通州粮仓的均由土坝卸船，由此路运至通州仓；一支自旧城西水关向北分流，至北门外葫芦头水域，由石坝北侧滚水坝泄入北运河（这是明代嘉靖年间改造后的路线）；一支自新城西门外南流，作为护城河向东，过新、旧城南门，出南浦闸，与第一支水汇合，南流至张家湾入北运河。

清初承袭明制，设总督仓场，由户部满、汉侍郎各一员充任，仓场衙门仍在京城内，下设京粮厅；公署后来迁到通州新城南门内，下辖坐粮厅。坐粮厅满、汉各一员，任期二年。其下辖石坝州判一员、土坝州同一员、通济库大使一员、通州税课司大使一员。坐粮厅管理漕粮验收，查验抵坝漕船米数和米色（数量和质量），安排监管重、空粮船，督令经纪车户转运粮米交京、通各仓，以及各闸坝堤岸的修固等事务。乾隆三十年（1765 年）后，由漕运通判专管，并兼抽通州税课，另设巡漕御史一员，监督漕运管理，直至道光三年（1823 年）裁撤。

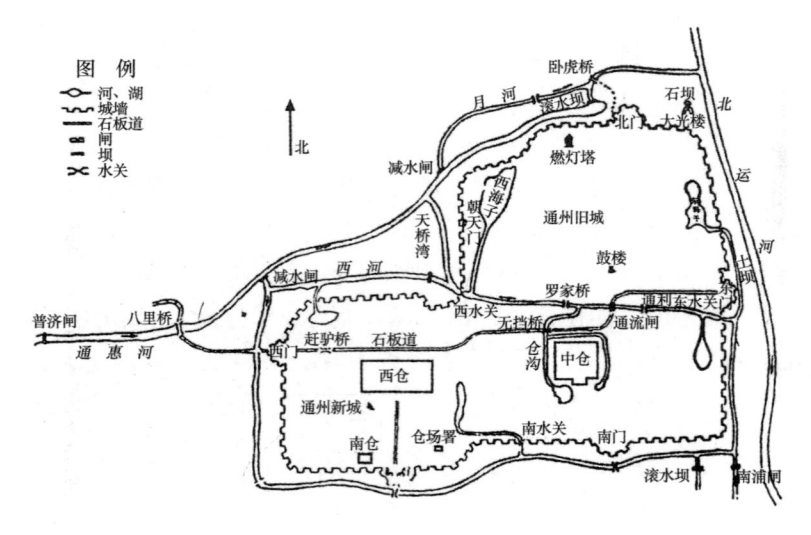

图 20　清末通州水系示意图（据光绪《通州志》改绘）

清代管理通惠河（里河）和北运河（外河）官吏驻通州情况如下表。

表1　　　　　　　　　代通州里外河管理漕运事务官员

清代设官	人数	地点	说明	备注
总督仓场侍郎 司　　员 中书主事	满正1人 汉副1人 2人 数人	通州新城南门以东 （今通州医院路北）		
巡漕御史 （道光三年裁撤）	1人			
户部坐粮厅厅承	满正1人 汉副1人		下设八科、三班、六役。职掌河道船只，验收粮米，稽征税收，课厘地面。辖管七十二行业，六十四巡社	
坐粮衙署	数人	新城西门内大小红牌楼间，仓石道西（今通州师范农园艺）		
大运西仓监督 大运中仓监督	满1人 汉1人 满1人 汉1人	坐粮厅衙署后 旧城南门内	各仓设书办、护卫、置仓花户头、更夫等数人	
漕运通判	1人	漕运厅衙署在东关里河沿大王庙南	管理河道岁修、抢修及一切疏筑工程，包括每年外河挖浅工程	
分辖土坝通州州同 分辖石坝通州州同	1人 1人	原在州署，后驻东关土坝公廨 原在州署，后驻北关石坝公廨	坝官职责：司权量，较盈绌。督运实仓及疏筑所属段内堤坝河道事物	
通流闸官 庆丰闸官	1人 1人	公廨在闸房 公廨在闸房	闸官专司闸务、启闭及堤工、纤道。凡两闸所需麻绳、板片、杂项公费银，于坐粮厅衙门请领	
里河外委把总	2人		专司堤工、纤道	
外河外委千总	2人		专司挖浅	
外河外委把总	6人		专司挖浅	
平家疃外委	1人		同治十三年设	

本表据通州梁耀庭资料整理。

表2 清代通州里外河管理漕运事务吏役河兵

吏役河兵种类	人数	地点	说明	备注
坐粮厅八科： 经　承 书　手	8人 若干人		八科包括：东、西、南、北、库、税、铜、漕。各有科房。 每科设经承1人，书手若干人。 税科管理经由运河运转的客商粮货过路税或落地税。漕科管理河道船只等	
坐粮厅三班	若干人		三班：里班、外班、车马班。承担衙署各科内外传呼、值堂、车桥马匹、仪仗值役等杂项差役	
坐粮厅六役	头宅			搞门，任承启	
	二宅	书办4人		管土坝	
	三宅	书办19人 小写4人		管石坝	
	社人	数人		验粮官的前驱顶马，管承验米样，数人轮流值差	
	运役： 水脚 船头 车户	军粮水脚104人 五闸共计125人 50人		水脚、船头、车户等运役，负责盘脚入仓之役	
	经纪： 军粮经纪 白粮经纪	100人 25人			
闸夫	通流闸夫	42人		兼管减水、响闸、节水、南浦四闸启闭、修护	
	庆丰闸夫	80人		兼管平津上、平津下、普济三闸启闭、修护	
河兵	漕运厅管河兵	80人		通流、庆丰、南岸下汛、北岸上汛共四处	
	通州州同管河兵	10人			
	通州州判管河兵	15人			
	通州驻漷州判管河兵	20人			
	平家疃外委管河兵	16人			

本表据通州梁耀庭资料整理。

民国时期北京地区运河复航的规划

通惠河断航后，成为北京城市重要排水河道。民国时期北京市内河湖，由于疏于管理而淤垫严重。为了进行治理，曾进行较详细的调查和规划。1929年调查报告指出："积水潭、什刹海以东及至李广桥之河渠，尚属齐整，惟河心间有浅垫。自李广桥经恭王府后身至三座桥河身均极淤垫，系倾倒垃杂煤灰所致。"①

清末民国初期，许多留学欧美学者学成回国和一些来中国工作的外国水利专家，带来了西方水利科学技术。民国政府初期，他们对运河进行勘查与规划，并做了一些河道整理规划，为了北京地区运河的复航做出了努力。尽管由于时局动荡等诸多因素影响，这些规划大部分没能够实施，但也为北京运河复航留下了宝贵的参考资料。1918年成立顺直水利委员会，实测了《北运河横剖面图》；1927年实测了《通惠河横剖面图》。

1928年7月至1929年9月，曾经留学法国的著名工程专家华南圭担任北平特别市工务局局长。他着手制订城市水系整治计划，完成了《玉泉源流之状况及整理大纲计划书》与《北平通航计划之草案》。为了解决玉泉水量不足，还制定了为从永定河引水以及河道通航的《北平通航计划之草案》。草案提出永定河三家店至北平，北平至天津的通航路线，并详细说明永定河引水、河道设计、河水沉淀冲刷、清水利用等工程技术各种问题。

1934年9月由北平市工务局制定了《北平市沟渠建设计划》《北平市河道整理计划》等城市建设计划。为北京地区的水利与运河的恢复做出积极努力，可惜因政府财力等原因只停留在规划上，少有实施。

在京杭大运河治理方面，1933年11月聘请汪胡桢为总工程师，编制京杭大运河整理计划。1935年8月公布了《整理运河工程计划》，是中国第一次用现代科学技术勘测京杭大运河全线，公布北京东便门—杭州拱宸桥—钱塘江岸总长度为1768公里，这是最接近历史的长度。② 其中关于北平至天津段运河整理计划初步报告，实测了许多珍贵资料，虽属纸上谈兵，但对于运河复航建设有重要参考价值。

---

① 《工务特刊》，北平特别市工务所1929年编。
② 现在媒体流行说法，京杭大运河总长度为1794公里，是一个记者计算出来的，没有依据。

北京大运河治理与保护

1949 年中华人民共和国成立，北京进入一个新时代。经过六十多年的建设，北京地区的河湖水道发生天翻地覆的变化。随着北京奥运会的召开，北京河道治理进入全新时期，尤其是对通惠河、坝河、北运河的系统治理后，河道改造成环境优美宜人的公园。随着旅游业的大发展，许多河道已经可以通船，相信不远的将来，北京运河复航的梦想就会实现。

一　北京市城市水源的开发——昆明湖的新水源京密引水渠

新建京密引水渠，成为昆明湖最重要、最可靠的水源。1990 年 12 月—1991 年 3 月，北京约 20 万人响应政府号召，在严冬雪天里参加昆明湖的全面清淤工程。该工程是 30 年来最大的治理工程，扩大湖面、改善水质，使古老的水利工程更加绚丽多彩。

二　坝河的治理

1975 年坝河开始全面治理，至 1978 年完成，在坝河上共建七座闸控制排水，与七百年前修坝河建七坝数目一样。2011 年又进行大规模治理和景观建设。

图 21　2014 年的坝河

三　通惠河的治理

中华人民共和国成立后对北京城市河道的综合治理与对水源的保护十分重视。

1998年修整庆丰闸遗址时，新建一座汉白玉雕刻拱桥，北岸墙上刻有壁画和题字。2009年，朝阳区政府以庆丰闸为中心，沿通惠河两岸修建成庆丰公园。其西部以绿化景观带为主，水系景观用水全部来源于通惠河。

图22　新建汉白玉雕刻拱桥（桥上游处是原庆丰闸基础）

四　通惠河河道与建筑遗存

长河段。即西直门至昆明湖段河道。古代有一条发源于紫竹院公园，注入积水潭一带的河流，称作高梁河。目前保存比较完整的闸有广源闸和高梁闸。

老城区段。这段自积水潭东岸澄清闸起至东便门。这段河又称玉河、御河、御沟、闸河等。明永乐年间曾经修治过这段河道。2008年5月恢复了万宁桥和地安门东大街之间河道，发掘出建在东不压桥上游燕翅上澄清中闸。2014年发掘出澄清下闸和桥的准确位置，并计划恢复部分河道。

图 23　广源闸保护治理后遗址（2002 年）

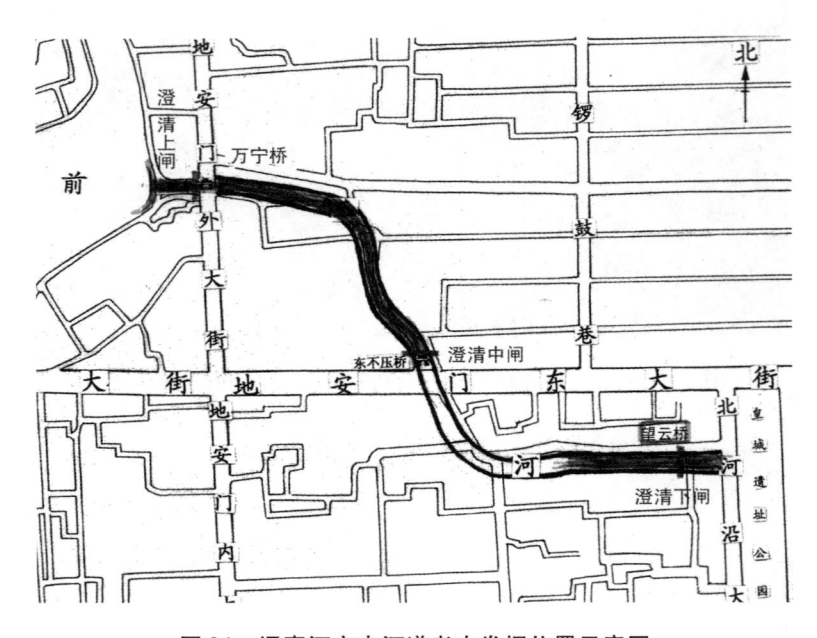

图 24　通惠河市内河道考古发掘位置示意图

东便门至通州段。根据 1981 年交通部《全国内河航道普查资料汇编》，京杭大运河北起北京东便门，南至杭州艮山港，全长 1747 千米，其中第一段北京东便门大通桥至天津屈家店 165 千米，这个长度与 1934 年汪胡桢的调查数据基本一致，属于不能通航河道。现在整个京杭大运河大约只有一千千米可以通航，约七百千米不能通航。通惠河现在河道成为北京城区重要的排水主干渠一直使用着。曾经一段时间污染严重，环境变得较差，经过十几年的治理，通惠河已经开辟为朝阳区的河道公园，是一个风景优美的去处。

图25　东便门外通惠河（1987年）

在高碑店河道南部还有平津上闸遗址保存比较完整，闸的主要建筑都存在。

图26　平津上闸（高碑店闸）遗址（1986年）

通惠河八里桥以下至卧虎桥北运河口一段河道，历史悠久，变化很大。元以前曾经是金闸河从通州城北入潞水河道。明代大修通惠河后，漕船又改回通州城北入北运河（通惠河在城西门还分一支入城）。漕船过八里桥后是进入"通州城北的积水"，就是后来称作葫芦头的水域（海拔20米），葫芦头的东端是石坝，也承担泄洪任务。通惠河的船只停泊在那里装卸漕粮，这是当年的主航道。在葫芦头北面有滚水坝和减水闸来分泄洪水，泄水渠经过卧虎桥进入北运河（海拔16米）。葫芦头与北运河有4米落差。1949年后将这段泄水河道变成今天的通惠河主河道。

图27　清京杭道里图中通惠河与北运河

上面是十分有名的绘图，是清初通州与北运河水道关系的写照。可能有些人看到这幅图中通惠河到通州就断掉了，与北运河没有联系，就认为京杭大运河到这里就结束了。如果把这四幅图系统连接起来，再与1987年航拍的资料对照起来，就能十分清楚它们之间的关系。

另外，由于通惠河、温榆河等古代运河都是北运河的支流，主管这些河流的北京水务局在文件中就有以北运河代表北京运河的说法。如1987年北京水利志编辑委员会编写的《北京水利志稿》"第一卷第三章北运河水系"中写道："北运河，其主要支流之一通惠河，原为由北运河直达京城的通航河道，现仅负担城区和西郊地区的主要排水任务。北运河作为京杭大运河首段，历史上为解决南粮北调和沟通南北文化、政治交流发挥了显著作用。"从现在管理角度出发把北京所有运河都看作是北运河水系是没有问题的。

北运河的治理。1949年和1950年连续两年大水，河槽普遍漫溢，河道淤塞，泄洪不畅，通县灾情严重。在水利部的领导下，河北省组织通县民工以工代赈，对北运河大堤进行修复。开挖了潮白新河后，潮白河不再入北运河，从此潮白河经过蓟运河单独入海。

1958年在温榆河支流东沙河上修建了十三陵水库，是北运河上游最著名的工程。1972年6月提出《北运河干流治理工程初步设计》，自北关闸至天津市入海口全面治理。北京市分两期完成通县北关闸至牛牧屯河口河段治理。1973年6月完成一期工程，1974年完成二期工程。1978年完成由于唐山大地震对运河堤防的损坏。1992年完成杨坨至牛牧屯左堤加固和部分堤段的裁弯取直。经过多年治理，北运河水系的防洪能力大大提高。

五　北京大运河文化带建设进展

大运河北京段横跨昌平、海淀、西城、东城、朝阳、通州六区，沿线文物等级高、分布密集、时代跨度长、类型丰富，既是明清北京城连接西北部园林的纽带，也是古代中国连接南北方的大动脉，现在还是连接北京中心城与副中心的项链，地位重要。

2014年6月22日，中国大运河申遗获得成功，大运河申遗保护工作进入新的一页。全国从入选运河中选取了各河段的典型河道段落和重要遗产点（包括河道遗产27段，总长度1011公里，相关遗产共计58处）。申遗过程中北京市将大运河历史水系和相关遗产保护作为历史文化名城保护的重要组成部分，实施了一系列保护和申遗准备工作。结合北京地区运河遗产实际情况，编制了大运河北京段遗产保护规划，并划定了保护范围及建设控制地带，逐步对大运河及沿线的文物古迹进行保护修复。

2017年2月24日，习近平总书记在视察北京大运河森林公园时强调，保护大运河是运河沿线所有地区的共同责任，北京要积极发挥示范作用。2017年7月，北京市委书记蔡奇在就大运河文化带保护利用调研时指出，传承保护好大运河文化带，是中华文明传承延续的一件大事、好事。北京作为全国文化中心，责无旁贷，应当做出应有贡献，起到带头示范作用。

目前，按照新版城市总体规划，北京市将加强三条文化带整体保护利用。其中，大运河文化带将以元明清时期的京杭大运河为保护重点，以元代白浮泉引水沿线、通惠河、坝河和白河（今北运河）为保护主线。大运河文化带的重点文物腾退、建设工作取得突破性进展：大运河源头白浮泉遗址公园建设、龙山度假村文物保护、万寿寺周边腾退等建设工作进展顺利；通州区燃灯塔、通运桥等均进行了不同程度的修缮加固。新八里桥建设完工；另外，已制订醇亲王府、庆王府、会贤堂等什刹海周边文物建筑群腾退项目清单、腾退进度计划及腾退后的文物修缮计划。

重大公共文化设施的布局、生态环境的改善、历史风貌的恢复，这三方面的工作，也都有新的进展。文化设施布局方面：城市副中心博物馆、剧院、图书馆项目设计方案征集工作有新进展，各设计团队已提交初步成果并开展了专家评审。生态环境改善方面：对大运河有水段实行按月、全面监测，共涉及监测点位 21 个，以及时掌握水质状况，并对大运河沿线开展污染溯源，沿线 7 个区均已完成溯源工作，大运河新增绿化景观 175 万平方米。历史风貌恢复方面：鼓楼西大街 7 个院落完成修缮、什刹海周边的西海湿地建设工程已完成，南锣鼓巷四条胡同启动修缮整治，等等。

大运河文化带将统筹推进重点任务实施，将聚焦城市副中心建设，白浮泉遗址公园规划建设，燃灯佛塔主体修复，路县故城考古遗址公园建设。将深入挖掘大运河文化带的丰富内涵，通过推进大运河文化带保护利用，部分河段通航、绿道建设，统一全市大运河文化遗产标识。各方面力量积极参与《规划》《行动计划》实施，形成全社会共同参与大运河文化带保护建设的局面，充分体现出在保护大运河上北京发挥了积极的示范作用。

三山五园与周边村落文化保护策略研究报告[*]

李自典　任　畅　季承晨　吴慧佩[**]

摘要： 三山五园周边村落众多，既有传统村落也有旗营村落，在长期的历史发展过程中，这些村落积聚了丰厚的村落文化。三山五园周边的村落文化内涵多元，是三山五园地域文化体系的重要构成元素，深入挖掘这些村落文化的价值，从多路径加强对这些村落文化的保护与利用，对推进三山五园文化景区建设具有重要意义。

关键词： 三山五园；村落；文化保护

三山五园周边的村落是三山五园文化景区的重要构成部分，其村落文化也是三山五园地域文化体系的重要组成元素，这些村落的产生和发展变迁不仅是三山五园地区历史文化的见证，而且是整个京西地区历史文化发展演变的缩影。三山五园周边村落既包括拥有长期历史积淀的原居传统村落，也涵盖伴随三山五园营建而形成的特殊村落——旗营村落。这两种村落类型共同构成了三山五园地区独具地域特色的村落体系。

自20世纪初以来，学界的研究者们从不同的领域与视角对三山五园周边村落展开了研究与分析，取得了比较丰富的研究成果。例如，民国时期关承琳先生的《西郊乡土记》对当时北京西郊的一些园林、景点和交通地理等进行了相关介绍，其中涉及海甸镇、青龙桥、树村、大有庄、门头

---

[*] 北京学研究基地开放课题《三山五园与周边村落文化保护策略研究》（项目号BJXJD-KT2015-YB09）研究成果。

[**] 李自典，北京联合大学应用文理学院历史文博系副教授、研究生导师，主要研究方向是北京史文化遗产；任畅，北京联合大学应用文理学院2021级中国史研究生；季承晨，北京联合大学应用文理学院2021级中国史研究生；吴慧佩，北京联合大学应用文理学院2018级专门史研究生。

村、蓝靛厂、四王府、香山八旗营房等。著名史地学者林传甲先生主编的《大中华京兆地理志》一书，对三山五园周边的一些村落及其在近代的演变进行了较为全面的叙述，并首度将海淀镇、清河镇和蓝靛厂列为京西巨镇。1928年，李景汉先生写的《北平郊外之乡村家庭》一书，涉及有关北京西郊村落的调研与分析，对后世三山五园周边村落的研究具有重要意义。1940年出版的金勋先生的著作《成府村志》，是三山五园周边村落研究中首个以单一村落为研究对象的，对北京西郊成府村的历史变迁、人物、经济、信仰、风俗、建筑等进行了十分详细的记述。1951年，侯仁之先生发表的《北京海淀附近的地形水道与聚落——首都都市计划中新定文化教育区的地理条件和它的发展过程》一文，通过分析海淀附近的地形、水系，对该地区的一些村落，诸如万泉庄、巴沟村、海淀镇等的形成与演变进行了相关研究，并绘制了北京西郊村落分布示意图，对后世研究具有重要的参照意义。包路芳先生所著的《挂甲屯百年变迁——北京市城市化进程中的一个标本分析》等论著，对挂甲屯从古至今百年以来的历史变迁与当代城市化进程中的现状进行了较为全面的分析，揭示了当代城市化进程快速推进背景下，三山五园周边村落面临的严峻考验以及最终无法避免的转型、搬迁与消亡。王秀华先生所著的《大有庄小志》记述了大有庄百年历史变迁，揭示了它在错综复杂的社会形势下发展演化的历史命运。此外，尹均科先生所著《北京郊区古村落发展史》将三山五园周边村落作为整个北京郊区村落的一个有机组成部分进行了相关研究。宁文忠先生所著的《消失的村庄：北京60年的城乡变迁》一书，分析了六郎庄、蓝靛厂、北坞村、巴沟村、中关村等三山五园周边村落在中华人民共和国成立后60年来，受现代化、城市化浪潮冲击下发展演变的过程。20世纪90年代以来，《北京市海淀区地名志》和《北京市海淀区地名录》两书以地名为线索，记述了海淀区街道、乡镇村落等的演化过程，为推进三山五园周边村落及其历史变迁研究提供了重要参照。此后，张宝章先生所著的《海淀风情录》《海淀名胜掌故》《北京古镇图志：海淀》《昆明湖畔两村庄——六郎庄和北坞村》《话说京西皇家园林》及《三山五园新探》等一系列著作，在论述三山五园兴衰的过程中，也对三山五园的一些周边村落的古今社会发展与变迁进行了论述。岳升阳、夏正楷和徐海鹏三位先生合著的《海淀文史·海淀古镇环境变迁》展示了三山五园地区村落及其变迁的历史遗存与见证。王珍明先生主编的《海淀古镇风物志略》一书，从历史学、历史地理学、民俗学等多元视角,介绍了海淀镇的沿革、胡同、庙宇、人物、民俗等内容,为研究海淀镇变迁提供了珍贵史料。徐征先生所著的《海淀地名典故》和《海淀老街巷胡同寻踪》两书,分别从地名以及街巷胡同变迁角度梳理了海淀的演变历程。上述研究为本项目的开展奠定了坚实基础。

一 三山五园周边主要村落分布及文化资源状况统计

借鉴前人的研究成果,本项目在开展过程中首先对三山五园周边主要村落的基本沿革情况、历史风物遗存等进行梳理,这些村落集中于四季青乡、海淀乡、北安河乡等乡镇管辖。其中四季青乡下辖门头村、高庄村、田村、玉泉村、巨山村、香山村、西冉村、东冉村、西山村、蓝靛厂村等14个村委会,83个自然村。在海淀乡,设11个居民委员会和4个家属委员会,其中树村村民委员会驻树村内,辖树村、厢黄旗、后营、正白旗、厢白旗5个自然村。肖家河村民委员会驻肖家河村北的正黄旗村,辖肖家河(包括原肖家河桥东、东村、正黄旗、河北新营连成一片的4个自然村和河南新营村)、哨子营、上河沿、穆家坟等7个自然村。西苑村民委员会驻于圆明园南,清华西路北侧的小南园,辖西苑、操场、西大地、一亩园、西大石桥5个自然村。北安河乡位于海淀区西北部,乡政府驻北安河村,辖7个村民委员会、9个自然村和1个居民委员会,西埠头、七王坟、徐各庄等村隶属该乡。这些三山五园周边的村落,在历史发展中积淀下较为丰富的村落文化,其中包括传统民居、庙宇等古建遗存,也包括民间传说故事、习俗信仰、手工技艺等非物质文化遗产。大致概括如下表:

三山五园周边主要村落分布及文化资源状况统计

序号	村名	位置	面积、人口等基本情况	村落文化资源	发展现状
1	水磨	海淀区中偏东部,街道办事处辖区北端,佛香阁东约3.4公里。东至清华大学西墙,西至圆明园东墙,南至清华西路北侧,北至大石桥	属海淀街道办事处管辖。占地710000平方米,有居民423户,1653人,其中农业户口307户,除汉族外,还有满、回族	地名来历传说,一说因水磨而得地名,水磨又名水碓、水碾,是利用水力旋动的舂米设备。二说过去该地地势较低,每逢大雨常被水淹没,故称水没,后谐音成为今名	百年前已成聚落,现为农民、居民混居地带,由于近年来农转居增多,已形成居民区,仍为平房住宅,居民院内多植果木

续表

序号	村名	位置	面积、人口等基本情况	村落文化资源	发展现状
2	成府	位于海淀区中部东南，街道办事处辖区东北部，佛香阁东南约3.4公里。东至清华南路，西至北京大学东墙外，南至成府路，北至清华西路	属海淀街道办事处管辖。占地750000平方米，建筑面积3900平方米，有居民1300户，3461人，除汉族外，还有回、满、蒙古、壮等少数民族，合占人口总数的2%	成亲王的府第，遗址在前后罗锅胡同一带，英法联军火烧圆明园时被烧掉，地名则沿用至今。清康熙年间成府村落开始兴旺。乾隆年间建长春园时水磨村民不少迁至该地。雍正、嘉庆年间，成府村盛极一时。遗留的旧式达官宅园中仍可见昔日的小园布局，区内主要街巷有：北河沿、侍卫营、成府街、大成坊、书铺胡同、赵家胡同、沙土窝、前吉祥、后吉祥、红葫芦、蒋家胡同、太平庵、刘家胡同、杨树胡同等。原有庙宇五圣祠4座，还有关帝庙、佑慈宫、太平庵、兴隆寺、广惠宫等。其中广惠宫俗称刚秉庙。今存百年红柏数十株。另外蒋家胡同四合院是研究清末小宅院建筑艺术的实物资料	现居民住宅多是老旧平房。旧有的街巷走向没有大的变化。路面上多已铺上了柏油和水泥砖。街巷间空地较少，路旁仅有少量的松树墙及花木，十几株百年国槐仍旧繁茂。居民区内服务设施齐全，有幼儿园、小学、粮店、菜店、百货店、副食店、饭馆、储蓄所、医院、理发店和一个小型集贸市场
3	后营	位于海淀区中部，青龙桥街道办事处辖区中部偏西，万寿山后，大昭山南，佛香阁西约0.5公里。东邻青龙桥酱油厂，西邻北京市六一幼儿园，南靠玉泉路，北接上坡村	属青龙桥街道办事处管辖。现有居民127户，300人，其中农业人口28户。除汉族外，还有少数满、蒙古、回族	据传后营是负责保护颐和园清代太后皇帝安全的警卫部队驻地，因此得名	1949年后，由于国防大学、军事科学院等单位建设占地需要，不少居民搬迁至此，形成了现居民区。住宅为平房，靠近青龙桥西街繁华区，生活较为方便
4	董四墓	位于海淀区中部，街道办事处辖区西北。西接乐家花园，南依大昭山，北与程家花园和韩家府相邻，佛香阁西北1.5公里	属青龙桥街道办事处管辖。有居民113户，241人	据传，明代有个叫董四的太监，出宫后在该地经营桃园，每年收获的桃子不仅是皇家贡品，而且为当地百姓带来了效益。后人在董四死后奉他为"桃神"，并给他修建墓地和祠堂，地名由此产生。另据传，"董四墓"是东四墓讹传，与西四墓相对，是景泰陵一带明代张妃、殷纯妃、李成妃3位妃嫔的葬所	1949年后，该地因建筑占地增多，传统的种桃业已薪尽火断。村落呈一字形，均为平房，住户较密集，村东香山路通行333路公共汽车

续表

序号	村名	位置	面积、人口等基本情况	村落文化资源	发展现状
5	韩家府	位于海淀区中部,街道办事处辖区西北部,佛香阁西北2.2公里。东邻遗光寺,西接程家花园,南至培红小学,北靠金山	属青龙桥街道办事处管辖。有居民22户,50人,农户28人	据传,清代该地出了一个叫韩大力的大力士,康熙年间建立功勋,康熙皇帝赐给他一座府——韩家府,占地40余亩,四周有院墙,厚达五尺,今已不存,村落因府得名	该村均为平房。四面被其他村落环抱。南面的香山路通行333路公共汽车
6	安河桥	位于海淀区中部,街道办事处辖区北部,佛香阁北0.5公里。东至小清河,西至京密引水渠,南至香山路,北至小清河南	属青龙桥街道办事处管辖。有居民409户,901人,其中农民279户,665人,除汉族外,还有蒙古族及满族,占50%	因桥而得名。据传,该地有一座石拱桥,名安河桥。《日下旧闻考》有记载,但建年不详。1724年圆明园护军八旗之一的正红旗营房建于此,因此聚落北部又称正红旗	1949年后该村经济有较大发展,现有乡办和街道办工厂各2个,还有建材门市部、蔬菜门市部等生产服务设施。村南靠香山路,有362路等多路公共汽车
7	厢红旗	位于海淀区中部,街道办事处辖域西部,佛香阁西北1.2公里	属青龙桥街道办事处管辖。泛指香山路上厢红旗汽车站一带的地域。清王朝覆灭后,代之而起的是以满族人为主体的村落	厢红旗是圆明园护军八旗营房之一。据考,现香山路正好从厢红旗旧址中间东西穿过	1949年后,随着国家机关单位的设立和扩建,在原有村落外建起楼群林立的机关大院,常住人口达数万人。香山路东段两侧商业繁华,设有百货店、蔬菜店、邮电所等40余个商业服务网点。文化教育设施有红星小学、厢红旗礼堂等。该地已成附近居民商业贸易与文化娱乐的中心
8	哨子营	位于海淀区中部,佛香阁东北1公里。圆明园西路西,颐和园路北。东邻圆明园,西邻中央党校,南邻国际关系学院,北邻电子计算中心	1961年成立哨子营居委会,辖三街四区。有居民955户,2234人,其中农业人口145人。除汉族外,还有满、回、蒙古、瑶、侗、纳西等7个少数民族。后为海淀乡肖家河村委会辖村,占地11.3亩,有45户,126人	哨子营原是清雍正二年(1724年)所设圆明园护军八旗营房下属的哨卡(又传为蒙古武士营房,俗称蒙古鞑子或骚鞑子,因而又名骚子营),民国初年的地图标为骚子营。"哨"讹为"骚",故又名骚子营。该村老门牌10号原有观音将军庙,始建年代不详,清乾隆五年(1740年)重修,占地两亩,有大殿、配殿、禅房计十八间。老门牌24号原有九圣祠,建于清道光二十九年(1849年),有房四间,现无存	村形正方,主街南北走向,村址及四周属平原地貌,地下水丰沛,经济以种植蔬菜为主,村东圆明园西路通行362路公共汽车

续表

序号	村名	位置	面积、人口等基本情况	村落文化资源	发展现状
9	娘娘府	位于海淀区中部，街道办事处辖区西侧，佛香阁西偏北2.6公里。东邻中国林业科学院，西接丰户营，北靠大昭山，南近玉泉山	属青龙桥街道办事处管辖。占地约74000平方米，有居民530户，1620人	因曾葬有明代废后及妃嫔而得名。据《光绪顺天府志》载，东起董四墓，西至金山（大昭山）山麓，有明代皇族和皇后及妃嫔的墓90余座。乾隆二十年（1755年）并裁陵制后，地面建筑逐渐被毁无存，地名沿用至今	1979年，解放军军事科学院等单位，在该地兴建离休干部休养所；1986年，干休所的西北侧建起解放军316医院。建所前的30余户农户迁至新村。该地南邻香山路，通333路公共汽车
10	西大井	位于海淀区中部，街道办事处辖域西部，大昭山北，佛香阁西1.2公里。东邻玉泉山中学，西邻功德寺村，南邻官碾房村，北隔北旱河与军科培训中心相望	属青龙桥街道办事处管辖。现有居民35户，76人，其中农业人口28人。除汉族外，还有满族7人、蒙古族7人	清代成村，聚落成三角形，名称与东大井相呼应。据当地老住户介绍，清代村中有一口供附近庙宇和尚饮用水的大井，故名。该井1949年后被掩埋，地名沿用至今	村内有乡间小路通往各村，附近的香山路通行333路公共汽车
11	东大井	位于海淀区中部，街道办事处辖域西部，大昭山北，佛香阁西约1公里。东临箭章胡同，西邻西大井，北邻笸箩王，南邻功德寺及玉泉山中学	属青龙桥街道办事处管辖。现有居民29户，69人。其中农业人口7人	清代成村，聚落成长方形。据当地长者介绍，当时该地有老爷庙、娘娘庙、皂君庙、尼姑庵等庙宇，和尚500余名。东大井位于原功德寺的东北角，是供和尚饮用水的一口大井。今已被掩埋，但地名沿用	村内有乡间路可达各村，附近有333路公共汽车通行
12	功德寺	位于海淀区中部，街道办事处辖域西部，玉泉山东侧，佛香阁西约1公里。东邻西大井，西邻槐树居，南邻四槐居、官碾房，北邻红星小学	属青龙桥街道办事处管辖。设功德寺居委会，辖后营、官碾房、四槐居、功德寺、六间房、东大井、西大井、笸箩王等地。现有居民648户，1500余人。除汉族外，还有满、蒙古、回族	因功德寺得地名。功德寺创建于元代，初名大承天护圣寺，至正初年毁，明宣德年间重修，改为今名	现为玉泉山中学校址。村内有乡间小路通往各村。北有香山路，通行333路公共汽车

续表

序号	村名	位置	面积、人口等基本情况	村落文化资源	发展现状
13	大有庄	位于海淀区中部，街道办事处辖域中部，佛香阁东1公里。西近安河桥，南靠香山路，北接中央党校	属青龙桥街道办事处管辖。现有居民803户，2289人，除汉族外，还有满、蒙古、回、瑶等少数民族	据传，明代成村，当时是一片坟地，比较荒凉。原名"穷八家"，清乾隆帝改为大有庄。据《西郊乡土记》载：大有庄在颐和园东北隅。南面湖墙，北邻郎贝勒园及润贝勒园，俗称东所、西所，东望畅明园，西连三岔口、松树畦，可通青龙桥、安河桥，为环湖最大之庄，有300余户居民，铺户数十家。庄成十字街，横穿小巷数道。庄前有观音庵、娘娘庙、罔极寺	日军占领时期，为万学会办事处所。1949年为青龙桥乡政府驻地，1958年是青龙桥大有庄生产队驻地。庄内街道繁华，有商店、旅馆、制鞋厂等商业及工厂。南有333、375路公共汽车站
14	六间房	位于海淀区中部，街道办事处辖区西部，佛香阁西约1公里。东有玉泉山，南有大昭山。东邻北京市六一幼儿园，西邻官碾房、四槐居，南靠玉泉山路	属青龙桥街道办事处管辖。现有居民36户，105人，半农半农25户，41人。除汉族外还有满族3人，蒙古族1人	据当地老住户介绍，清代仅有六间住房，居民均靠打鱼为生，故名。又传，村原为官道上的道路设施（类似堆子房）	附近驻有六一幼儿园、养鸭场、玉泉山中学等单位。村北香山路通行333路公共汽车
15	一亩园	位于海淀区中部，青龙桥街道办事处辖区中部，佛香阁东1.5公里。东接达园宾馆，西邻颐和园，南与挂甲屯相邻，北至圆明园西部	属青龙桥街道办事处管辖。设一亩园居委会。占地100余亩。有居民840人，除汉族外，有满、回、蒙古等少数民族	一亩园是皇帝亲耕的"耤田"。因有一亩园得名。村南部有一亩园、娘娘庙，是慈禧太后御前掌玺太监刘诚印的家庙和宅院，集寺庙、宅院、花园、菜园于一体，在京西古建筑中别具特色。娘娘庙始建于明万历年间，清光绪十七年（1891年）重修，占地面积2.37亩，原有殿房四十九间，目前院中除存数十间殿房和卧碑一座及几棵树外，其他均不存	居民住宅均为平房。街道宽敞整洁。村内设一小学，并有百货、蔬菜、副食等十几家商店。南面通行332等路公共汽车，西侧有362路公共汽车

续表

序号	村名	位置	面积、人口等基本情况	村落文化资源	发展现状
16	官碾房	位于海淀区中部,街道办事处辖域西部,佛香阁西1公里。东邻玉泉山中学,西邻四槐居,南靠玉泉山路	属青龙桥街道办事处管辖。现有居民59户,149人;半农户13户,16人。除汉族外,还有回族、满族	清代成村。据当地老住户介绍,清代庙宇很多,如功德寺、老爷庙、皂君庙、尼姑庵等,有500名和尚。当地村民为附近庙宇的和尚碾米、磨面为生,故此得名。另一说官碾房是乾隆年间所设加工京西稻的碾房	村内有乡间小路相通,村北香山路通行333路公共汽车
17	西苑	位于海淀区中部,街道办事处辖区中南部,佛香阁东南1公里。东至万泉河路,西至昆明湖路,南与六郎庄相接,北至颐和园路以北,邻近一亩园	属青龙桥街道办事处管辖。辖域有一道街、二道街、三道街、和平街、宣化街、阅武楼、睦邻胡同、中直路等街巷。城市化程度较高,纯农户和半农户177户,502人(农民409人),占总人口1027户,3222人的17.2%和15.6%(农民占12.7%),同城市居民混住在各居民区	原是圆明园护军八旗的校军场。《汉书》:"苑,谓马牧也。"与南苑、北苑的地理位置相对,合称为三苑。西苑于清代驻扎有林军,因原为清代京西练兵场得名。旧街巷有西苑"营市街"之称,指军营附近的街市。据传,当年三道街、阅武楼一带买卖尤盛。1947年地图标为西苑镇。1928年,张学良、阎锡山、万福林、宋哲元所部先后驻扎。1937年后被日本侵华军占领。1945年国民党204、205师驻扎。	1949年后,西苑军营区建为中医研究院及中直机关,"营市街"一带成为平房住宅的居民区。中直路北口增设商业区。现有中直机关、中医研究院等单位,有330路等公共汽车驶经此地。该村村址及四周属平原地貌,经济上原以种水稻及藕著名,后来农业经济主要种菜,1987年建鱼池,街区店铺林立,尤以旅游服务业发展最快
18	挂甲屯	位于海淀区中部,街道办事处辖区东南。佛香阁东1公里。东濒万泉河,西邻西苑中医院,南接北京大学,北至颐和园路	属青龙桥街道办事处管辖。有居民544户,1454人。除汉族外,还有满、回等少数民族。设居民委员会,每括北楼门、教养局、虎城、挂甲屯4条街巷及西苑操场甲1号居民区,均为平房住宅	原称华家屯,清雍正营建圆明园,把后华家屯居民强行迁走,前华家屯幸而保留下来。百姓们借传播杨家将抵抗异族的事迹来表达反清复明的情绪,把华家屯改为挂甲屯,意为杨六郎挂甲之处,并自修南北两门楼,把挂甲屯三个大字镶嵌在门楼上。南部有吴家花园,曾是清代果亲王允礼的赐园。自道光、咸丰以后,分为东西二园,西为载振的花园。民国十年(1921年)卖与吴鼎昌,故名"吴家花园"。1959—1965年间,彭德怀元帅曾住在该园。花园布局采取轴线对称格局,1990年由国家某机关拆除南部建筑,北部建筑保存完整	清代形成的街巷变化较少。1949年后进行了大规模的扩建。北面颐和园路有332、375路公共汽车通过,西面万泉河路有904路公共汽车通过

续表

序号	村名	位置	面积、人口等基本情况	村落文化资源	发展现状
19	西小府	位于四季青乡政府西北6.2公里，佛香阁西4.4公里，香山路北，金山南麓厢白旗东，正蓝旗村西	属四季青乡香山村委会管辖，原属正蓝旗村。有91户，236人	该村被称为王府故地，因小于四王府称为小府	清末有张姓富户开设的天源酱菜店，现在该村中主街南北走向，为香山村委会驻地。村南有333路公交车通过
20	西营	位于四季青乡政府西北8.2公里，佛香阁西6.8公里，碧云寺东，西邻公主坟村	属四季青乡香山村委会辖村，有19户，62人。村形带状，村址处于天宝山东小山梁上，地势西高东低，南、北两侧临谷	该村又名厢黄西营，曾是清代健锐营左翼镶黄旗西营驻地。后渐渐形成聚落，遂以西营为村名。村西北半山中有静福寺遗踪，红墙山半，若隐若现，环境清幽，是旅游佳处	该村西北多幼松林，东南多果园，经济由香山林工商公司经营管理，村南有香山公园门前停车场及各路公交车站
21	北营	位于四季青乡政府西北7.8公里，佛香阁西5.9公里，岭峪村西，北辛村北	属四季青乡香山村委会辖村。有35户，98人	该村又名厢黄北营，曾是清代健锐营左翼镶黄旗北营驻地。村周古迹较多，为香山、碧云寺、卧佛寺所包围，村西50米有清代碉楼一座，楼北山坳中为梅兰芳、马连良等著名戏剧家墓地	该村西部山中多幼松林，南北谷地多为果园，经济主要由香山林工商公司经营管理。村南为香山公园门前停车场，有多路公共汽车站
22	正蓝旗	位于四季青乡政府西北6公里，佛香阁西4公里，金山南麓，香山路北侧，东邻向阳村	属四季青乡香山村委会辖村，聚落占地294亩，有74户，211人，汉族居多，有满族26人	曾是清代健锐营左翼的正蓝旗营地	经济由香山林工商公司经营管理，邻近有果树队。村南有333路公共汽车站
23	丰户营	位于四季青乡政府西北5.8公里，佛香阁西3.5公里，香山路南，玉泉山西北	属四季青乡香山村委会辖村，占地2.5亩。1976年建设向阳新村后原住户大部分迁去。现有5户，14人	原是看坟人家聚居成村，名为坟户营。日久谐音美称成今名	村周多果园，经济由香山林工商公司经营管理。村北有333路公共汽车站

续表

序号	村名	位置	面积、人口等基本情况	村落文化资源	发展现状
24	厢白旗	位于四季青乡政府西北6.2公里，佛香阁西4.2公里，南临香山路，西接四王府，东邻正蓝旗，北依普陀山	属四季青乡香山村委会辖村，聚落占地25.5亩，有289户，761人	原是清代健锐营左翼镶白旗营地。后渐渐成民居，镶白旗演变成地名，再谐音成今名	经济由香山林工商公司经营管理，主街东侧有百货商店等商业机构，近年集贸市场日渐兴旺，成为这一带的商业中心，村南有333路公交车通过
25	正白旗	位于四季青乡政府西北6.9公里，佛香阁西5公里，香山路北，卧佛寺路东，四王府村西	属四季青乡香山村委会辖村，占地44亩，有135户，371人，汉族居多，还有满族51人，回族9人，蒙古族2人	曾是清代健锐营左翼正白旗驻地。传说该村曾是《红楼梦》作者曹雪芹住所，20世纪80年代建有曹雪芹纪念馆。纪念馆坐北朝南，是一座满族旗人老屋，院内一排12间清代制式营房。1971年4月，原民居主人在修房时意外发现题壁诗墨迹。有红学家认为题诗内容与曹雪芹生平有关，在此建纪念馆，1982年10月动工，在专家指导下，按原房柱基础，即清代雍正时期八旗营房的建筑形式进行重建，1983年4月落成。在纪念馆正门前两侧有数株古槐，其中"歪脖古槐"身斜形异，颇有欣赏价值；北侧有一批从附近收集来的石碑，矗立成林，供游人参观	经济由香山林工商公司经营管理，村旁有果树队。村中有小学一所。村西南有333路公共汽车站
26	塔后身	位于四季青乡政府西北9.8公里，佛香阁西8.2公里，碧云寺西	属四季青乡香山村委会辖村，聚落面积27.5亩，有52户，148人，汉族居多，有满族1人	因位于碧云寺内金刚宝座塔后身得名	该村三面环山，村民居住分散，农业人口占93.9%。经济主要由香山林工商公司经营管理
27	公主坟	位于四季青乡政府西北8.4公里，佛香阁西6.8公里，西营村西，碧云寺东	属四季青乡香山村委会辖村，有37户，87人	据传因辽代公主墓地得名。《龚自珍集》载："菩萨坟，亦曰公主坟，辽圣宗第十女墓也。小字菩萨，未嫁而死。"传说坟墓周围海棠盛开，经花农培植成为著名的西山海棠，因而公主又被称为海棠公主，现墓已无存。村北是大木陀峰，峰东麓有静福寺遗踪	经济由香山林工商公司经营管理，村旁为果树队，村南为香山公园前停车场，有多路公共汽车站

续表

序号	村名	位置	面积、人口等基本情况	村落文化资源	发展现状
28	南营	位于四季青乡政府西北7.4公里，佛香阁西6公里，卧佛寺路西，东宫村北，终峪村南，北辛村东	属四季青乡香山村委会辖村，聚落面积68.3亩，有273户，675人，汉族居多，还有满族27人，苗族1人，农业人口占31.1%	该村又名厢黄南营，因曾是清代健锐左翼镶黄旗南营驻地而得名	全村街巷布局与城镇相类似，经济主要由香山林工商公司经营管理，有些成为旅游服务的个体商户。村南和村西都有通行公共汽车站
29	煤厂街	位于四季青乡政府西北7.6公里，佛香阁西偏南6.3公里，碧云寺路两侧	属于四季青乡香山村委会辖村，占地78.4亩。有414户，994人，汉族居多，还有满族34人，农业人口占14.2%	明代名煤厂村（《宛署杂记》有载），门头沟产煤从过街塔（挂甲塔）山路运到这里贮存销售，发展成为包括饭馆、客栈等商业服务业的聚落，因以为村名。村西有古迹香山公园（清代名静宜园）、碧云寺，村北越谷有梅兰芳、马连良及众多著名戏剧家墓地	经济主要由香山林工商公司经营管理，因处于去碧云寺和香山北门必经之路，呈现市街景观，为旅游经济服务的劳力较多，村东有多路公共汽车站
30	四王府	位于四季青乡政府西北6.2公里，佛香阁西4.6公里，金山南麓，香山路西北，正白旗村东，厢白旗西	属四季青乡香山村委会辖村，占地48.7亩，有255户，606人，汉族居多，还有满、蒙、回族合占14%	原是明代皇室婴幼儿夭折埋葬之处，被称为死王府。日久回避"死"字谐音为今名。据《日下旧闻考》载，清乾隆年间已用此名。村北山中有普安塔一座，为辽代遗物。塔高约9米，坐北朝南，为七层八角密檐式砖塔，塔基为单层须弥座。塔身东、西、南、北各有一拱券式小门，其余各自有窗形小龛，内刻神像，塔身内是一拱形小室，室内原有明正德六年（1511年）普安菩萨像一尊，今已无存。塔东侧原有明代所建普安塔院，清代时为八国联军所毁。中华人民共和国成立之初有殿数间，今已无存	清代这里曾是健锐营驻地的商业中心。现在店铺集市东移至厢白旗正街。目前经济由香山林工商公司经营管理，村旁有果树队。北京市西山试验林场驻在村中，村东南有333路公共汽车站
31	买卖街	位于四季青乡政府西北7.2公里，佛香阁西偏南6.4公里，香山公园东	属四季青乡香山村委会辖村，有154户，399人	此处位于香山公园（静宜园）门前，商业较繁荣，商店较多故名	经济主要由香山林工商公司经营管理。由于得香山旅游之地利，呈街市景观。经营食品和旅游纪念品的商户较多，村东有多路公共汽车站

续表

序号	村名	位置	面积、人口等基本情况	村落文化资源	发展现状
32	红门村	位于四季青乡政府西北5.5公里，佛香阁西偏南3.2公里，香山路南，单水门村东，玉泉山西	属四季青乡香山村委会辖村，占地18.9亩，有97户，266人，汉族居多，还有满族	清代兴建石槽导引西山卧佛寺樱桃沟和碧云寺、香山诸泉至静明园。由于东部地势逐渐降低，引水石槽架在高墙上。为了方便南北通行，这里建有红色门洞。门洞附近逐渐聚居成村，并且成为村名。村南果园中有吴佩孚墓	村周为果园环绕，其中葡萄园占多数。经济由香山林工商公司经营管理，村旁为果树队。村北有333路公共汽车站
33	挂甲塔	位于四季青乡政府西北10.2公里，佛香阁西偏南9.4公里，香山公园西	属四季青乡香山村委辖村，现仅有3户，3人	村东是香山与天宝山对峙的山口最狭处，跨山建有城关，城上原有清代汉白玉塔（现已不存）。曾名过街塔。后来附会杨六郎与辽兵作战中挂甲之处成为今名。城关旁有七圣庙遗址，尚存清乾隆十年（1745年）重修七圣庙碑	经济由香山林工商公司经营管理，主要种植与经营桃、苹果、梨等多种果类。出村南北为山，东西为谷。有人行山路仅可通人
34	北正黄旗	位于四季青乡政府西北5.8公里，佛香阁西偏南6.2公里，香山公园东，买卖街东南	属四季青乡香山村委会辖村，有66户，185人	这里曾是清代健锐营右翼正黄旗小营驻地，后演变成今名。偏北侧有清代健锐营八旗印房。印房对面原为八旗高等小学，坐西朝东，建在三层台上，保存完整，现为香山小学	经济主要由香山林工商公司经营管理，村旁有果树队，也有为旅游服务的商户。主街北有多路公共汽车站
35	普安店	位于四季青乡政府西北5.4公里，佛香阁西偏南3.8公里，玉泉山西，玉泉山路南，南旱河东	属四季青乡香山村委会辖村，村落占地96亩，有180户，478人，汉族居多，还有满族38人	据《宛署杂记》载，明代已成村。据传因村北山峰上有建于辽代的普安塔得名	经济主要由香山林工商公司经营管理，村旁为果树队。村西北有333路公共汽车站。
36	杰王府	位于四季青乡政府西北6.8公里，佛香阁西偏南5.8公里，香山公园东，北正黄旗北偏东	属四季青乡香山村委会辖村，占地3亩，有73户，202人	因村内有杰王府得名。村内存有面南东西向影壁，影壁南有少量残墙，当地人说是杰王府大门遗址	经济主要由香山林工商公司经营管理，村西为果树队。有为旅游业服务的个体户。村北是318路等公共汽车首末站停车场
37	门头村	位于四季青乡政府西北4公里，佛香阁西偏南5.8公里，西山东麓，香山南路东，闵庄路北，西邻正红旗，南邻厢蓝旗	属四季青乡门头村村委会辖村。占地90亩，有861户，2734人，汉族居多，还有回族20人	明《宛署杂记》记为"馒头村"。据明《长安客话》载："门头村，盖此地为西山门径，故名。"因处平原与西山转换的要冲之地，交通便捷，这里曾是香山八旗营丁的买卖街，成为西山东麓的小市镇，有过当铺	现因村西香山南路红旗村区位条件超过这村，商业中心西移。经济由京香农工商公司经营管理。村中有小学一所，村西设公交车站

续表

序号	村名	位置	面积、人口等基本情况	村落文化资源	发展现状
38	红旗村	位于四季青乡政府西北6.3公里，佛香阁西南5.9公里。青龙山东麓，香山公园东南，香山南路两侧，东邻门头村，南邻南河滩	属四季青乡门头村村委会辖村。占地123亩，有139户，366人，汉族居多，还有满族54人，回族11人，蒙古族、苗族各4人，少数民族合占总人口的19.9%	村址处原有清代健锐营右翼正黄旗、正红旗营房，后逐渐形成民居聚落。1949年后，赋予新意定今名。村周古迹较多，如西部半山有法海寺遗址、金川番子营遗址，香山南路西有松堂，东有香山团城。香山团城，又名团城演武厅、团城阅武楼，始建于清乾隆十三年（1748年），城椭圆形，高为7米，顶宽4米，城南北相对各有一高大券门，南北门楣各镶汉白玉石额一块，南额镌："威宣壁垒"，北额镌："志喻金汤"，皆乾隆皇帝亲题。城上之上，南北对峙各建五楹重檐飞角式楼阁一座，城内青砖墁地，东西相对各建三楹灰埂瓦房，原为兵丁宿卫之所。城内下侧，东西各建马道一条，可盘旋登顶，顶存卧屏式石碑一座，碑镌"御制实胜寺后记"（《日下旧闻考》卷一〇二）。该城是金川之役训练云梯健锐营时，为供皇帝检阅兵将武功而建。与团城相联系的尚有梯子楼，位于团城南门西南百米处，楼已残损，中有券门可通车、骑，门楣镶石额一块，字已不清，南北各存一段翼墙，有石阶供登顶。此为军将操演时的令台。梯子楼南200米处，有碑亭一座，内立实胜寺碑，分别镌汉、满、蒙、梵碑文，其中汉字碑文已刊《日下旧闻考》卷一〇二。此外香山、大昭山麓还有大量碉楼	村周果树成片，经济由团城林工商公司经营管理，主要是种植果树与经营果品。香山南路东有小学一所。318、360路公共汽车穿村南北通行，并设有红旗村站

续表

序号	村名	位置	面积、人口等基本情况	村落文化资源	发展现状
39	厢蓝旗	位于四季青乡政府西北6.1公里,佛香阁西南6.1公里,香山南路东,门头村南,胆家坟村北	属四季青乡门头村村委会辖村。聚落面积90亩,有100户,333人,汉族居多,还有满族42人,藏族13人,回族4人,苗族1人	曾是清代健锐营右翼镶蓝旗营地,谐音得今名,尚存营墙残段	植被多为成片果树,经济由团城林工商公司经营管理。村西有360、318路公共汽车站
40	南河滩	位于四季青乡政府西北6.2公里,佛香阁西南6.6公里,青龙山东麓,香山南路西,南邻厢红旗,东邻胆家坟,西北接正黄旗	属四季青乡门头村村委会辖村。聚落面积52.5亩,有89户,278人,汉族居多,还有满族38人,回族25人,蒙古族22人	因处于清代健锐营地以南的几条山沟滩地得名。村西山崖上有一丈(3.3米)见方的摩崖"佛"字,刻于清乾隆年间,还有巨大石刻"狮子窝"三字,村西北有建于清乾隆年间的无梁殿,即"旭华之阁"	村周有小片果林。经济由团城林工商公司经营管理,村东设有318、360路公共汽车站。
41	礼王坟	位于四季青乡政府西北5.8公里,佛香阁西南5.9公里,香山南路东,闵庄路两侧,西邻南河滩村,东邻瑞王坟,南近魏家村,北近门头村	属四季青乡门头村村委会辖村。聚落占地90亩,有93户,323人,汉族居多,还有满族46人、回族6人、蒙古族4人	因清太祖第二子礼烈亲王代善及其子孙坟地在此得名。村民中多是看坟人家后裔。村北有礼亲王坟遗址,原墓占地150多亩,现墓地正门尚完整,还有石碑一块	经济由团城林工商公司经营管理,其第二生产队主要经营果树。村东设有360路公共汽车站,村西有318、360路公共汽车站
42	瑞王坟	位于四季青乡政府西偏北4.6公里,佛香阁西南5.6公里,闵庄路南,牛碌坟村西	属四季青乡门头村村委会辖村。聚落面积60亩,有54户,188人,汉族居多,还有满族37人	因清嘉庆帝第四子瑞怀亲王绵忻之子多罗瑞敏郡王奕志墓地在此得名,村民主要是看坟人后裔。瑞王坟墓地原有百余亩,坐西朝东,前方后圆,内有石桥、碑亭、隆恩门、隆恩殿、宝城等,现多残毁,遗址及墓志保存尚好	经济由京香农工商公司经营管理,村北为其生产队,村中有北京市农科院林业果树研究所。360路公共汽车在村北设站

续表

序号	村名	位置	面积、人口等基本情况	村落文化资源	发展现状
43	北坞	位于四季青乡政府北偏西3.6公里，佛香阁西南2.3公里，坞村路东，玉泉山路南	属四季青乡玉泉村委会辖村。占地630亩，有871户，2549人	原名瓦窑头，12世纪金代兴建大成护圣寺（后改名金山寺），在此烧砖瓦形成村落。明永乐十三年（1415年）发生大水灾，朝廷派船队沿村东金河（金沟河）救灾，两年后才撤走，集中停船处附近村落被称为北坞、中坞、南坞，其中北坞与原瓦窑头相近，后渐以此取代原名。明《宛署杂记》载村名记为北务。民间传说附会为高亮从西直门追赶龙王水车到玉泉山，中途三次"误"车之处。村中小学校址原为金山寺。庙东有全木结构戏楼一座，大约建于明末清初，保存尚好	经济由玉泉山农工商公司经营管理。村南有玉泉果树队。村南偏西闵庄路通行360路公共汽车
44	中坞	位于四季青乡政府北偏西2.5公里，佛香阁南偏西3公里，坞村路东，闵庄路口东北	属四季青乡玉泉村委会辖村。占地520.1亩，有602户，1707人	明永乐十三年（1415年）这一带发生大水灾，朝廷派船队来此救灾，长达二年之久，当时船只集中停泊三个点，称北坞、中坞、南坞，后此三处渐成村落，又渐演变成村名，中坞即其一。明代名中务村（《宛署杂记》载）。村西天仙庙（已拆除）中清嘉庆五年（1800年）碑称中坞。村南曾有清代校军场，有个规模宏大的建筑，称为大亭子，已拆毁。慈禧曾在这里设有安装德国进口小火车和铁道的游乐场	村西北有成片果园。经济由玉泉山农工商公司经营管理。村北为玉泉果树队，南为玉泉直属3队，种植蔬菜。村内有小学，360路公共汽车在村西南设站
45	舍茶棚	位于四季青乡政府西北3.9公里，佛香阁西南3.5公里，坞村路西，玉泉山路南	属四季青乡玉泉村委会辖村。占地186亩，有107户，331人	又名万缘茶棚。曾是北京城经蓝靛厂去碧云寺，或经山路至北安河去妙峰山进香道上的舍茶棚，后用为村名。曾有庙宇，现已拆除	经济由玉泉山农工商公司经营管理，村南有园艺队经营果树。村西有果树园。村南通行360路公共汽车

续表

序号	村名	位置	面积、人口等基本情况	村落文化资源	发展现状
46	闵庄	位于四季青乡政府西北2.4公里，佛香阁西南3.8公里，闵庄路南，西郊机场西	属四季青乡玉泉村委会辖村。占地286.5亩，有325户，981人	传说明代有个闵驸马在此营建花园，仆役人等后裔形成村落，名为闵家庄，简称闵庄。但查明史无闵姓驸马。村东有小学，小学原是三圣庙，庙内有尧舜禹木刻像。庙已拆除，尚存汉白玉圆桌一张及两株北京罕见的老楸树，高10多米，胸围1米多	村南原有个北柳林村，1937年侵华日军因修建西郊机场拆除，部分村民并入闵庄。经济主要由玉泉山农工商公司经营管理，村旁有菜地。村北有360路公共汽车站
47	小屯	位于四季青乡政府西北2.8公里，佛香阁西南4.2公里，北近闵庄路，东邻闵庄，南越田为篱笆房，西靠南旱河	属四季青乡玉泉村委会辖村。占地409.5亩，有382户，1157人，汉族居多，还有回族12人	因明代军屯得名。村东西禅寺，建于明正德八年（1513年），初名褒贤寺，是这一带规模较大的寺庙，后殿和两侧配殿保存完好，今为颐西农工商公司驻地，还有明碑一座和"重修古刹西禅关帝禅林"石刻横额一块	村址及四周属平原地貌，经济属玉泉林工商公司经营管理，以种植果树为主。村北有360路公共汽车站
48	祁家村	位于四季青乡政府西偏北3.6公里，佛香阁西南6公里，小府村西北，瑞王坟村南	属四季青乡西山村委会辖村。占地64.1亩，有159户，465人，汉族居多，还有满族7人，苗族1人	明代名七象村（《宛署杂记》有载），现有张、陈、程、康、刘五大姓。加上原属祁家村的四统碑村秦、王两大姓，共为七大姓。没有祁姓人家。应是谐音成今名	村址及四周属平原地貌，经济主要由西山农工商公司经营管理。村南通行347路公共汽车
49	黑塔村	位于四季青乡政府西2.8公里，佛香阁西南5.9公里，杏石口路北，南平庄立交桥北	属四季青乡西山村委会辖村。占地139.5亩，有400户，1239人，汉族居多，还有满族7人，蒙古族5人	明代已成村（《宛署杂记》有载）。因村有黑塔（已拆毁）得名。西山村委会、西山中心小学、西山中学等都在这个村	村址及四周属平原地貌，地下水较丰沛。经济由西山农工商公司经营管理，村北有果树3队。村南有347路公共汽车站
50	马家坟	位于四季青乡政府西2公里，佛香阁西南5.6公里，南旱河西，杏石口路北的东平庄北	属四季青乡西山村委会辖村。占地12亩，有28户，88人	因曾有马姓家族坟地得名	村址及四周属平原地貌，经济属西山农工商公司经营管理，主要种植蔬菜。村西有杏石口路通行347路公共汽车

续表

序号	村名	位置	面积、人口等基本情况	村落文化资源	发展现状
51	西冉村	位于四季青乡政府西南1公里，佛香阁南偏西5.2公里，西郊机场西	属四季青乡西冉村村委会辖村。村落较分散，占地135.9亩，有351户，1161人，汉族居多，还有蒙古族2人	据传因冉姓家族坟地得名，这个家族中有个老公（太监）修建的陵关庙，村在庙西	村址及四周为平原地貌，经济主要由兴业农工商公司和振兴农工商公司经营管理，分别从事温室种植蔬菜和经营果园。村南有347路公共汽车通过
52	篱笆房	位于四季青乡政府西北2.1公里，佛香阁西南4.8公里，南旱河东，小屯村南	属四季青乡西冉村村委会辖村。占地77亩，有176户，502人，汉族居多，还有满族1人	清代外地穷人来此落户，因住房用柴枝所编篱笆搭成得名	村址及四周为平原地貌，经济主要由兴业农工商公司经营管理，主要种植蔬菜。村北有360路，村南有347路公共汽车通过
53	佟家坟	位于四季青乡政府西南1.6公里，佛香阁南偏西6.2公里，杏石口路北，南旱河东。西冉村村委会驻在该村	属四季青乡西冉村村委会辖村。占地150亩，有226户，751人，汉族居多，还有蒙古族11人，满族6人	据传曾有饲养北京鸭巨富佟姓家族坟地，因以为村名	村址及四周均为平原地貌，经济主要由兴业、双青两个公司经营管理，主要种植蔬菜。村南有347路公共汽车站
54	东冉村	位于佛香阁南5.1公里，五棵松路西，北与南坞村为邻，南邻小煤厂村，西邻西郊机场	属四季青乡东冉村村委会辖村，聚落面积349.5亩，有713户，1920人，汉族居多，还有满族20人，回族6人，锡伯族1人	该村原是一片坟地，因冉姓人家坟茔最为高大，形成聚落后（主要是看坟人家）名冉家坟，又因位于东部形成今名	村址及四周属平原地貌，经济由常青农工商公司经营管理，主要经营蔬菜。村东有大台铁路通向西郊机场的支线通过，另有360、905、334、347路公共汽车站
55	南坞	位于四季青乡政府北0.6公里，佛香阁南4.2公里，五棵松路西，远大路口北，西郊机场东，是从西直门经长春桥、蓝靛厂去香山必经之村，也是去妙峰山的香道经过的重要聚落	属四季青乡东冉村村委会辖村，占地150亩，村呈三角形，分布在去西郊机场的铁路支线两侧。有337户，906人，汉族居多，还有满族20人	明永乐十三年（1415年）这一带发生大水灾，朝廷派船队来此救灾长达两年之久，当时船只集中停泊在三个点上，称北坞、中坞、南坞，后来在此三处渐成聚落，借充停船之坞为村名，南坞即是其一。明正统元年（1436年）《崇善寺记》碑文和《宛署杂记》书载为南务	村址及四周属平原地貌，经济由常青农工商公司经营管理。村东有360路公共汽车站

续表

序号	村名	位置	面积、人口等基本情况	村落文化资源	发展现状
56	巨山	位于四季青乡政府西偏南4.4公里，佛香阁西南7.2公里，永定河引水渠北，香山南路东。北邻巨山农场	属四季青乡宝山村委会辖村，占地185.1亩，有420户，1306人，主要为汉族，还有满族1人	明代名撅山村（《宛署杂记》有载），又名掘山村（嘉靖四十一年，即1562年"娘娘庙记"碑）、聚山村（《北京历史地图集》清西山园林页）。也叫过"绝山村"	属平原地貌，地下水较丰沛。经济由宝山农工商公司经营管理，主要种植蔬菜。村北杏石口路通行347路公共汽车
57	正福寺	位于四季青乡政府东南0.9公里，佛香阁南偏东6.3公里，五棵松路东，板井路南	属四季青乡高庄村委会辖村，村呈带形，占地190.1亩，有320户，1115人	因村中有正福寺得名。据传，正福寺最早是徐达后裔所建家庙，已拆毁，仅存古国槐一棵。村中有小学，寺西曾建有天主教堂	村址及四周属平原地貌，经济由曙光农工商公司驻地经营管理，主要种植蔬菜。村北有360公共汽车通过
58	十王坟	位于四季青乡政府西南2.5公里，佛香阁西南6.7公里，永定河引水渠两侧，南旱河西南	属四季青乡田村村委会辖村。占地计72亩，有89户，330人，汉族居多，还有满族4人	因曾是康熙第十子（胤䄉）坟地得名（《北京历史地图集》第65页，民国北平市郊五区郊六区幅名十王坟）	村址及四周属平原地貌，因位于永定河引水渠两侧，地上、下水极充沛，村东北有大片果园，经济由田丰农工商公司经营管理。村西北有347路公共汽车通过
59	蓝靛厂	位于四季青乡政府东北1.4公里，佛香阁南偏东4.9公里，南依远大路，西为昆明湖南路，北跨蓝靛厂路	属四季青乡蓝靛厂村委会辖村，村形长方，东西略长。14个"自然村"和火器营等4个居委会管辖范围连成一片。"自然村"部分共有2110户，5847人。少数民族占总人口的16.9%，其中满族524人，占53%，较集中在老营房、厢红旗、厂大街、缠脚湾，回民394人，较集中在厂北街和缠脚湾、宽街	因曾是明代生产染布蓝靛的厂址而得名。它是从西直门经长春桥去香山必经之地，也是明清两代去妙峰山进香的经行之地，清代帝王经长河去万寿山也要经过。该地广仁宫前长春桥为当时社会与宗教活动中心。广仁宫供奉碧霞元君，因而又名碧霞元君庙，原是明万历三十六年（1608年）建的护国洪慈宫，俗称西顶，为京郊五顶之一，清康熙五十一年（1712年）改今名。清代在广仁宫西建圆明园护军镶蓝旗营房。乾隆三十五年（1770年）又在宫北盖造外火器营房7196间。它同圆明园周围的护军营和香山健锐营形成掎角之势。清代的护军营和香山健锐营形成掎角之势。清代的蓝靛厂已是"街衢富庶，不下一大县"（《天咫	属平原地貌，地表及地下水丰沛。经济由远大农工商公司经营管理，农业主要生产蔬菜，还有工厂企业等十多个单位。村东、村西共有4个公共汽车站

续表

序号	村名	位置	面积、人口等基本情况	村落文化资源	发展现状
				偶闻》），商业繁荣，手艺人多，成为北京西郊的一大集镇，各"自然村"实际是集镇中的街区。除了外火器营（旧址）已是居民区外，"厂大街、厂北街、厂后街、厂胡同、红门、戏楼、东西串堂、老营房、横街、缠脚湾、宽街、西门外、北门外、厢红旗"等14个"自然村"的农民都同居民混居。其中，西顶碧霞元君庙在厂大街北，红门因厂大街北侧重修于清乾隆二十一年（1756年）的立马关帝庙（现为十九中教职员工宿舍）前红色牌楼（已拆除）而得名。戏楼位于厂后街南，原是西顶庙前戏楼（已拆除）所在地。东西串堂位于戏楼西，因有两条南北向街巷而得名。老营房原是清代圆明园护军镶蓝旗营房。宽街位于厂北街西，横街东，有建于明万历年间的清真寺，清嘉庆十七年（1812年）、道光十年（1830年）及1931年进行了三次重修。寺坐西朝东，二进。一进已无，二进依次为垂花门、正殿、南北配殿。寺北为穆斯林义地。正殿西壁上嵌有一块古阿拉伯文的"台斯密"，寺内藏有一部光绪年间抄本《古兰经》。1986年在海淀区人民政府的支持下又进行了大规模的修缮，1987年竣工并刻碑记其事。西门外位于缠脚湾北，因位于清代外火器营西门（已拆除）外得名。北门外因在清代火器营北门（已拆除）外而得名。厢红旗位于蓝靛厂路南，因是清代外火器营镶红旗营房所在地得名	

续表

序号	村名	位置	面积、人口等基本情况	村落文化资源	发展现状
60	树村	位于海淀乡东北部，乡政府北3.1公里，佛香阁东北3.5公里，树村路南，东邻正白旗，南邻前河沿，北邻后营村	属海淀乡树村村委会辖村，占地40.1亩，村形方，有280户，1013人，汉族居多，还有回族110人，蒙古族24人，满族23人	历史上因处于圆明园几个护军营之间，商业曾繁华一时，有"树村街"之称，后因圆明园衰落而萧条，成为以稻作为主之村	村址及四周属平原地貌，地下水较丰沛。80年代以来联营运输业规模可观，村里有树村小学。村西、村东分别有362、365路公共汽车通行
61	肖家河	位于海淀乡政府西北3.2公里，佛香阁北偏东1.8公里，圆明园两路两侧，北邻农业大学，南近中央党校，西越京密引水渠为国防大学	属海淀乡肖家河村委会辖村，该村包括肖家河桥东、东村、正黄旗、河北新营连成一片的4个自然村和清河南的河南新营村。村址占地4185亩，村形主体近方形，四周还有散列房舍。有787户，2340人	清河裁弯取直以前，流经该村的一段名肖家河。有五孔古石桥一座，东西走向，桥两侧的村落便借充河名为村名。正黄旗、河北新营、河南新营，原来都是借充圆明园护军营房为村名，东村则因其位于肖家河东得名。石桥西侧有古寺延福禅林一座，清代重修后，奉天仙圣母，现殿房尚存，用作养鸡场，殿前存古槐一株	村址及周围属平原地貌，村址因处于树村通向青龙桥的大道上，晚清就有小规模集市，主要分布在桥西，现街市住户转移桥东。农业传统以种京西稻为主，近年建大量大棚种菜，种稻规模缩小，企业不断增加。362路公共汽车从村中穿过并设站
62	六郎庄	位于海淀乡政府西南1.6公里，佛香阁东南2公里，南邻巴沟村，西近颐和园东墙，东和北与西苑邻接	该村为六郎庄村民委员会驻地，占地445.5亩，村形东西长方，有1795户，4736人，汉族居多，还有满族1424人，回族13人，蒙古族2人	明代名为牛栏庄（《明成祖实录》《宛署杂记》），又因风景秀丽，柳丝如浪称柳浪庄。清代民间附会于杨家将故事，改称今名。此名最早见于清康熙五十一年（1712年）内务府总管赫弈的奏折。村内小狮子胡同口的石狮子被附会为六郎的拴马桩。据传清慈禧太后因属羊怕狼，曾下旨改为吉祥庄，但未被当地居人所接受。村内立有为纪念人民解放战争中五塔寺战斗牺牲的革命烈士的六郎庄烈士纪念碑。还有清末张之洞花园和荣禄别墅遗址，现代工笔花鸟画家田世光故居等	村址及四周属平原地貌，地表及地下水充足，主要种京西稻，也产藕、荸荠等作物。菜地占五分之一以上。养鱼水面113亩。六郎庄路两侧，店铺、工厂逐年增加。374、905、904、384等路公共汽车在该村周边通行

续表

序号	村名	位置	面积、人口等基本情况	村落文化资源	发展现状
63	巴沟	位于海淀乡政府西南2.3公里，佛香阁东南3.4公里，市水产公司渔场西，巴沟北路南，京密引水渠东	属海淀乡万泉庄村委会辖村。村形正方，占地134.3亩，有551户，1292人，汉族居多，还有满族14人，回族7人	明代名为八沟村（《宛署杂记》），也叫巴沟（《长安客话》）。据《日下旧闻考》载，巴沟村有巴沟桥，清乾隆帝命立碑以志之。"万泉庄泉源随地涌现……水之由万泉庄注巴沟、由巴沟入畅春园者，其源流始大著。"御制万泉庄泉注巴沟桥之南："平地淙淙出乳穴者不可胜数。"原有老道庙、东庙、菩萨庙、姑子庙，现都已拆毁建为居民区，只剩下地名	1958年前，泉水仍分八条沟北流聚为万泉河。东西走向的道路上建有八座单孔桥架在沟上。后因水源枯竭，沟逐渐填平，桥逐渐拆除。村址及四周属平原地貌，唯村西平原中有一孤丘突起，名为巴沟西山，从平地到顶高5米，远眺近瞻目标醒目。地下水丰沛，多种植水稻和蔬菜。1986年建鱼塘130.5亩。村东有386、367路公共汽车站，村西通行374、905路公共汽车
64	西埠头	位于北安河乡政府北偏东2.8公里，佛香阁西北12.8公里，北安河路东，京密引水渠西，南邻草厂村	属北安河乡西埠头村委会辖村。村呈方形，占地390亩，有272户，1023人，其中回、满族各1人。为村委会驻地	据村内建成于明正德二年（1507年）的兴善寺碑记载，当时名杨家铺头，又名铺头。（《宛署杂记》记为蟆头村）。明弘治十二年（1499年），有太监承太皇太后之命诣大觉寺焚祝事竣，在此村购地建寺，与去上方寺进香客常住之需。可见当时此村是去大觉寺、上方寺进香的重要路站。兴善寺尚存正殿三间，银杏树2株，"大明敕建兴善寺碑记""大明兴善禅寺碑铭记"各一。碑文大部分清晰。碑铭记后所记周围各村，是了解当时附近地名的石刻依据	该村地势西高东低，村西、村北是旧河滩。村中原有水井颇多，现有机电井10眼，耕地和果园都能浇灌。农业生产曾以花生著名，后改种水稻为主，蔬菜次之。有鱼塘180亩。果园520.5亩。特产有小磨香油和破条篮子，有"东埠头帘子，西埠头篮子"之称。村办企业有锅炉厂、铸造厂等。村西北有346路公共汽车站
65	七王坟村	位于北安河乡政府西北2.6公里，佛香阁西偏北2.6公里。妙峰山东麓，管家岭村东	属北安河乡七王坟村村委会辖村。占地300亩，村形东西长方，为村委会驻地，有93户，294人，农业占94%	因清道光帝第七子醇贤亲王奕譞（光绪帝之父）葬此得名。原为唐代法云寺旧址，又曾是金章宗西山八院之一的香水院。"文化大革命"中曾改名宏伟村。村西有"金鱼池泉"，池边石碑上有光绪年间所刻"一卷永镇"，池边有石柱栏杆，1975年被封闭饮用，水质非常好	地处山区，主要经营果树，主产桃、杏，苹果次之。在村西有被保护古树30棵。村中东主街东接北安河路，有公共汽车通行

续表

序号	村名	位置	面积、人口等基本情况	村落文化资源	发展现状
66	北安河	位于佛香阁西偏北15公里，北安河路两侧，主要在路西。军庄路北，北有草厂村，东邻温泉乡高里掌村，南邻周家巷，西南邻徐家庄	属北安河乡北安河村委会辖村。乡政府和村委会驻地。占地1699.5亩，西高东低。村形长方，南北略长。有1271户，4381人，满族15人，蒙古族、回族各2人。农业人口占86.4%	曾名北安窝，兴善寺明碑所刻名为安和，后谐音为今名。据《日下旧闻考》载："出百望（今望儿山）十里为长乐河，河水不甚阔而流驶。长乐河即安河，其地有南安河、北安河……诸村。"1982年扩建了抗日战争和解放战争烈士纪念堂。有百年树龄的银杏2株、松4株、柏5株。建于清代的文昌阁、双关帝庙、玉皇庙等尚存。村西南有法国人贝大夫租用冈家山场建的贝家花园，现为航空航天部技校。村北的区畜牧场原是清道光帝第九子孚敬郡王墓地（九王坟）	这个村曾是门头沟至南口大道的重要路站，当时村中有骆驼店，可宿数十头。它又是去妙峰山进香中道上山的起点，有过雇佣山轿的店家。村内东西主街两条，土石路面，连通北安河路。还有妙峰山林场
67	徐各庄	位于北安河乡政府西南1公里，佛香阁西偏北14.7公里，西北环铁路东侧，军庄路西，东邻周家巷，南邻寨口村，西邻大觉寺	属北安河乡徐各庄村委会辖村。村委会驻地。村形长方，占地90亩。有169户，549人，农业人口占82.7%	村西有大觉寺。大觉寺南为莲花寺，北为普照寺。普照寺建于明天顺五年（1461年），坐西朝东。四合布局，分为南北两院。南院门额曰："普照禅林"。院内正殿3间，硬山调大脊，面积90平方米。明间后檐墙处建有神龛，南北配殿各3间，院内有明代所植银杏树一株，北跨院有僧房16间，以回廊相接，其中5间东房东出后厦3间，卷棚顶，苏式彩画，曾为寺中戏台。寺前建有水池，由龙口注入清泉，池东原有该寺大门，1970年因修筑铁路而拆除，门前照壁尚存。寺内原有明天顺五年（1461年）《敕建普照寺记》碑。弘治六年（1493年）《重修普照寺记》碑及成化十五年（1479年）《大明诰封圆修慈济国师塔铭》，成化十六年（1480年）《五台净戒禅塔铭》，明正德四年（1509年）《大明故内官监太监罗公塔铭》等均毁于"文化大革命"时期。更南有周云端和尚灵塔。村西北有座规模相当大的周家坟，仅存围墙，相传是明成化帝之母孝肃皇太后周氏家族墓地	地处半山区，西高东低，杂粮和玉米在粮食产量中占的比例很大。果产有桃、苹果、杏等。村办厂有锅炉厂，琉璃瓦厂。经军庄路东行有346路公共汽车通行

资料说明：本表参考徐征、冯黛虹：《海淀老街巷胡同寻踪》，学苑出版社2009年版；《海淀区地名志》，编辑委员会编：《北京市海淀区地名志》，北京出版社1992年版等文献整理而成。

二 三山五园周边村落文化调查案例分析

在本项目研究过程中,采取案例研究方法,集中对三山五园周边的六郎庄、北坞村、挂甲屯、一亩园、后营村、六间房村、门头村、红旗村、四王府村等村落展开调查研究,以期通过个案对比,较为深刻地剖析影响这些村落文化保护的主要因素,进而提出有针对性的保护策略与发展建议。下面以六郎庄为例展开分析。

六郎庄案例

(一)快速城镇化进程中六郎庄的变迁

六郎庄属海淀乡(镇)管辖,位于颐和园昆明湖东畔,在佛香阁东南2公里处,东至芙蓉里小区,南至巴沟村,北至二龙闸和操场。村庄占地445亩,现有本村居民4641人,另有外来人口3.5万余人,汉族为主,有满族一千余人。① 村民传统上以种稻为主,随着城镇化进程的推进以及北京城市规划建设的发展,六郎庄面临拆迁改造的境遇,1998年前后,村庄临近现在北四环路海淀桥附近的建筑因修建城市环线道路而开始被拆迁。近年来,"瓦片经济"兴盛,村中出现大量违建,凭借房租低廉、交通便利的条件,这里成了外来人口租住的首选聚集地。大量外来人口的聚集,使得该村的治安、环境等一系列社会问题日益凸显。2010年,在统筹推进城乡接合部整体改造的过程中,六郎庄村被列为全市50个市级挂账整治督办重点村之一。由于六郎庄与颐和园、圆明园邻近,出于保护颐和园区域完整性、水系保护以及景观等方面的考虑,六郎庄改造最终选择乡域内异地回迁模式。搬迁后的新村位于海淀乡树村地区的后营北村,与六郎庄旧村直线距离6公里。2011年底,六郎庄村完成腾退拆迁,4600多名村民入住新村。②

---

① 张宝章:《昆明湖畔两村庄:六郎庄和北坞村》,中国发展出版社2015年版,(自序)第2页。
② 王海燕:《海淀六郎庄今年拆迁农民上楼》,《北京日报》2011年1月10日,第8版。

（二）六郎庄村落文化遗产现状调查

六郎庄村形成于何时，这个问题还需进一步考证。但据已有的记载可知，六郎庄在明朝时既已存在，延续几百年的历史，使得该村积淀了比较丰厚的文化遗产。

首先，有关六郎庄来历的民间传说主要有四种。其一说，六郎庄最早称为牛栏庄，《海淀地名典故》中曾记载："明朝时期，这里南有八条沟渠，西有十里西湖，地势平坦，水草充裕，是顶好的畜牧地，白天牧牛，晚上将牛赶进围栏中。形成村落后，叫'牛栏庄'。'永乐四年（1406年）八月癸卯，北京行部言：宛平、昌平二县西湖景、牛栏庄及清（青）龙、华家、瓮山三闸水冲决堤岸百六十丈，命发军民修治'（《太宗永乐实录》）。'西湖景东牛阑庄'（《明成祖实录》）。嘉靖年间《京师五城坊巷胡同集》和万历年间《宛署杂记》中均称'牛栏庄'。"[1] 牛栏，即放牛和养牛的场所。至于这个村庄是否曾是古代的养牛牧场，或官办牛栏尚待考证。只是在村中老人的世代相传中，大约在元代以前，这里是一片湖沼，没有耕地，也没有居民。后来，不断有人到这里开垦荒地，定居下来，逐渐形成一个小村落。从海淀西行，首先映入眼帘的，就是几处新搭的牛栏，于是这个小村子就被称为"牛栏庄"。

其二说，六郎庄曾被称为"柳浪庄"。《白石桥·皂甲屯》一书载，"据《明成祖实录》记载，永乐皇帝曾登瓮山（即今万寿山），举目前望，只见在一片水汪汪的湖泊旁边，有一个风景秀丽的村庄，杨柳成行，风吹如浪，犹如江南水乡。……这个村庄叫何名？史书上说叫'柳浪庄'"。[2] 另有传说该村在明代时邻近清华园的柳浪闻莺，村景秀丽，柳丝如浪，逐渐成为达官贵人的游览胜地，也是骚人墨客流连吟咏的处所。诗人们在该村咏柳吟诗，后来有人送给这村一个文雅的村名，叫"柳浪庄"。还有传说，清康熙二十九年（1690年）在清华园故址修建畅春园，在园西部建了一道桃堤，为与桃堤名称相对应，借原柳浪闻莺之名，将牛栏庄改为柳浪庄。[3]

---

[1] 徐征：《海淀地名典故》，北京出版社2003年版，第225页。

[2] 王铭珍、黄兆桐：《白石桥·皂甲屯》（海淀史地丛书），北京出版社2003年版，第118页。

[3] 《北京百科全书·海淀卷》编辑委员会编：《北京百科全书·海淀卷》，奥林匹克出版社2001年版，第173页。

其三说，六郎庄因附会杨六郎的故事而得名。据说，出于对清政府统治的不满，华家屯更名挂甲屯后，结合六郎挂甲的故事，柳浪庄被村民谐音改为六郎庄。① 民间又有相传，杨六郎曾经多次路经柳浪庄奔赴沙场。他在村内小狮子胡同口的石狮子上拴过马，为表示对这位传奇英雄的崇敬，这里的村民就把柳浪庄改为"六郎庄"。还有一说，北宋时杨六郎与辽兵交战受伤，曾在此村养伤，还除掉了村里的一个恶霸，人们为了纪念他，把村子称为六郎庄。② 六郎庄之名最早见于文字记载大约是康熙五十一年（1712年），内务府总管赫奕等具奏："六郎庄真武庙配殿六间，和尚住房八间，用银一千四百三十五两二钱，在六郎庄修造园户住房三十间，用银一千两。"③ 乾隆年间成书的《日下旧闻考》中也称"六郎庄"。

其四说，六郎庄又名"吉祥庄""太平庄"，据说这与慈禧太后有关。相传，有一天慈禧太后在颐和园内散步，站在十七孔桥上东望，看见一片江南景色的村庄，便问那是什么地方。李莲英答是六郎庄。慈禧太后属羊，狼能吃羊，因此她非常忌讳"狼"字，听说六郎庄的名字后，顿时便把脸耷拉下来，后说这个村名很不好，以后就改名叫"吉祥庄"吧。④ 陈文良在《北京传统文化便览》一书中，对这个故事也有记载，只是在后续处理方式上有所不同。据该书记载，慈禧太后听说六郎庄的名字后，"命人在佛香阁西边约一百米的山顶上修建了一座四方亭，派人日夜监视着六狼庄，并建有城墙垛子，垛子下种郁郁葱葱的松树，称为千松百翠，用以镇压六狼，后又将六狼庄改为太平庄。"⑤ 但"吉祥庄"和"太平庄"的名字并没有为当地百姓接受，他们仍称六郎庄。

其次，六郎庄紧邻颐和园，依托特殊的地理位置，村子里建起一些皇家赐建的建筑，随带产生了一些典故。例如，《海淀区古迹名录》中有"六郎庄都察院遗址"一说，据载，六郎庄西北有条大后街，街的北侧在清代曾设置过官署"都察院"，其职掌是主管对官员的监察和弹劾。慈禧太后和光绪皇帝驻跸颐和园后，为议事方便，在颐和园东南部的六郎庄设

---

① 《北京百科全书·海淀卷》编辑委员会编：《北京百科全书·海淀卷》，奥林匹克出版社2001年版，第173页。
② 《趣闻圣经》编辑部主编：《老北京的趣闻传说（续）》，旅游教育出版社2013年版，第53页。
③ 转引徐征《海淀地名典故》，第225页。
④ 王铭珍、黄兆桐：《白石桥·皂甲屯》（海淀史地丛书），第120页。
⑤ 陈文良：《北京传统文化便览》，北京燕山出版社1992年版，第1285页。

置都察院，各道御史有事在这里集议，并随时进颐和园禀报和听旨。宣统三年（1911 年）四月，清廷体制变动，裁撤吏部和都察院，在六郎庄的都察院房屋由此变成公房，此后失修而被废弃。因六郎庄紧邻颐和园，皇帝进驻颐和园时都要途经六郎庄，因此在许多谕旨中六郎庄常被提及。例如，光绪十八年五月初二日《申报》刊登一则载湉于四月十四日的上谕："朕于明日办事用膳召见大臣后，出德昌门、福华门、阜成门，紫竹院小坐，走苏州街、六郎庄，进颐和园东宫门，至乐寿堂皇太后前请安、传膳毕，听鹂馆少坐毕，出东宫门，走六郎庄、苏州街，紫竹院小坐，进阜成门、西安门、福华门、德昌门还瀛台。"

六郎庄因位置优越，在清代时还吸引了一些王公大臣及为御园服务的官吏争相在此购建宅院、庙宇。例如，康熙年间武英殿大学士明珠曾在此修建一座花园别墅，即史称为"京郊第一私家园林"的自怡园，现今这座园林已经杳无踪迹了，只是从六郎庄老人口传下来的称呼"园子里，园子里"依稀可见人们对明相国园的些许记忆。康熙年间，在六郎庄还修建了

破败后的真武庙

真武庙，村里人称"大庙""静安院"，是一个三进院落，中轴线上有山门、真武殿、娘娘殿，两侧有配殿。配殿是由康熙朝内务府郎中曹寅用内帑修建的，同时还在此修建了一批和尚和畅春园园户的住房。整个大庙共有房屋 42 间，殿内原有佛像 22 位，神像 29 尊，山门外立有夹杆石旗杆。

庙内栽植柳树、槐树19棵。山门里有楸树2株，柏树2株，真武殿中有壁画，殿前立碑2通。娘娘殿前有楸树2株，柏树2株，庙内法物有铜香炉1个，铜蜡扦2个，铁香炉鼎1座，铁钟1口。道光年间，在六郎庄村慈佑街老门牌7号修建观音堂，有殿房18间，庙内法物原有铁磬2口，殿钟1口，琉璃供5件，泥五供17件，泥香炉3个，泥烛扦6件，泥花瓶6件，供桌4张，泥佛像4尊，神像11尊，另有杨树4棵，柳树14棵。[①] 如今，真武庙在六郎庄拆迁过程中被保留了下来并加以修缮。观音堂则已荡然无存。光绪年间，军机大臣张之洞以及兵部尚书协办大学士荣禄都曾在六郎庄修建宅院，他们居住过的街巷还分别被命名为"张中堂胡同""荣中堂胡同"。张中堂胡同位于后街小狮子胡同附近，现在海淀街道办事处辖域的西北隅，因胡同中有军机大臣张之洞的花园而得名。该宅院民国时已废弃，今已无踪迹，但张中堂曾写的一首七律诗《西山》却流传下来，其诗句有："西山佳气自葱葱，闻见心情百不同。花院无从寻道士，都人何用看衰翁。"在六郎庄后街另有荣中堂胡同，现在海淀街道办事处辖域的西北隅，因胡同中有荣禄别墅而得名。民国以来该宅院少有人居住，且无人修缮，逐渐荒废，今已无存。在1932年出版的《北平市自治区坊所属街巷村里名称录》中，曾记载"荣中堂胡同"属第十三自治区第十九坊。1958年《北京市街巷名称册》在"街巷"栏中也载有"荣中堂"的名称。1992年《北京市海淀区地名志》只在"六郎庄"词条中提及"张之洞花园"和"荣禄别墅遗址"几个字，1996年《北京市海淀区地名录》再也不见张中堂胡同和荣禄别墅遗址的记述。[②]

此外，六郎庄村中还有双桥寺、田世光故居等建筑遗产。其中，双桥寺是历代朝廷重臣租住的庙宇，道光年间的文华殿大学士赛尚阿和体仁阁大学士祁寯藻都曾经在此居住。此后，乾隆帝四世孙奕绘和清代词后顾太清夫妇也租住过寺内葫芦庵。如今，双桥寺已不见踪迹，但有关双桥寺的诗文流传下来，成为其留存的记忆写照。例如，奕绘在《清明双桥新寓》诗中曾写道："六郎庄上酒，旧属'白莲花'。双桥寺里客，新到即容赊。"田世光先生是著名的国画大师，他的故居位于六郎庄中部偏西北的小狮子胡同里，是一处四合院，两进院落，中式的灰色门楼，门口原有影

---

① 徐征：《海淀地名典故》，第226页。
② 徐征：《海淀地名典故》，第119—121页。

壁和上马石。这里原是清末一个官员的房子，后辗转卖到田世光先生手里。田世光先生于1999年逝世后，他的故居在六郎庄拆迁整治过程中得以保留，现被列为海淀区文物保护登记项目。

再次，六郎庄位于玉泉山脚下，东有万泉河，西依长河、昆明湖，早年间泉水、河水、湖水极为丰沛，六郎庄因之有"京西水乡"之称。同时，每年六月以后，北京雨季开始，降水增加，大量水源满足水稻插秧、拔节、抽穗到乳熟的需要。而且京西热量充足，特别是4—9月间，北京气候炎热，太阳辐射强烈，完全满足水稻生长需要的温度和热量，因其绝好的地理条件，使得该地成为御用贡米京西稻的原产地。明代崇祯八年（1635年）刊印的《帝京景物略》中曾载，"度（瓮）山前小桥而南，人家傍山，临西湖，水田棋布，人人农，家家具农器，年年务农，一如东南，而衣食朴丰，因利湖也。"由此可见，最晚到明代，六郎庄就像江南一样，已经种植水稻了。清代萧奭《永宪录》记载，康熙年间"其御膳曰御稻米，出京师西山"，说明玉泉山万寿山一带的水稻品质优良，已经成为御膳房的专用品种。还有一种说法，是清乾隆帝从江南带回紫金箍水稻种，在六郎庄一带开辟皇家稻田，引玉泉山泉水灌溉，所产稻米籽粒饱满，光润透明，富于油性，入口劲道香甜，品质极佳，被称为京西稻。乾隆皇帝在途经六郎庄西南长河御道时，沿途多有吟咏之作，"维舟不断稻花风""飒爽风中馕粥香"等诗句也多少反映了该地稻作生产的景观。自清朝开始，京西稻一直是皇家贡米，平民百姓极少能享用，直到中华人民共和国成立后，寻常百姓家才有幸品尝到京西稻。据载，20世纪50年代左右，"京郊万寿山下，三千多亩水稻田，包围着六郎庄。"① 可见，当时六郎庄种植京西稻的规模是很大的。进入20世纪80年代以后，随着人口增加，水资源的匮乏，京西稻的种植受到严重威胁，到2000年六郎庄的3000多亩稻田调整为林地，仅保留17亩稻田。此后在六郎庄村东稻田上又兴建一座40万平方米的公园，稻田逐渐消失在人们的视野中。如今，京西稻作技艺被列入国家非遗名录，但是京西稻的生长环境发生了巨大变化，这是在保护和传承这一技艺过程中需要特别予以关注的一个现实问题，保护稻作技艺，整体保护区域环境是非常必要的。

---

① 汪加森、于青：《访京郊六郎庄翻身农民》，《人物杂志》1951年第6卷第4期，第2—3页。

除了盛产京西稻外，六郎庄一带水源丰盈的环境，还出产香脆可口的莲藕、菱角、荸荠、茨菇、茭白等水生菜蔬以及河鲜鱼虾。利用六郎庄盛产的白莲花及配方，在六郎庄和海淀仁和老店制作生产的"莲花白酒"更是誉满京城。最早在明代正德年间（1506—1521年），宫廷中即有饮用莲花白酒的记载。乾隆五十三年（1788年）出版的吴长元撰《宸垣识略》曾载：正德间朝廷开设酒馆。酒望云："本店发卖四时荷花高酒，犹南人言莲花白酒也。一云天下第一酒馆，一云四时应饥食店。"六郎庄何时开始生产莲花白酒，这还需要进一步考证，但据文献记载，最晚在道光年间，六郎庄的莲花白酒已经享誉京城。道光年间刑部侍郎斌良，多年居住在挂甲屯大树庵。在他写的《抱冲斋全集》中就有几首关于莲花白的诗。例如，道光十五年闰六月十七日，斌良西行至六郎庄，写了题为《舒眺万寿山玉泉诸胜杂兴》诗八首。其第三首写道："堤畔渔庄号六郎，莲泾围住柳丝乡。商量我欲移家住，酒美粳香恣饱尝。"第八首写道："轻车停傍锦牌坊，桐帽蕉衫趁午凉。近摘河鲜紫菱脆，旋沽村酿白莲香。"可见，六郎庄村酿莲花白酒名不虚传。还有一种传说，莲花白酒是由宫廷秘方配制的御宴滋补酒，传至民间，则以六郎庄酿酒作坊所产最为著名，是用玉泉水和本地特产白莲花，配以黄芪、当归等十余种中药材酿制而成。六郎庄紧邻皇家园林，其风俗也受到皇家的一定影响，例如，在农历六月二十五莲花节前后，观赏白莲花，细品莲花白，成为皇帝大臣和京西居民的特有习俗。可惜，随着环境的变化，六郎庄的特产和特有生活习俗在今天也寻不到踪迹了。

再次，六郎庄还有被称"天下第一会"的五虎棍会。五虎棍又称"开路五虎棍"，是民间花会表演项目之一，起源于宋代，反映的是宋朝赵匡胤、郑恩见义勇为，打败恶霸董家五虎的故事。相传，宋朝时在董家桥有个董员外，养了五个儿子，一个女儿。这董家五兄弟不务正业，每人使一条齐眉棍，练就了一身本领，在董家桥一带称王称霸，无恶不作。他们强行勒索来往行人留下过桥费，否则不准通过，人送绰号"董家五虎"。宋太祖赵匡胤在当皇帝之前，有一天正好要从董家桥上经过。当时是董家五虎的妹妹董金莲守桥，非要向他收取"过桥费"。赵匡胤坚决不给，于是两人对打起来，董金莲被打败后，赶快跑回家中，叫来了五个哥哥。董家五虎又和赵匡胤打了起来。恰在此时，郑子明挑着油挑子路过此地，他看见五个人打一个人，觉得这不公平，于是从油挑子上抽出扁担，帮助赵匡胤把董家五虎打得大败而逃，也为当地百姓除了一害。因为赵匡胤当时用的是"蟠龙棍"，而董家五虎使的都是"齐眉棍"，所以从此就留下了"五虎棍"。五虎棍分为四大类：一是"式架棍"，又叫"五虎打路"；二是"少林棍"（带武术），又称"五虎少林"；三是"藤牌少林棍"；四是"跟头棍"。

六郎庄五虎棍童子会，据传约在清代乾隆年间由村民阎发组织成立，会史悠久，长盛不衰，驰名于京师内外，后来会号又名允祐万善会。允祐是乾隆皇叔，为康熙第七子，封淳度亲王。允祐喜爱花会，因此他与六郎庄五虎棍童子会结下了不解之缘，允祐当了万善会的会头。由于该会有了皇家亲王主管，势力很大，名声传扬四方。① 据《六郎庄童子五虎棍会》中记载，"乾隆帝在观看六郎庄五虎棍的表演后，予以高度赞赏，赐名'六郎庄忠孝童子棍会'，赐赏半副銮驾和一面龙旗。棍会在乾隆二十六年皇太后七十寿辰时，曾在御道为老寿星表演，皇帝加赐会名'永寿万善忠孝童子棍会'"。② 在光绪年间，六郎庄五虎棍会多次遵慈禧太后懿旨，到颐和园大戏台为太后献艺，深得太后喜爱，遂命棍会的潘吉星等六名老艺人为御教习，组织太监在升平署学习棍术。在王芷章编《清升平署考略》一书记载："咸丰晚年，曾屡传掌仪司玩艺人入宫内奏技，迄光绪庚子以后，在二十九年至三十年之际，西后始又选择玩艺教习二十余人入内，包括童子棍教习潘吉星、苏朋寿、何长禄……慈禧大寿时，他们在颐和园大戏楼表演。"③

六郎庄五虎棍会的表演，编排成对打、群打套路，其中主要有三抽、三扫、三捂、三月子、二龙头、十八棒等打法，表演反映的故事还有《武松打店》《燕青打擂》《蜈蚣岭》等。走会时，会头提着御赐的幡旗在前领路，执事打着西太后恩赐的半副銮驾里的龙旗、龙棍（黑、红各一杆），文场在前用板鼓、大鼓、铙、钹、镲奏出鼓点，武角在后配合节奏表演武术动作，场面壮观、气势恢宏。

---

① 胡玉远：《京都胜迹》，北京燕山出版社1996年版，第330页。
② 张宝章：《昆明湖畔两村庄：六郎庄和北坞村》，（自序）第6页。
③ 胡玉远：《京都胜迹》，第330—331页。

六郎庄五虎棍表演

六郎庄五虎棍表演形式雅俗共赏、独具特色，对发展民间艺术、了解民俗文化、研究民俗民情都有重要的价值。如今，该项目被列入国家非物质文化遗产名录。有了政府的支持，六郎庄五虎棍项目得到一定程度的保护，但是目前在传承方面也面临一个难题，即后继力量不够，年轻人不愿吃苦学习，而该项目的传承还需要有童子功基础的人才能担当，因此该技艺亟须加强宣传，扩展途径培养传承人。

最后，六郎庄还留有红色革命文化遗产，在该村北后山立有汉白玉石纪念碑一座，碑阳镌文："革命烈士永垂不朽"楷字大书，上首为"一九六六年四月"，下首为"北京市海淀区六郎庄大队贫协敬立"。碑阴文为："一九四八年十二月，中国人民解放军第四野战军七支队在北京五塔寺战斗中有数十名战士壮烈牺牲，葬于六郎庄。为了怀念革命先烈的英勇事迹，立碑以志。"① 碑的后方为棺冢，基部长约 15 米，宽约 5 米，均为大理石板铺就而成。纪念碑和烈士墓起初是在原张之洞宅院遗址处修建的，1990 年 11 月六郎庄村对烈士墓进行了第二次重修。1992 年 9 月，六郎庄烈士纪念碑被列为海淀区文物保护单位。2012 年，在三山五园历史文化景区建设过程中，六郎庄村全面启动村庄拆迁腾退、环境综合整治等各项改造工作。在拆迁过程中，或许是当时没有出台相关的保护规划，或是施工单位对文物保护了解不够，结果出现了原来保护六郎庄烈士纪念碑的院子被拆除，纪念碑被砖石瓦砾和断墙所围绕，有些石板出现开裂，纪念碑底座也有裂痕等的情况。在 2014 年 4 月《北京青年报》等报界媒体的报道下，海淀区民政局及时采取保护修缮措施，在当年底将纪念碑专门立于一处平整的小广场中央，纪念碑的碑身及台阶得到修缮，广场外围绕了一圈院墙，并交由海淀镇定期打扫与保护修复。②

总之，坐落在昆明湖畔的六郎庄，依附颐和园而衍生出了诸多的文化遗产，其中有物质的，也有非物质的，还有红色遗产，这些文化遗产有些经过挫折被保护下来，如真武庙、烈士纪念碑，又如关于该村来历的传说至今仍在村中流传，五虎棍表演被列为国家级非物质文化遗产进行保护与传承。当然，还有很多的文化遗产由于没有被有意识的保护而损毁甚至消失，比如都察院遗址、张中堂胡同、荣中堂胡同、双桥寺、菊花白酒等，这些是六郎庄特殊的历史地理环境下的产物，也是与三山五园地区整体文化一脉相连的遗产。充分挖掘和利用这些遗产的价值，甚至在一些遗址基础上进行复建，恢复其历史面貌，一定程度上对三山五园整体文化景观的丰富和开发也颇有意义。

三 三山五园周边村落文化保护策略及发展建议

本项目组在对三山五园周边村落文化进行普查基础上，除了重点考察六郎庄等村作为案例分析外，还考察了北坞、一亩园、西苑、六间房、后营、北正黄旗、四王府等村落，发现一亩园村的娘娘庙在拆迁过程中，被堆土围

---

① 北京市文物事业管理局编：《北京名胜古迹辞典》，北京燕山出版社 1989 年版，第 270 页。
② 赵吉翔、陈孟旋：《拆迁地烈士纪念碑谁保护》，《北京青年报》2014 年 4 月 3 日。

起需要进行修护;西苑村在抗战时期出现的"万人坑"所在地现在修成了马路,不见当年一点痕迹;六间房村的鲁班庙碑刻被随意堆放在居民区;后营村的一处比较典型的传统村落民居没有有效保护,村民曾有反映但还未被列入文物保护单位;北正黄旗村的八旗印房已破败,需要修护;四王府村的清真寺在信众维护下保存比较完好。这些现象从一定程度上反映了目前三山五园地区村落文化的保护现状及存在的一些问题。

修建前一亩园村的娘娘庙状况
(照片由调查小组于 2017 年 7 月 21 日调查时拍摄)

在西苑村的"万人坑"遗址地追述历史
(照片由调查小组于 2017 年 7 月 21 日调查时拍摄)

六间房村的鲁班庙碑刻

（照片由调查小组于 2017 年 7 月 21 日调查时拍摄）

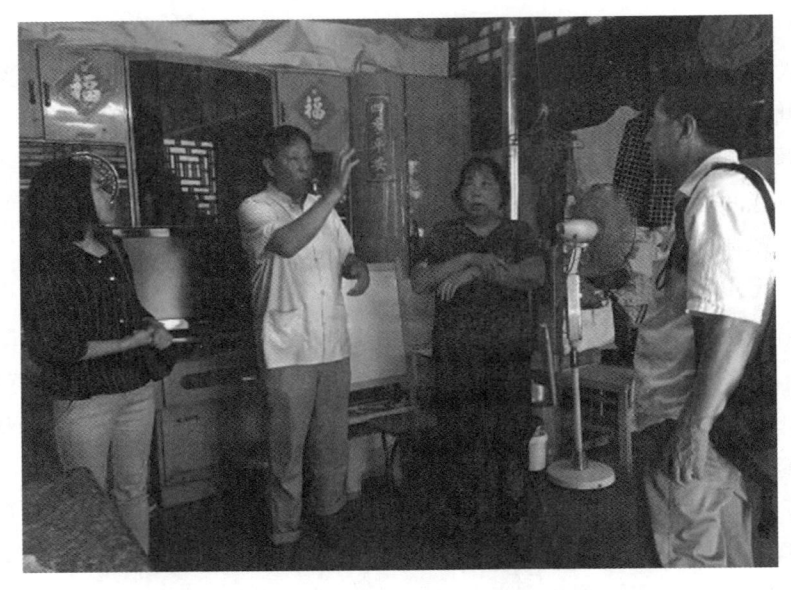

后营村的传统村落民居

（照片由调查小组于 2017 年 7 月 21 日调查时拍摄）

北正黄旗村的八旗印房

（照片由调查小组于 2017 年 7 月 21 日调查时拍摄）

四王府村的清真寺

（照片由调查小组于 2017 年 7 月 21 日调查时拍摄）

2018年12月，中央城镇化工作会议在北京举行，会议指出，城镇化是现代化的必由之路，对全面建成小康社会、加快推进社会主义现代化具有重大现实意义和深远历史意义。随着城市化进程的推进，中共中央、国务院制定了《国家新型城镇化规划》，对走中国特色的新型城镇化道路，全面提高城镇化的发展质量提出了具体的要求，将"文化传承，彰显特色"作为新型城镇化的基本原则之一，提出要充分利用城镇中的文化资源，强化对文化传统的传承创新，努力建设成为具有厚重的文化底蕴和鲜明时代特色的人文魅力空间。三山五园周边的村落具有深厚的历史文化底蕴，是北京少有的颇具特色的文化遗产资源聚集地，充分发掘和保护、传承与利用好这些村落文化资源，对推进北京全国文化中心建设具有重要作用，对做好北京城镇化工作具有示范作用。在调查了解现状的基础上，结合中央城镇化工作的指示精神，参考文化遗产及传统村落保护的相关理论，借鉴国内外村落文化保护的成功经验，总结出在快速推进城镇化过程中，三山五园周边村落文化保护工作存在以下主要问题：第一，科学规划不够，村落文化提炼不够。有的地方和部门对村落文化在新型城镇化建设中的地位认识不够，在拆迁过程中存在被动应付，个别地方甚至存在"重发展、轻规划，重建设、轻文化"现象。同时，对村落文化精神挖掘和提炼不够，使得村落文化在城镇化建设中的影响力不明显，科学保护规划不到位。第二，特色文化保护不够。在城镇化过程中，原有的村落文化遗产、民风民俗存在着消失的危险局面，需要加强保护有历史文化价值的古老建筑物等遗产，对口头民间传说等民间文学、民俗表演等非物质文化遗产也要注意保护，此外，对具有特殊革命纪念意义的红色文化遗产也要特别加以保护。第三，民众参与村落文化保护力度不够。村落文化是村民生活的文化空间，承载着村民的情感与智慧，在城镇化进程中，一些地方对村落文化保护工作只强调了政府的扶持，忽视了对民众的宣传与动员参与，甚至有些地方忽视了听取村民意见。

因此，针对村落文化保护工作中存在的一些问题，在今后城镇化发展过程中，对三山五园周边村落文化保护工作提出以下几点保护策略与发展建议。

首先，把文化资源保护与发展利用纳入新型城镇化高质量发展建设大局。城镇化是一种人文环境和气氛的聚合，传统文化、风俗习惯、价值信仰在城镇中进一步融合，是一个具有人本关怀的文化体系。在新型城镇化进程中，文化对于人的素质与修养的提高作用是其他要素无法替代的。从这个意义上，新型城镇化的建设必须重视文化的作用，必须加强对传统文化资源的保护与发展利用，在具体措施上，关键是充分调查挖掘与整理三山五园地区村落文化整体资源，建立数据库，为进一步保护与发展利用奠定基础。当前，三山五园地区很多传统村落都面临着物质和非物质文化遗产内涵挖掘不足，甚至最基本信息档案都缺失的问题，为此，需要深入挖掘村落历史文化内涵。这些传统村落文化资源，不仅包括传统建筑等物质形态的历史遗存，而且包括传统技艺、民风民俗、名人轶事传说等非物质形态的文化遗存。通过深入调查，对这些传统村落的历史沿革、文物古迹、传统民居建筑、生产生活方式、民俗风情、民间传说、传统表演等文化资源进行系统的梳理和研究，通过先进的数字多媒体手段，将相关文献资料、研究成果以及图片、视频、录音、录像等资料进行数字化保留，对濒危的传统技艺以及一些不适应现代生产生活的风俗表演等，可以通过虚拟仿真技术复原展示，建起三山五园周边传统村落文化资源"数据库"，打造开放的数据共享交换平台，以备人们研究和进行文化创新提供专业化的文化资源服务。

其次，政府要加强保护村落文化的力度，增加扶持村落文化保护工作的资金，加大社会宣传，提高民众参与保护村落文化的积极性。城镇化建设离不开政府的引导与管理，在城镇化建设过程中，政府对村落文化的重视程度直接影响着保护工作的进展。例如，在对六郎庄的考察中发现，随着城镇化建设步伐的推进，村落整体搬迁，村子里的真武庙、茶棚等文物古迹无法搬迁且亟须修缮，但是修缮工程进展比较缓慢，时断时续，其中很重要的一个影响因素是资金紧张。同样在一亩园村的娘娘庙修复过程中也存有类似问题。因此，加强政府的财政支持，对保护三山五园周边村落文化遗产意义重大。政府加强对村落文化保护工作的重视，除了在财政资金上予以支持外，还要加强对村落文化普查与定级保护。例如，通过实地调查发现，西苑村在抗战时期出现的"万人坑"所在地现在已修成马路，没有任何标记显示抗战时期这里曾是日军暴行的场所。又如，六间房村的鲁班庙碑刻是颇有民俗文化意义的遗迹，但也因无人重视而被随意堆放在居民区里。还有，北正黄旗村的八旗印房是典型的反映旗营生活的建筑载体，现今已破败，但是未引起相关部门的注意修护。这些案例说明，政府加强村落文化保护要重视普查工作，充分了解民间文化的内容，进而采取相应措施,及时保护。在具体行动上,因地适宜,例如,对西苑村的"万人坑"可以在遗址所在路边设立纪念碑,说明此地在抗战时期发生的惨烈事件,激发群众的爱国主义情怀;对六间房村的鲁班庙碑刻和北正黄旗村的八旗印房要专门找文物部门鉴定,根据定级提出相应的保护方案。

此外,村落文化是村民赖以生活的文化根基,在村落文化保护中要充分调动群众积极参与,当然,媒体的宣传与监督作用也不可忽视。以六郎庄烈士纪念碑保护为例,该纪念碑是海淀区重要的红色文化遗产,但在2012年村落搬迁过程中因保护不够受到一定程度破坏,2014年《北京青年报》曾对该事进行报道,在采访过程中,记者走访了离纪念碑三百米左右的六郎庄小学,通过采访部分师生,记者了解到学校里的一些教师对此碑了解得不是很多,对学生进行的关于该纪念碑的宣讲教育也很少。这一方面与该村随着城镇化发展,人口流动加大,原住民迁出和外来人口迁入频繁,而且纪念碑存放地点偏僻,部分教师与学生不是当地居民,对此很少了解等原因有关,另一方面也与当地不重视对该红色遗产的宣传直接相关。通过媒体的报道宣传后,六郎庄革命烈士纪念碑保护问题引起当地相关部门高度重视,民众也很关心,后来专门设立了保护场地,成为一个爱国主义教育基地。由此可见,红色遗产是中华民族宝贵的文化财富,加强红色遗产保护工作,要重视对红色遗产的宣传与教育,提高民众对红色遗产的认识与保护意识。利用媒体宣传红色遗产相关的革命事迹和其价值,结合学校教育,让更多的人认识到保护红色遗产的重要性,增强保护意识,动员全民参与,使保护红色遗产成为全社会的自觉行动,这是保护红色遗产可行的发展路径。三山五园周边红色遗产分布于村落中的现象很是普遍,红色遗产也是三山五园地区村落文化的一项重要内容,案例给我们提出警示,即城镇化过程中,对于村落里红色遗产的保护要给予充分重视,出台相关规划措施,加强监管,确保做到保护性拆迁的有效实施,避免破坏后再修缮的情况。保护红色遗产的可行路径同样也适应于保护村落文化的整体工作思路。

保护村落文化遗产离不开当地村民的参与,而且亟须向当地村民进行咨询,听取他们的意见和建议,因为他们是这些村庄发展史的见证人,对本村的文化遗产熟悉而又有深厚的感情。例如,在修缮六郎庄真武庙时,村里一位姓池的老人即指出,现在的修缮工程存在一些问题,原有的庙门在修复时居然被修没了,整个的格局也和他们小时候经常来此玩耍时的模样有了很大变动，他们看着这样的修复工程有些意见和建议，但不很清楚如何能够与负责修缮文物的相关单位进行沟通，交换意见。又如，后营村的一处比较典型的传统村落民居现在一直没有得到有效保护，该处主人指出此宅已有一百多年历史，保留的清时期的庭院布置装饰非常有时代特色，具有很强的历史与民俗价值，但是他们不知道如何向有关部门去反映这个问题并引起注意。这些问题的存在不是个案，而是有一定的普遍性，因此，充分普查与修缮传统村落中的古建遗迹工作需要听取群众意见，听取他们的呼声，向当地村民进行咨询，这是保护文化遗产工作方法科学性的体现，也是保护村落文化遗产特别重要的一项措施。

再次，保护村落文化遗产，开展村民口述史访谈调查工作非常必要。三山五园地区的传统村落具有悠久的历史文化价值，反映了这一地域一段时期的传统风俗风貌。在城镇化过程中，随着村落搬迁等工作的开展，保护好这些传统村落文化成为留住乡愁记忆的有效举措。口述史是一种书写民众生活的历史记载方式，在保护传统村落文化过程中也是一种非常必要的措施。通过对三山五园周边原有村落居民开展口述访谈，聆听村民讲述村落的发展史、民风、民俗及各种生产生活技艺，整理编写出村史村志，印制成小册子，分发各户，这既是对传统村落文化的一种传承，也是对村民进行乡土教育的有效方式。通过村史村志，让后代子孙至少能够从文字记载中对自己村庄的历史变迁有所了解，进而激发村民对自身村落文化的自信心与自豪感，通过文化认同，增强村民的感情交流，促进村民社会关系的和谐发展。

最后，保护三山五园周边村落文化，还要做好合理规划利用工作，使其充分发挥自身价值，从而推动进一步传承。城镇化建设是一项复杂的工作，做好传统村落文化保护，需要把人文理念融入新型城镇化建设的各类规划。要成立新型城镇化文化建设专家顾问团，无论是城乡总体规划、土地综合利用规划，还是产业规划、生态环境保护规划等，都要认真听取专家的意见，做到有文化考量、有文化表现。文化建设要纳入到新型城镇化空间布局中。具体措施上，可以进行文物的公益性利用，例如，村落遗留的建筑遗产除了用于参观旅游外，可引导村镇、街道利用这些建筑空间建设小博物馆、村史馆、老物件陈列馆等，动员村民自发捐献搬迁过程中腾退出来的老物件，集中留作村庄文化纪念物，供后人参观。通过此活动，还可增强村民自觉保护村落文化的意识，增强群众热爱家乡的情怀，更能够借此留住乡愁记忆。此外，要统筹保护规划，对三山五园周边传统村落中的古老历史建筑实施整体和特色保护。要针对不同保护范围、不同风格建筑开展整体风貌和地域特色的保护，制订并实施翔实的保护规划。同时，借鉴国内外古村落保护方法，严格控制周边新建住宅的风格、高度等，确保与传统村落历史建筑风貌相协调。另外，红色遗产在三山五园周边村落文化中也占有重要地位，保护红色文化遗产，推动爱国主义教育发展，也要注意统筹规划。例如，依托红色遗产的重要历史文化价值，结合环境建设，开发红色旅游路线，加强红色文化遗产宣传与讲解，举办红色遗产主题展览，开发主题党日、团日等活动，是行之有效的一项有力措施。但是，在开发与利用红色遗产发展旅游时，应注意形式与内容的统一，要科学合理地协调发展，不能走形式主义，不能单纯为追求经济利益，过度开发红色遗产，甚至造成对红色遗产的破坏。城市化进程中的三山五园周边村落文化的保护过程中，会涉及多方社会利益，政府还要统筹规划协调好相关单位、部门与个人之间的利益关系，明确权责，多方协调发展，充分调动政府、社会民众、媒体等多方力量，共同推动保护工作不断推向新高度。

张恨水笔下的老北京城市图景[*]

李艳爽[**]

摘要: 20世纪二三十年代,是北京迈向现代城市的重要起步阶段。北京在居住环境、市政建设、公共文化空间、商业活动等方面发生了巨大变化。张恨水以其报人作家的视角描摹北京的城市图景,记录世俗人生:居住在四合院和大杂院的北京市民始终努力享有安逸平和的市井生活;会馆是北京异乡人的家园,发挥了重要的传统聚合能力,在北京南城有着重要的地位,然而在社会政治经济的变动中,会馆不可避免地走向了衰落;作为北京公共娱乐空间的戏院、电影院、公园成为传统与时尚的载体,北京市民的娱乐生活与社会交往日益多元和分化。北京站在皇城历史与现代文明的交汇处,形构了自己独特而多元的都市风貌,奠定了北京现代城市的雏形。

关键词: 张恨水作品 北京 城市图景

北京是一颗镶嵌在富饶辽阔的华北大平原北端的熠熠生辉的明珠。它三面环山,中间形成一个小平原。其东北与松辽平原毗邻,东南面对渤海,西为太行山麓,北与燕山与怀来盆地、宣大盆地相接连。优越的山川和海陆位置赋予了北京城特殊的历史意义和城市魅力。近现代北京城的雏形形成于元(1271—1368年)大都时期。明朝对紫禁城、皇城、内城、外城迁移和重建,完成了北京城的格局。进入民国,清朝民族隔离政策解

---

[*] 北京学研究基地开放课题《民国时期北京娱乐生活研究——以张恨水小说为中心》(BJXJD – KT2017 – YB09)研究成果。

[**] 李艳爽,北京联合大学师范学院中文系副教授,主要研究方向为中国当代文学与文化。

除，内、外城的界限消失。大量教育机构和设施转入内城；社稷坛、北海等皇家禁苑被开辟成公园；王府井、东单、西单等形成新的三角商业区，北京的文化呈现出从外城向内城转移的趋势。北京建筑空间的更迭、城市结构的变化见证着时间的流逝和文化生态的更新。

张恨水与北京有着深厚的渊源。1919 年秋，24 岁的张恨水从芜湖辗转来到北京。1924 年 4 月，张恨水的小说《春明外史》开始在《世界日报》连载，自此声名鹊起。此后，张恨水以其报人小说家的身份，从北京社会生活资料库中汲取资源，将城市面貌重新捏合以连载小说的形式见诸报端。《春明外史》《金粉世家》《啼笑因缘》《天上人间》《夜深沉》等大量通俗小说，都是对北京城市空间和市民生活的记录和打量。张恨水引导读者在北京的四合院、会馆、报馆、饭店、茶馆、公园、游艺园、电影院等空间穿梭游历。这些场所承载着北京城市生活日常和时代风情，在现代与传统激烈碰撞的过渡时代展露出真实、古朴而又焕然一新的姿态。

一 四合院与大杂院：安逸平和的市井生活

（一）自然和谐的四合院

北京的民居四合院与昭示皇权的紫禁城遥相呼应。红墙青瓦的城墙牌楼、青瓦朱门的大小四合院和与它牵肠挂肚的胡同是北京外部空间的重要组成部分，是北京区别于世界其他城市建筑的重要特征。"'四'是东西南北，'合'是合在一起，即东西南北四面的房围在一起，形成一个'口'字形，这才是四合院。"[①]

四合院的建造追求整体结构大方对称的理念，院大屋小的设计保证了阳光的供给。由于元大都留下的胡同之间的宽度的限制，以及气候决定的坐北朝南的形制，四合院较为适宜的是两进或者三进的制式。传统四合院的正房外的庭院是整个四合院的中心。北京人在宽敞的庭院中栽种花草树木，浆洗晾晒衣物，夏季在庭院中消暑纳凉，家庭间的沟通与交流也在开敞的庭院中方便地进行。"北平的房子，大概都是四合院。这个院子，就可以雄视全国建筑。……这些院子里，除了石榴树、金鱼缸，到了春深，家家由屋度过寒冬搬出来。而院子里的树木……也都成人家普通的栽植

---

① 邓云乡：《北京的四合院》，中华书局 2015 年版，第 2 页。

物,这时,都次第的开过花了。尤其槐树,不分大街小巷,不分何种人家,到处都栽着有。在五月里,你如登景山之巅,对北平作个鸟瞰,你就看到北平市房全参差在绿海里。这绿海大部分就是槐树造成的。"[1] 北京的四合院春天鸟语花香、春意盎然,夏天老槐荫屋、蝉声满树,秋日白云缥缈、嘉枣挂树,冬日老树枯桠、庭院银装。房屋建筑与大自然有机结合,浑然一体,从容地感受着春夏秋冬四时质变,静止的院落与灵动的草木演奏着生命交响曲,而张恨水捕捉到的五月春天的四合院正是一年四季中最丰满鲜活的一幕。

以家庭为单位的封建宗法观念在四合院中得到充分落实,讲求家族内的长幼有序,既声气相闻,又要尽量保持自家的隐私不外露。四合院与胡同构成了北京城精美的结构布局的主体部分,而北京城则以它敦厚的人文和自然环境滋养着四合院与胡同。张恨水描写了大量北京四合院中自然和谐、安分平和、讲究情趣的市井生活样貌。

《春明外史》借杨杏园的记者之眼观察四合院的格局景观和生活方式,细密的笔触、生动的描摹复活了北京城的寻常居所和闲适生活。杨杏园因为厌烦与会馆的禄蠹之辈往来,渴望搬离会馆,寻觅一处旷达幽静、嘉树葱然之地。张恨水借用杨杏园的记者之眼,记录了即将租住的房屋的景观:"这房子外表是个半西式,红漆小门,两棵蓬蓬松松的枣树,高出墙来……大门是从东而进,房子却是坐北朝南的。这里是个假四合院子,东西两间房正面两明一暗,院子有两棵枣树,正中用两三尺高的扁柏树,编着篱笆。东首一个月亮门进去,又挡着一个芦秆篱笆,满铺着牵牛花。在这边就看见篱笆里两株洋槐,一株柳树。转过来,洋槐是这院子里的,柳树却是邻家的,隔着一扇粉墙呢。这院子里,也是东西北房,而且有走廊相连。……马上秋天一到,上了风门,在这走廊里搭起架子,摆上百十来盆菊花,那是有意思。"[2] 杨杏园租住的这个半四合院,既是他的私人居所,也是招待亲朋好友的雅悦之地。杨杏园孤身一人来北京《影报》担任记者和编辑,这个小小的四合院,俨然成为他的桃花源。他可以暂时将繁杂的社会生活抛诸脑后,在闲暇之余体味离群索居、闲云野鹤般生活的美

---

[1] 张恨水:《五月的北平》,姜德明编:《北京乎》,生活·读书·新知三联书店1992年版,第774—775页。

[2] 张恨水:《春明外史》,北岳文艺出版社1993年版,第714页。

妙，感受整饬庭院、种花赏花的快乐；也可以约三五好友在自己的家中烹茶煮茗、随意畅聊。从小说文本中，阅读者能窥探到杨杏园作为外来者从会馆到北京寻常市井人家的生活变化。虽然20世纪二三十年代社会动荡、经济低迷，但与杨杏园身份相似、收入相当的北京老百姓尚能保有一份清新惬意的闲适生活。

（二）从四合院到大杂院

清朝末年，华北地区自然灾害频发，外来商品也大肆流入，破产农民相继到北京谋求生存，处于社会底层的人们开始合租四合院落，大杂院在这样的形势下开始出现。民国之后，旗人社会破产，失去供奉的旗人不得已出租房屋以换取收入。1928年政府南迁，北京市面萧条，经济低迷，大家族在时代面前逐渐解体，人员结构简单的小家庭日益增多。小家庭流动性强，更能适应不断变革中的北京城市生活。这些小家庭的出现推动了多户杂居一院的居住格局。在满街都是"吉房招租"的年代，房东靠租房维持生活，租户靠赁房减少开支，四合院里的住户越来越多，居住面积越来越小。很多四合院变异为大杂院成为北京城越来越普遍的现象。"租房住的，原租独门独户，住不起了，大院改小院，四合改三合，由一家住变成与人合住，逐渐降低，半个院子，几间房，正房变南房、东房，最后变到一间房……自己有房子的人家，也分出一部分租给人家，以收点房钱，维持生活，慢慢大部分租给别人住……最后房子卖掉，自己也变成租房户。"[1] 这段文字形象地说明了四合院的衰颓和大杂院产生的过程。当然，民国时期的两极分化严重，人们的居住条件也有明显的差异：在上等收入居多的灯市口地区，"每户平均有4.6间房，每间房平均人数是1.8人。"[2] "以中等偏下收入的小学教员家庭为例，10个家庭中，其中有5家住3间房。10家平均，每家有5.2人或4等成年人。每间房屋，平均为1.3人或1等成年人。"[3] 而48家工人家庭中，"除有两家，每家住两间房外，其他各家皆住1间房，平均每间房住3.04等成年……房内空间，虽属有限，

---

[1] 邓云乡：《北京四合院》，中华书局2015年版，第56页。
[2] [美]西德尼·D.甘博：《北京的社会调查》，陈愉秉等译，中国书店2010年版，第396页。
[3] 陶孟和：《北平生活费之分析》，商务印书馆2011年版，第98页。

而工作、睡眠、烹调、接待宾客，皆须于一室中为之。"① 这样的一组数据，说明了北京一部分上等收入的人家还能够居住在独门独户的四合院落里，但大多数中下层收入家庭一般共同居住在同一院落甚至一间房里。

大杂院的出现，导致北京传统社会关联的四合院尊卑有序、长幼有序的居住原则和完整、封闭、恬静的生活境界不得不屈从于社会的变迁和物质的匮乏。以讲究合和统一、尊卑有序、对于人我分际极端注重的传统内向型的四合院，在前所未有的新时代面前经受着变化与坚持、适应与逃避。大杂院居民仍能在匮乏的生活中把闲逸平和把握得恰到好处。《天上人间》中玉子家"对着这里，一列有三间灰房。那房子两明一暗，东边这间屋子，两扇灰色旧木窗格栏，糊了些报纸，全都用一根麻绳悬在屋檐下。由这里倒可以直看到那屋里面去，靠着墙壁，放了一张小条桌，上面放着两盏煤油灯，一面镜子。另是两个小瓦盆，有两盆草花。远远的只看见两丛绿色，什么花是认不清了，桌子横头，有一把空背旧靠椅，上面坐着一个梳双髻的姑娘，就着光做针活。靠窗户这边，露出半截土炕，旧席子上，堆了许多白布。这中间屋子，是陈大娘家兼做厨房，兼做祖先堂的。西边那屋，却住的是老两口儿，是卖白薯的老蔡家，中间这屋子，他也有一半，是和陈大娘公用的。"② 这是北京城里普通的贫穷人家，三间房子里，住着两家人。玉子家房子的结构布局、家具摆设、生活状态一目了然。即便贫困、狭窄，我们依然可以看出这两家人对于生活的热爱、对房间的最大化的合理利用以及生活习惯的干净整洁。在生活的窘境中，我们依然能够想象毫无血缘依存关系的两家人在居住中宛如亲人般的了解与关照，个人与家庭的私密性屈从于现实的境遇。

《夜深沉》中丁二和居住的大杂院里，他的街坊邻居，闲坐于庭院，纳凉解暑，尽显平民的生活情致。"在这院子里乘凉的人，他们是不了解这些的。他们有的是作鞋匠的，有的是推水车子的，有的是挑零星单子的，而最高职业，便是开马车行的。其实说他是开马车行的，倒不如说他是赶马车的，更恰当一些。"③ 这些识字不多的老百姓，职业不同、处境相似，在大杂院中上演着日常世俗生活的大事小情。住在大杂院中的人们，

---

① 陶孟和：《北平生活费之分析》，商务印书馆2011年版，第69页。
② 张恨水：《天上人间》，北岳文艺出版社1993年版，第21页。
③ 张恨水：《夜深沉》，北岳文艺出版社1993年版，第1页。

虽然要早出晚归地为生计奔波，但是在炎热的夏季，人们走出酷热窒闷的房间，搬出小凳子，拿着蒲扇，沏着茶水，聚在院子里一起聊天，在贫乏生活中松弛身心、愉悦精神。《夜深沉》第一回就将夏日夜晚北京大杂院中丁二和与他的贫穷的劳动者邻居们苦涩中的闲适生活呈现给读者："夏天的夜里，是另一种世界，平常休息的人，到了这个时候，全在院子里活动起来。这是北平西城一条胡同里一所大杂院，里面四合的房子，围了一个大院子，所有十八家人家的男女，都到院子里乘凉来了。满天的星斗，发着浑沌的光，照着地上许多人影子。有坐的，有躺着的，其间还有几点小小的火星，在暗地里亮着，那是有人在抽烟。……院子的东角，有人将小木棍子，撑了一个小木头架子，架子上爬着倭瓜的粗藤同牵牛花的细藤，风穿过那瓜架子，吹得瓜叶子瑟瑟作响，在乘凉的环境里，倒是添了许多清趣。……在夏夜总是要乘凉的，这也就是穷人的一种安慰。忙了一天，大家坐在院子里，风凉着，说说笑笑，把一天的劳苦都忘了去。"① 静谧优雅的大杂院是北京城市市民日常生活的基本面目，它不因贫穷的裹挟而丧失对自然环境的享受和凡俗生活的期许。

大杂院，尽显北京平民的生活情致，虽然对于北京大杂院人们艰苦的生活来说，这不疾不徐和清雅悠然只是忙里偷闲或者苦中作乐，但也能被人们享受到极致。正如林语堂所说："但是使北平成为这样动人的，还是在生活的方式。因为组织地这样好，所以即使住在闹市附近，也能有平静闲逸的享受……你可自由的，十分自由地寻求你的学业、你的娱乐、你的嗜好或是你的赌博和你的政治生活。"②

（三）胡同的勾连

"由胡同这一头，望到那一头，只是两排高低不齐的屋檐，在雪雾沉沉中，模糊的透露出来。所有在雪雾里的人家，一齐都紧紧的关上了两扇门。"③ 这是冬天的北京二更时分的胡同，虽然透着凄冷的寒意，但似乎也能感受到冬季夜晚胡同空无一人的寂静诗意。北京的内城胡同东西走向较多，与南北向大街交错，整齐划一、有条不紊，外城胡同未经过统一规

---

① 张恨水：《夜深沉》，北岳文艺出版社1993年版，第1页。
② 林语堂：《迷人的北平，北京人·上海人》，香港三联书店2001年版，75页。
③ 张恨水：《风雪之夜》，北岳文艺出版社1993年版，第1页。

划，形态各异、活泼自然。胡同是20世纪上半叶北京的日常生活的肌理，有序地串联起北京城市民生活的节点，胡同在发挥最基本的通道功能的基础上，为居住其间的居民们提供了交流情感、交换信息和分享喜怒哀乐的狭长空间，胡同俨然是上演日常生活的舞台。

北京胡同与四合院彼此依托，不可分割。"一条平整的胡同，大概长约半华里吧？站在当街向两头一瞧，中国槐和洋槐，由人家院墙里面伸出来，在洁白的阳光下，遮住了路口。"① 胡同被四合院的树木装点着，更承载着人们出入家门的脚步，也见证着城市居民生活的起起落落。胡同因为四合院、大杂院的存在也成为商业和货物来往的珍贵而便利的场所。胡同中因容纳了车夫、游荡者和买卖人，显得生机四溢，也因此与四合院中的居家百姓发生了极为密切的关系。时而静谧时而热闹的胡同，在北京城中发挥着重要作用，愈发值得留恋和叙写："北平是以人为的建筑，与悠久的时间的习尚，成了一个令人留恋的都市。所以居北平越久的人，越不忍离开，更进一步言之，你所住久的那一所住宅，一条胡同，你非有更好的，或出于万不得已，你也不会离开。那为什么？就为着家里的一草一木，胡同里一家油盐杂货店，或一个按时走过门口的叫卖小贩，都和你的生活打成了一片。"② 小商铺或杂货铺为居民日常生活服务和以普通市民为主要销售对象，它们在胡同中落地开花后往往经久不衰。《天上人间》的秀儿不用走出老远就可以去煤铺、灯油铺购买煤球和灯油，而这些店铺以此形成了固定的销售网络，消费群体也都是胡同附近的街坊邻居。因为熟悉，各家的经济情况也间接地被店铺的掌柜和伙计们了解。从秀儿去油铺买油的经历就可以看出，店家既以营利为目的，又不能因为眼前的利益影响街坊邻居的良好关系。

胡同的两边是大门紧闭的四合院，但是因为房屋的结构以平房为主，胡同中较大的声音可以非常清晰地传入院中人家的耳朵里。胡同中也就出现了不断游走的没有固定铺位的小贩以及为了吸引顾客而形成的独具特色的吆喝声。张恨水曾生动地描述过北京胡同的声音："树枝上秋蝉在拉着断续的嘶啦之声，象征了天空是热的。深胡同里，遥遥的有小贩吆唤着：

---

① 张恨水：《影树月成图》，徐永岭编：《张恨水散文》第1卷，安徽文艺出版社1995年版，第178页。

② 张恨水：《影树月成图》，徐永岭编：《张恨水散文》第1卷，安徽文艺出版社1995年版，第212页。

'甜葡萄勒,夏夏枣儿啦,没有虫儿的。'这声音停止了,当的一声,打糖锣的在门外响着。一切市声都越发的寂静了,这是北平深巷里的初秋之午。"①《春明外史》也经常提到胡同中吸引人的各种叫卖声。北京的四合院习惯在门框的左上角钉上黄铜牌子,上写"李寓""王寓",甚至会将自己籍贯也标注上,如"岭南黄寓"。所以,在张恨水的《春明外史》的胡同里也会出现操着乡音的小贩站在门口吆喝的场景,小贩们希望能够得到家乡人的光顾。也因此,居住或旅行到北京的人们会经常有机会领略到胡同独特的听觉盛宴。胡同不仅为住家的人提供了日常生活中必需的吃穿用度的物品,同时还流动着大量的卖花、卖儿童玩具的摊贩,他们为四合院或大杂院的百姓们提供了闲暇的乐趣。

可以说,以杨杏园为代表的知识分子和以丁二和为代表的平民所表现的生活情调、审美趣味与行为的艺术化倾向,显现出悠闲清妙的生活姿态和朴素平易的与和谐感,而这种悠闲清妙之姿与和谐感,也正是四合院、大杂院中居住的北京普通人家所具有或不断追求的生活品质。

二 会馆:异乡人的家园

会馆是旅居异地的同乡人寄寓或聚会的馆舍。会馆兴起于明永乐年间的京师,专门设为科举士子赴京师会试之用,故称会馆。会馆与中国传统血缘乡土观念密切相关,也是表征人口流动的建筑和文化符号。"民国初年,北京会馆有402所,1949年391所。到了1956年,北京会馆的房产全部移交给政府,可以说,老北京的会馆从此便正式退出历史舞台。"② 由于明朝初年都城迁至北京,北京成为全国经济、政治、文化的中心,商贾、官员、应试的举子纷至沓来,希冀在北京寻找仕途上的发展或更多的商业机会,所以北京不仅是会馆产生的源头,也是会馆最集中的地方。在通往各省的要道、前三门外的北京南城崇文、宣武形成了各省会馆聚集地,而宣南地区是北京会馆最为密集的地区。北京"会馆最多的地区是经济和文化最为发达的地区。其中,山西的会馆数量最多,有38座,其次

---

① 张恨水:《翠拂行人首》,徐永龄编:《张恨水散文》第1卷,安徽文艺出版社1995年版,第179页。
② 刘一达:《老北京有多少会馆》,《炎黄纵横》2013年第7期。

为广东和湖北,各有36座,排在其后的是安徽29座"[1]。

会馆的房产主要有在京城为官的显宦出资捐建或将自己的私宅捐献改建以及同乡集资等多种途径。会馆财力相对雄厚,再加上会馆招待的是各地的官绅学子,所以北京的会馆往往在外观上古朴大气。不同地域的会馆,为了适应北京的气候、地形、文化传统,基本摒弃自己家乡民居的样式,采用四合院的建筑结构。由于会馆是来来往往的单身人士居住的场所,所以,布局或氛围与传统四合院又有所不同。四合院的各个院落相对独立封闭,保证了家庭的隐私;会馆的大多数院落都是打通的,居住其间的乡人自由往来,无隐私可言;由于南城斜街较多,会馆依街而建,会馆朝向不拘一格。四合院用封闭的、讲究宗法礼教的形式包孕着含蓄、优雅的内涵,会馆则以开放的、注重乡缘情义的特点营造出热烈、喧闹的氛围。

(一) 会馆:热闹温暖的场域

会馆是各地乡土文化在北京的驿站,是异乡人在北京的文化缓冲地带,为北京形成多元、包容的独特地域文化增添了重要的一笔。张恨水来京之初有六年的会馆生活经历,他在北京人生百味的体验与会馆紧密地扭结在一起。会馆不仅是异乡人的日常居所,也是其精神寓所,很大程度上缓解了异乡人初到北京的异质感和不适感。"会馆是乡土中国最为典型的一种文化植被,无论何种程度的城市化都拔不尽滞重的土性所培育的这些庄稼。当每个中国人走向高一级的文明生态圈时,他们都忘不了用胸口揣着的那把泥土,在都市里建造一个只有一所房子的村庄,他们清早上街去耕种,傍晚收工回来,在亲切的乡音中歇憩,抗拒一切可能有的水土不服,分享一切可能来的官运财气,分担一切可能来的欺生凌辱。县是会馆最基本的单位,方言则是会馆的真实姓名。会馆每天吐纳着涌动的乡音从而凝聚成一个巨大能量的区域文化场。会馆的都市建置使它成为每个区域文化的精英的容器,并由低级向高级进行能量传递(县—省城—京城),因而,北京的会馆,不论它操何方口音,就有可能聚集这个区域最大能量

---

[1] 侯仁之主编:《北京城市历史地理》,北京燕山出版社2000年版,第496页。

的灵杰之气。"① 张恨水在关于北京的小说中，绘就了会馆浓重的身影。在他极富情境感的描绘中，引领阅读者进入会馆空间，阅读者可以身临其境地感受、体验老北京会馆的布局、管理和氛围。《春明外史》中杨杏园最先的住所就是皖中会馆，也是小说空间转换的基地。"这皖中会馆房子很多，住的人也是拥挤不堪，只有他正屋东边，剩下一个小院……"② 会馆在建筑形式和院落氛围上有别于北京四合院。《春明外史》主人公杨杏园在入住皖中会馆时，住在被人遗弃的小院，以便在这里寻找幽雅安静的感受。这样的具有隐私性、清净优雅的环境在会馆中非常难得。

每次会馆的出场都是乡音涌动，呈现出一派开放喧嚣温暖的景象。作为传统社会的缩影，会馆按照原籍地区的乡约民规和伦理规范，为同乡人提供的各种便捷服务和有效管理，让羁旅的游子感受到安宁与温暖。会馆不收房租，同乡人士可以长期住宿；会馆还免费供应开水，菜饭价钱也比较低廉。会馆里的长班是小说中不可或缺的人物，长班长期值守在会馆中，整日奔波忙碌，作者也借用他们的脚步串联起主要人物的起居习惯、感情思绪和命运走向。长班负责会馆的收发接待、裱糊打扫、做饭烧水等工作，随时为房客们的日常生活服务。这些在《似水流年》《美人恩》《现代青年》等小说中得以印证。过年时会馆的长班会弄些好酒好菜，让同乡人吃得格外好些："四个碟子，两碗菜，一个小火锅，另外一把小锡壶，烫了一壶酒。这些东西都给放在外边屋里桌子上。又给他找了两个洋瓷蜡台，点了两枝红色的洋蜡烛。这时，屋子里炉火熊熊，红烛高烧，茶几上两盆梅花，烘出一阵一阵的香味……"③ 会馆努力营造着家乡的过年气氛，聊以慰藉异乡人思乡的苦闷。《现代青年》中，周世良因为儿子的堕落自私悔恨交加，中风昏倒，是会馆中的同乡们帮忙找医生救助。同乡们给了漂泊在外的周世良庸常却熨帖的温情。当周世良心灰意冷、慨然归乡时，又是同乡们默默筹集了三十块钱现洋作为川资。可以说，周世良的北京之旅，因为儿子周计春让他几乎丢掉了性命，但是和会馆的同乡们却可以说是一场温暖的邂逅。"会馆凝聚了中华文化的精神，在数百年来中国的社会动荡中，作为'乡土之链'，始终呵护着侨寓异地的游子，特别

---

① 彭晓丰、舒建华：《"S"会馆与五四新文学的起源》，湖南教育出版社1995年版，第3页。
② 张恨水：《春明外史》，北岳文艺出版社1993年版，第1页。
③ 张恨水：《春明外史》，北岳文艺出版社1993年版，第369页。

是在多事之秋，会馆为同籍人士提供了生活的依靠和精神的寄托。"①

会馆也是同乡在京聚会、联络情感、传播信息的场所。每逢清明时节，会馆中的同乡们都会在传统知单的告知下集体到会馆义园祭奠客死他乡之人。《春明外史》中，作者对人们几次去皖中会馆义园祭扫的情况都做了极为详尽的描述，也寄寓了作者深沉而忧思的情怀。杨杏园等人第一次去祭扫的过程就非常清晰："进得屋来，长班跟着进来泡茶，顺手递了一封信给他。他拆开来一看，是同乡会的知单，上写着'明日清明佳节，凡我旅京乡人，例应往永定门外皖中义地，祭扫同乡前辈，事关义举，即恳台驾于上午八时前，驾临会馆，以便齐集前往为盼！皖中旅京同乡会启。'"会馆作为一种自发的社会组织，其交流的方式多种多样。对于清明节同乡集体祭拜的重要事项，用传统的知单形式进行信息交流，既正规严谨又高效便捷。平日里住在会馆，或者因其他原因搬离会馆的人们，都会在清明时节收到同乡会以会馆的名义发出的知单，会馆所扮演的社会组织者的角色在此时显现出它的重要性和凝聚力。规模较大的会馆还设有戏台，不定时地演出戏曲节目，将同乡人汇聚在一起。《春明外史》对此也做了极为详尽的描述。"准备妥帖了，吃了晚饭，便到江西会馆来看戏。戏场门口，摆了一张二尺来长的小条桌子，桌上点了一枝大蜡烛，几本戏票，三四个人围住桌子，在那里说闲话。"② 这些戏曲节目的宣传海报张贴在会馆门口，告知着同乡当天活动的相关内容。海报就如同会馆伸出热情的双手欢迎游子们来此观看表演、重会旧识、结交新朋。有了这样的不定时的戏曲演出，忙碌、穿梭在京城街头的异乡人们，才有借口和机会在此驻足、休憩，回味家乡的乡音乡情，与那些可能只是点头之交的同乡们坐在一桌，畅谈拳拳之心，那份孤独漂泊的情怀才能得到暂时的慰藉。这样的演出活动为同乡人从会馆房屋中的小团体聚会拓展到戏曲舞台边的大规模聚会提供了可能，也为人们沟通发展情况或信息提供了机会。

（二）会馆的衰落

张恨水的小说塑造了众多的会馆形象，这些会馆形象共时性地反映了北京20世纪二三十年代会馆的真实样貌。但是，北京的会馆却没能抵挡

---

① 王日根：《会馆是体现社会文化精神的社会组织》，《寻根》2007年第12期。
② 张恨水：《春明外史》，北岳文艺出版社1993年版，第286页。

住社会的巨大变革,出现了逐渐衰败的态势。北京的会馆好似以地域和血缘为主体的中国传统乡村社会的微缩形式,会馆逐渐衰落的过程,影射着中国传统社会在新的时代面前的遭遇。

我们不妨先看看北京会馆衰落之前的样子。《春明外史》创作于1924年,旅居北京的杨杏园居住在皖中会馆,"房子很多,住的人也是常常拥挤不堪"。杨杏园在会馆中的居住条件的比较优越。长班将房屋打扫裱糊,室内干净整洁,室外槐树成荫、梨树临屋,环境优雅,杨杏园将此两明一暗的屋子分工为卧室、书房和客厅,惬意而舒适。当时和杨杏园一样住在会馆中的异乡人包括现代知识分子、学生、衙门中的职员以及渴望在衙门中谋得差事的人,虽不大富大贵,但也极少穷困潦倒,可以说绝大多数人处在社会中产阶层。会馆中人们的交往非常频繁,会馆也经常举办各种祭祀和娱乐活动,呈现出热闹喧哗的景象。到《似水流年》的1932年,会馆的形象似乎从强壮的中年一变而为憔悴的老年,"会馆有七八十间屋子,只住了一二十人","像庙里一般,悄无人声",尽显寥落之态。

1934年的《美人恩》更加清晰地说明了北京的会馆在社会的变迁面前发生的居住人员身份和居住环境的变化。这时的会馆只保有当年会馆的外形,偌大的院落几乎无人管理,年久失修,屋子宽大,其室内陈设尽显简陋拮据。会馆尽显寥落衰败之态,与当年繁荣兴盛之时的财力之雄厚、屋宇之轩昂、居住之舒适不可同日而语。从民国初期到北京变为北平,从《春明外史》到《现代青年》《似水流年》《美人恩》再到《过渡时代》,从人满为患、人声嘈杂的会馆到房屋简陋、冷清寂寥的景象,不禁感叹参与建构了北京城市文化风貌的会馆建筑和文化,却在短短几年间迅速地走向衰落。

会馆走向衰落有其深厚的政治和社会原因。从北京城市文化生态结构上说,"在20世纪前30年,一系列公共工程的启动,如街道的铺设、沟渠的重建、电力的使用、自来水系统的引入、铁路和电车交通网的修建等,使得北京风貌和功能,有了越来越多的现代色彩"。[①] 北京市政建设的推进,改变了千百年来皇权至上的帝都城市结构。施坚雅在他的《中华帝国晚期的城市》中曾经指出清代北京的城市生态呈现为"双核"模式:一

[①] 史明正:《近代化的北京城——城市建设与社会变革》,王业龙、周红卫译,北京大学出版社1995年版,第165页。

个是商业活动中心,一个是官僚士大夫活动中心。①虽然这种说法与北京的实际情况并不一定相符,但是对北京的城市空间的审视提供了一个角度。清代实行满汉分治的政策,北京的内城以皇城和紫禁城为中心,各街区为八旗所圈占,而且商业、生产等活动也被禁止。内城南部的外城则承担了更多的社会功能。所以,在地理位置上,外城不居于北京的中心,但是在城市生态上却形成了城市商业与文化中心。会馆林立的宣南地区,成为汉族士人和官宦的最大聚集地,形成了人文荟萃的宣南士人文化。士人们在宣南特殊的文化空间里引领、参与并见证了中国近代社会的变革。1905年,实行了一千多年的科举制度结束,原有的士人社会格局也随之被破坏。民国以后,旗、民分治政策结束,北京城市结构发生了重大变化。内城旗民社会衰败,大量现代文化、教育机构、现代公园、新的商业区如雨后春笋般在封闭的内城出现和兴起,北京的文化呈现出从外城向内城转移的趋势,宣南士人社会的存在发生根本动摇。1927年,国民政府南迁,北京从首都改为北平特别市,政治、经济地位下降,"北京已是北平,都城南迁了。回想当年,真和现在有许多不同的地方……不过一个人目睹沧桑,这荆棘铜驼之感,是少不了的。"②会馆内部随之发生了变化:大批高级官员南下,中下阶层职员有的一同前往,有的失业滞留在京,有的靠在学校教书勉强度日。北京对外乡人的吸引力逐渐降低,对于会馆的需求量明显下降,会馆居住的人员身份也相应良莠不齐,"找事不着,谋职业不得,赋闲多年"的人是居住会馆的代表。会馆房多人少、建筑失修、管理也日益松散和混乱。北京作为教育高地、文化中心的地位一直没有变化,随着新兴的教育设施在北京内城的涌现和集中,大量学生们在学校中长期求学,这就导致了学校住宿制度的实行以及公寓的兴起,从而会馆在此时显得不合时宜,会馆所代表的文化空间也就此衰落。

  在会馆衰落的过程中,公寓、旅馆在不期然间兴起。"这些学生避开宣武、前门等闹市区,寻求设在内城小胡同里的公寓留宿,与旅馆比起来,公寓收费相对低廉。关键的是,人以群分,物以类聚,许多大学生都愿住在公寓里,因年龄、性格、学识都比较接近,不似在会馆里,东家

---

  ① [美]施坚雅主编:《中华帝国晚期的城市》"导言:清代中国的城市结构",叶光庭译,中华书局2000年版,第634—636页。
  ② 张恨水:《斯人记》,北岳文艺出版社1993年版,第1页。

吵，西家闹，因此公寓的兴起，带走了会馆里的知识分子，带走了富有朝气的青年人。"① 学生、知识分子们离开会馆走向公寓，不仅摆脱了会馆以乡缘和血缘为基础的会聚方式，形成了一种新的人口聚集的方式，也印证着北京城市格局与文化空间的重构。从会馆到公寓的发展变迁，不仅显现出外部空间和居住人员的变化，也象征着北京新的时空关系、新的社会网络的形成。"部分的群体合成了一个更大的群体，各小群的个性渐渐模糊，社会生活的种种蜂房，逐渐打破，狭窄的同乡观念也相对的减消，而同业团体取代同乡团体也益加显明，如工商会法的指定、政党、学会的出现，皆以利益和兴趣的相同为基础而结成团体。"② 这些外省青年们面对会馆外的新奇世界，因为年龄相近、兴趣相投和学识相似而离开会馆，来到公寓，他们将既有的"蜂房"打破，在新的群体认同方式下重建新的关系网络。张恨水小说中黄守义、周世良等父亲在会馆中的留守和居住，依赖的是乡土、血缘等的传统因素，当他们在与居住公寓的孩子们发生争执、退守会馆并不得已回到家乡孤独老去时，象征着会馆聚合能力的失效，代之而起的是"利益和兴趣"为基础的现代社会的认同方式和聚合方式。

北京的会馆这个依托中国传统乡缘、北京城市文化生态格局、同乡关系网络形成发展起来的民间社会组织，在顺利运行了200年后，在进入20世纪尤其是二三十年代时迎来了衰落的结局。会馆的命运折射出北京现代化对于传统文化的淘洗过程和北京社会流动方式、都市文化空间、社会认同方式以及人际关系网络的重构和演变轨迹，会馆连同它所依存的中国传统社会和士人文化一并走向历史深处，留下了令人想象、依恋、怀念又不得不挥手告别的光影斑驳的背影。

三 北京公共娱乐空间：传统与时尚的载体

清末，北京开始近代城市基础设施的建设。民国后，北京设立市政公所、北京市政府快速迈开了对城市基础设施进行规划建设的步伐。自1917年始，逐步拆除了严重阻碍城市交通的皇城城垣，修筑了道路，到30年

---

① 胡春焕、白鹤群：《北京的会馆》，中国经济出版社1994年版，第25页。
② 赵令瑜：《中国会馆之社会学的分析》，燕京大学法学院社会学系论文，1937年，第77页。

代，内外城交通方便畅通，打破了北京城千百年来以帝王为中心的步步为营的禁城格局。随着有轨电车、环城铁路公共交通系统的逐渐完善，以及私家汽车的逐渐增加，北京形成了人力车、骡马车、汽车等新旧交通工具共存的局面。北京城中的人们在开放的空间中自由穿行、聚会交流，北京城市空间得到较大程度的利用和转换。清末民国初期，修筑了京奉、京汉、京绥、津浦四大铁路干道以及京郊支线和京师环城铁路。北京变成了全国最大的铁路交通枢纽，作为首都的辐射力和凝聚力进一步加强，城与城之间的连通和交流日益紧密，人们有了更多的机会出入北京城，旅游观光、求学谋职。

北京电力的使用是从供皇室照明开始的。1888年，中南海悖悖房安装了北京第一台发电机组，专供皇宫使用。自1905年北京第一家公用发电厂对外营业开始到二三十年代，电灯照明从城市主要街道、王府井、前门、西单等商业街区迅速应用于普通市民家庭。1929年全市使用电灯的用户占全市总户的7.8%。[1] 电力的使用，开启了人们的现代生活，也拉伸了夜晚的长度，为丰富多彩的夜生活提供了物质基础。北京作为官商学云集的大都市，不同身份地位的市民，有机会体验都市公共夜生活。夜生活为市民们提供了更多的选择和便利，延长了城市公共活动的时间，适应夜生活的市民们也带给都市之夜以生机与活力。

在北京大力发展市政建设的基础上，商业中心也从外城逐渐向内城拓展，前门、王府井、东单、西单等商业中心鼎立在北京商业文化的版图中，各种西式娱乐场所如电影院、咖啡馆、西餐厅、现代设施齐备的高级饭店在此纷纷建立，与既有的中国传统娱乐场所如戏院、茶馆、酒馆等互不相扰、彼此容纳、愉悦共处。民国时北京在市政建设和公共娱乐空间上发生了巨大变化，这些变化中，最重要的是从皇家园林到公园的公共空间的出现。皇家禁苑在民国时期纷纷转变为现代公园。

北京传统建筑格局的打破和西方现代文明与科技的引入，改变了北京的城市景观和生活方式。北京市民从四合院、大杂院、会馆等家庭和邻里活动的日常私人空间的拘囿中解放出来。他们从四通八达的胡同街道中借助发达的交通工具向新鲜的公共空间延伸，积极有序地进入到繁华多元的北京娱乐空间。同时，空间的延展和市民出行的便捷也为北京娱乐业的发

---

[1] 袁熹：《北京近百年生活变迁（1840—1949）》，同心出版社2007年版，第173页。

展提供了前所未有的机会。戏园、街头、露天舞台组成了传统休闲的维度，把北京市民和过去联系在一起；公园、电影院、游乐场则代表着休闲方式的转变，为北京市民提供了替代选择和娱乐新观念。北京市民的脚步从狭小封闭的场所向更加新鲜多元的文化公共空间延伸，与北京城有了更加坚实多向度的交集。

（一）戏曲与电影的碰撞

从故宫径直往南的前门外，有浸润了北京漫长的历史生活图景的众多戏园。民国时期，广和楼、三庆园、广德楼等七大名戏园集中于前门大街北端。进入戏园中，市民们泡一壶香茶，凝神听戏、消遣逸乐，北京都市的繁华与喧嚣浓缩在戏园子当中。而与戏园等场所的喧嚣嘈杂不同，作为社会新时尚的电影和影剧院则为北京增添了另一种味道。电影诞生于1895年的法国，这种娱乐形式引领娱乐世界进入新纪元，第二年西洋电影便在上海露面。北京电影娱乐时代的到来则要等到1902年，但是此时的电影还依托于茶馆、戏园放映，直到1907年北京第一家电影院——平安电影公司的建立。民国后，新世界电影场、城南游艺园电影场、大观楼影戏园等陆续开业，北京的电影娱乐日益兴盛。进入20世纪20年代，电影对北京市民的影响与日俱增，许多戏院纷纷改建为电影院或增加电影业务，真光、开明等电影院均由戏院改建而来。1928年，有声电影在北京的出现使得电影娱乐更上层楼。"这北平的电影院，虽然赶不上上海，可是比我们省城里的电影院那就好得多了。至于电影片子，那是不必说，这里映过了，也许一年之后，还到不了我们省里呢。"[①] 放映电影成为北京娱乐行业日常性、规律性的行为，电影院以其独特品格在北京娱乐空间中占据重要的位置。

在张恨水形塑的北京城繁华的娱乐世界中，流动着人们躁动不安、流连忘返的生动影像。金燕西、杨杏园、何丽娜、李冬青、史科莲、周计春等一干豪门公子、新型知识分子、青年学生们去电影院观看电影成为生活中习以为常的娱乐方式。"平常吃过了晚饭，陶太太就要开始去忙着修饰的，因为上北京饭店跳舞，或者到真光、平安电影院去看电影，都是这时

---

① 张恨水：《现代青年》，北岳文艺出版社1993年版，第180页。

候开始了。"[①] 当时北京电影院放映较多的是法国片以及少量英、美德等国影片。电影院为那些对北京现代化浪潮最为敏感的年轻人提供了欣赏外部世界的钥匙，电影为他们展现了外部世界的奇妙多彩，满足了他们对异国人和事的各种想象。1913年之后，随着中国本土电影制造业的开端和发展，观众们又有机会将自己的情感和观赏期待寄托于本民族的生活与文化的展示中。电影成为时代流行的固定想象和期待，自此这种流行对人们生活的影响一直持续到当下。

《春明外史》提到，礼拜六余瑞香约史科莲与李冬青一起去听戏《四郎探母》，却遭到史科莲和李冬青的反对，而要去看丽莲·吉许的电影《空门遗恨》。三个女孩子的兴趣牵扯出关于传统戏曲与现代电影在同一时空中的对峙与对观众的争抢。这样的对峙说明了电影作为最新式的现代娱乐方式受到北京民众的欢迎，与传统戏园、茶楼、剧场的戏曲演出相抗衡的底气越来越足，但是要取代戏曲在北京民众心中的地位还看不出端倪。

去茶馆喝茶、戏园听戏的场景在张恨水的小说中有极高的出场频率。张恨水小说中的军阀富商、政府银行职员、知识分子和青年学生经常光顾茶楼和戏园，并将人际交往的界限和空间延展到这些场所。杨杏园、贾书瑶、梁寒山们，经常在工作后约上三五同好在茶馆或戏院相聚。当然进茶楼和戏园，最基本还是满足品茶、听戏、捧戏子的消闲要求。京城戏曲文化的兴盛，衍生出独特的参与群体众多的捧角文化。民国时期，捧角风气更是十分兴盛。在张恨水小说中，几乎所有涉及听戏、伶人的文字，都能看到身份各异、目的不同的捧角的出场。张恨水所描写的北京戏园里有声有色、络绎不绝的捧角故事就是中国传统娱乐文化尤其是戏曲文化在北京娱乐现代化的过程中没有退出舞台的一个佐证。

张恨水不厌其烦、细致入微地描写了北京的捧角者的身影。只有北京才具有如此全情投入、层次不同的捧角者。他们在北京的各大戏院剧场、戏子家中上演着关于钟爱戏曲、迷恋戏子、满足精神需求以致释放自身复杂情感的戏码。这种景象证实着北京走向现代化的过程中，中国传统戏曲文化在消费人群的接受程度和广度方面虽然受到现代电影文化的影响，依然方兴未艾。听戏是在传统文化遭受西方文化冲击时人们排忧抒怀的寓情行为，也体现着作者对传统文化载体的欣赏、把玩与留恋。当然，电影这

---

① 张恨水：《啼笑因缘》，北岳文艺出版社2003年版，第12页。

样的新兴事物还是以不可阻挡之势进入了北京娱乐的历史舞台,它不是昙花一现,而是在北京娱乐空间的肥沃土壤中恣意持久地开放,与传统娱乐文化各自姣好。《啼笑因缘》就写到樊家树与何丽娜去群英戏院看戏,次日又与朋友看电影吃馆子,共享传统与现代娱乐带来的便利和快乐。传统与现代并置的娱乐形式令北京市民徜徉其中,尽情享受着时代的馈赠。相较于戏院的骚动与喧哗,适合广泛的熟络的社会交际网络的维护,电影院作为更加时髦、安静、舒适的场所,更适宜现代年轻人的会面与社交。可以说,传统娱乐与新兴娱乐各自发挥着自己的功能和特性,联手改变并重新构建着日益复杂多元的北京文化娱乐空间。

(二) 现代公园的时尚生活

民国北京在市政建设和公共娱乐空间上发生了巨大变化,这些变化中,最重要的是从皇家园林到公园的公共空间的出现。皇家禁苑在民国时期纷纷转变为现代公园。19世纪末20世纪初,西方公园的概念传入中国。在民国政府内务总长朱启钤的倡议下,1914年,北京创设中国首个城市规划与市政建设部门——"京都市政公所"。北京的都市改革与市政理念得以付诸实践,修建城市公园是最早的工作之一。1915年10月10日,社稷坛从皇家禁苑被改造为中央公园对民众开放,自此北京城拥有了真正具有现代公园性质的公共空间。此后,位于正阳门外天桥迤南的先农坛公园开放于1916年;天坛公园1918年整理修缮后正式开放,最早的皇家园林北海于1925年开放为公园;1924年,地坛公园改建为京兆公园;著名的颐和园也于20世纪20年代末期跻身于公园之列。[①] 北京因此形成了良好的公园体系。

文化公共空间作为现代城市的重要标志,是张恨水小说中反复出现的场景。作为历史悠久的皇城,北京的公园具有新兴的现代公共空间与传统的封建皇家遗迹相重叠的双重性的内涵与特性。京都市政公所将北京得天独厚的皇家园林禁苑改造成具有现代性质的公园,这一创举为北京城市建设和发展掀开了重要的一页,也为北京增添了无与伦比的独特魅力。《啼笑因缘》中何丽娜邀约樊家树共游北海,普通市民在昔日的皇家园林欣赏传统美景,享受现代生活。"你看北海那红色的围墙,配合着琉璃瓦,在

---

① 袁熹:《北京近百年生活变迁(1840—1949)》,同心出版社2007年版,第207—210页。

绿树之间，映着这海里落下去的日光，多么好看，简直是绝妙的着色图画。不但是西湖，全世界也只有北京有这样的好景致。"① 皇家园林向普通市民开放，普通市民终于跨越至高无上的皇家尊严，在红墙绿瓦间穿梭游览，欣赏着如诗如画的东方传统美景。《金粉世家》中的颐和园"北地春迟，榆阳晚叶，到三月之尾，四月之初，百花方才盛开。那个时候，万寿山是重嶂叠翠，昆明湖是春水绿波，颐和园和临近的西山，便都入了黄金时代。"② 大量笔墨写尽颐和园之美和舒适。《春明外史》和《啼笑因缘》提到的陶然亭有远看城外西山，近看芦苇的萧疏的风趣，而什刹海也别具清闲和野趣。

　　张恨水在小说中经常将人们的社会交往空间移植到大众化的公共娱乐空间。人们借着逛公园赏景划船的因子，将各种社会关系网络紧密地扭结在一起。杨杏园、梁寒山作为职业报人，相约逛公园是他们极为热衷的消闲方式。他们在公园中欣赏美景，消磨工作之余的疲惫与孤寂，进而强化刚刚构建的公共关系网络。在传统社会，女性的活动范围只局限于家庭的内部空间中，没有机会和权利参与社会公共交往，更妄谈两性交往。进入民国，紧闭的家庭大门悄然敞开，女性们从逼仄的家庭空间中走向社会、走向共阔的公共空间。现代公园正是都市女性史无前例地展示自我、发展社会关系网络的重要空间。《春明外史》中李冬青与杨杏园的几次重要见面都发生在公园中。只有在公园这样的公共空间中，李冬青和杨杏园才能借着自然雅致的氛围表达真情实感，在静谧旖旎的风光里逾越传统道德的约束。《斯人记》中的张梅仙一直是梁寒山欣赏爱慕的女士，但是清丽娟秀的文字只能是张梅仙内化在梁寒山心中的虚幻形象。张梅仙在公园中的出现终于满足了梁寒山对她的幻想、爱慕和迷恋。在中国传统社会向现代社会的过渡阶段，普通女性自由交往的空间还十分有限。具有怡神养性、寓教于乐、畅谈集会性质的现代公园就自然而然成为女性们可以自由出入的场所。公园因为门票的价格、生活趣味的诉求，游人的层次较其他地方更高。在这里，情侣们可以避开四合院中长辈们传统观念的管制和街坊邻居们纷扰的闲话。可见，公园对于北京当时两性的自由交往有着明显的促进作用。

---

① 张恨水：《啼笑因缘》，北岳文艺出版社2003年版，第133页。
② 张恨水：《金粉世家》，北岳文艺出版社2003年版。

公园作为现代公共空间，不仅供游人们欣赏美景和增强社会关系，也为游人们带来各种时尚娱乐的便利。北海公园的水面宽阔，春夏时节，游客可以感受乘船荡漾在水中的快乐。而在寒冷冬日，北海的水面结冰，如镜的冰面被开辟成天然冰场，青年们可以穿着单薄的衣衫在冰上轻如飞燕、追逐嬉戏。"走过这整个北海，在琼岛前面，又有一湾湖冰。北国的青年，男女成群结队的，在冰面上溜冰。男子是单薄的西装，女子穿了细条儿的旗袍，各人肩上，搭了一条围脖，风飘飘的吹了多长，他们在冰上歪斜驰骋，作出各种姿势，忘了是在冰点以下的温度过活了。在北海公园门口，你可以看到穿戴整齐的摩登男女，各人肩上像搭梢马褡子似的，挂了一双有冰刀的皮鞋，这是上海香港摩登世界所没有的。"① 张恨水热情自得地描绘了北京20世纪二三十年代北海溜冰这个由于气候优势所培植的娱乐项目。这份冬季的冰面上蒸腾着的热闹气氛、时尚的娱乐场景，可能只有天时地利人和的北京城中的北海公园才能承载。《斯人记》中的梁寒山逛北海公园时，"由北岸又走到东岸，临水一个石码头上。只见聚着一丛男女，也有坐的，也有站的，也有拿了小照相机子，左一比右一比的，嘻嘻哈哈，老远就听到他们的笑语风生。"② 相机这种时尚物件已经作为现代科学技术的成果，不仅应用在专业的照相馆中，也开始应用在普通青年人的交往中。将这一切展示出来的最适宜的空间正是具有现代意识的公园。由中国传统园林改造的公园中的山水游廊，在与现代照相技术的接触、打量和交手中延展了自己的生命力，预示着时尚潮流正在公园中悄然发生，同时，这种民国时期的时尚潮流在中国的百年发展中已经成为公园公共空间的一种真实长久的存在。

公园以其理念的现代化和形质的传统园林的两面性从微观上代表了北京的前世今生。公园的意义不仅在于提供一处公共娱乐、社交的开放空间，改变了北京的城市空间结构与布局，更在于它代表了不同于以往的休闲方式、作息习惯等现代都市生活理念，以及对于现代市政与现代市民的想象。公园为民国北京城市建设和发展掀开了重要的一页，构建了一幅全新的北京都市公共空间和文化娱乐地图。"据统计1935年游览北海的游人

---

① 张恨水：《张恨水说北京》，四川文艺出版社2001年版，第90页。
② 张恨水：《斯人记》，北岳文艺出版社1993年版，第349页。

为 465002 人，游中山公园的有 519189 人。"① 公园不仅成为人们放松心情、欣赏美景、熏陶性情的场所，也是各类群体聚会交往、表达意愿、文化娱乐的自由领域和公共空间。"尤其久住北平的，差不多都以公园的茶座作他们业余的休憩之所或公共的乐园。""世界上最好的地方是北平，北平最好的地方是公园，公园中舒适的是茶座。""因为那地方有清新和暖的空气，有精致而典雅的景物，有美丽而古朴的建筑，有极摩登与极旧式的各色人等"。② 许多民国文人在这里交流思想，建构文化沙龙，甚至发展浪漫情事。张恨水就是在中央公园内完成了《啼笑因缘》的写作。

（三）娱乐世界的分层

人们生活状况、生命境遇、社会阶层的差异导致了同一场域的娱乐空间中娱乐方式和层次的不同。所以，公共娱乐空间既是建构北京城市生活的重要角色，也是见证北京市民生活多样性和差异性的绝佳场所。

以北京城南前门附近的娱乐空间为例，这里是各方官僚、精英知识分子与城市平民共生的土壤。1914 年，北京有贫困人口 96850 人，占总人口的 11.95%。而南城除了前门商业街以外的地区，居住者多为劳动人民，他们的月工资收入一般在 3—5 元，生活极为困苦。③ 这些贫民们在自己的一方家园生存和休憩，形成了适合自身消费、审美和趣味的休闲娱乐生活方式。富家少爷樊家树在管家刘福的劝说下来到下等社会的俱乐部——天桥参观，"先是由东边进来的，这且由西边出去——过去却见一排都是茶棚。穿过茶棚，人声喧嚷，远远一看，有唱大鼓书的，有卖解药的，有摔跤的，有弄口技的，有说相声的。左一个布棚，外面围住一圈人；右一个木棚，围住一圈人。"④ 位于前门大街南端的天桥是城市平民消遣娱乐的场所。"早在元末明初，天桥地区就出现了蒸饼市、穷汉市、日昃市等饮食、商品市场。到清代，市场有了进一步发展。天桥市场五方杂处，俗称杂巴地，五行八作应有尽有，异常热闹。"⑤ 天桥拥有歌舞台（1910 年）、吉祥

---

① 袁熹：《北京近百年生活变迁（1840—1949）》，同心出版社 2007 年版，第 210 页。
② 谢兴尧：《中山公园的茶座》，姜德明编：《如梦令——名人笔下的旧京》，北京出版社 1997 年版，第 321—322 页。
③ 袁熹：《北京近百年生活变迁（1840—1949）》，同心出版社 2007 年版，第 210 页。
④ 张恨水：《啼笑因缘》，北岳文艺出版社 2003 年版，第 3 页。
⑤ 侯希三：《北京老戏园子》，中国城市出版社 1999 年版，第 181 页。

舞台（1908 年）、丹桂戏院（1912 年）、乐舞台（1912 年）、燕舞台（1912 年），以及 1913 年建的振仙舞台、魁华戏园、三合茶社、共和舞台等大约 20 家演出席棚，上演评剧、梆子、清装戏、文明戏以及"如唱书、走索之属"的"百戏"，上演各色曲艺节目。北京著名的天桥是北京贫民、卖苦力的、临时到北京做小买卖的郊区农民与休闲娱乐交汇最多的公共空间。樊家树以一个外来游历者的探奇的方式饱览天桥娱乐活动的粗糙与纯朴，感受到演员与观众们彼此相融的娱乐消遣的热烈与自在。这些身份低微、以维持温饱为生活目的的北京贫民，生活、消费和谋生手段都处在整个社会关系网的最末端，努力周旋于现实社会中求得一时安稳的生存。这显示出了在北京这个充满了政治傲慢、经济畸形、文化饱满的城市居住久了的贫民们，对城市本身也是对自己因为了解而做出的既能满足自身渴望又充满理性选择的自足心态。繁荣的天桥以及在其中自得其乐的贫民们构成了北京城市娱乐文化最庞大的底层，为形式和层次多元的北京娱乐文化贡献了最质朴、最粗糙、最鲜明的底色，成为偌大的北京城一块深厚驳杂难以言说的世俗景观，夹杂着汗臭味、草根味的天桥让城市贫民们与这个城市拥有了某种文化意味的牵连。

兴旺发达的娱乐业开办了半公共性质的电影院、游乐场等，扩展了人们参与公共活动的地盘。因为游客不得不购票入场，也就限制了穷人的参与，娱乐的分层也就自然而然地产生了。底层百姓继续保持与历史悠久的娱乐场所天桥、什刹海等地界的联系，或者只是偶尔逛逛新式的游乐场所，而中上层的人士则热爱北京城的新型娱乐，享受着新旧娱乐方式兼有的乐趣。以北京两所新兴的游乐场为例，它们的特点是商场、娱乐场和服务古今交汇、中西合璧、百戏杂陈、声歌彻耳。新世界全称北京新世界第一游艺场，位于前门外西珠市口大街中间路南，万明路和香厂路交叉路口东北把角处，占地 1000 余平方米，共五层楼房，1918 年 2 月 11 日（农历正月初一）竣工开幕。中西菜馆、戏院、电影场、茶楼、咖啡馆、商场、杂耍场、照相馆、说书场分列其间，三层楼以上都有屋顶花园可供观赏城市景色。游人可登上楼顶，远眺景山、北海白塔、紫禁城、北京饭店大楼及各城门门楼。入园券每位铜元三十枚，中餐券每位大洋半元，西餐券一元；各种游艺随便入览，不另收费。新世界是第一个可以在工作日吸引两千人，周末吸引四千人前来游玩的游乐场。时隔一年，位于永安路路南先农坛外坛墙北门内，占地两万多平方米，办起了城南游艺场，后改称城南游艺园。城南游艺园于1919年2月1日竣工开幕。《顺天时报》刊登开幕预告："香厂南首，城南游艺场，己未正月初一日开幕。夜放广东烟花，挂设广东活动人物灯彩；番菜馆，咖啡馆，茶社，少林会，文明戏，京班戏，大宫戏，影儿戏。入场券每位铜元三十枚，并游先农内坛不用再购票。"[1] 城南游艺园较新世界空间更大，每天都有四千多名游客观光，周末要多两千人。这设施主要为学生、商人、中产和下中产阶级的官员家庭服务，劳动阶级基本上都付不起这两个地方三毛钱的入场费。名角儿的演出、全新电影的放映等或古老或新奇的视听盛宴证明了他们身份、地位和审美趣味。这样的娱乐生活在天桥人为北京城市娱乐生活所充当的底色上恣意涂抹了更加鲜亮夺目、缤纷绚烂的图案。《春明外史》中的华伯平、洪俊生们穿梭闪现在体现身份和地位的娱乐场所，他们在此欣赏与高档娱乐场相匹配的节目，完成对于与之相契合的文化品位的认可和褒扬。

北京的公园虽然是现代开放、平等的娱乐空间，但由于地理位置、门票价格和公园定位等原因，公园游客阶层的分化十分明显。马芷庠著、张恨水审定的《北平旅行指南》中就有一些娱乐服务场所的价目表："中山公园游览券价目：（一）普通券，一人用，每券铜元二十枚。（二）定期券，一人用四个月，每券洋六元……"[2] 只这普通券，就等于五个芝麻酱大烧饼。而对于很多贫困家庭，五个芝麻酱大烧饼是珍贵的救命之物，中山公园便不是北京贫民造访之地。就北京公园的茶座而言，北京公园都设有大量大小不一的茶座，以备客人休息、聚会之用，最受市民喜爱的当属中央公园的茶座，其中，著名的中央公园——来今雨轩最受北京社会上层人士的青睐。张恨水对北京公园的游人分层情况清晰明了。在《啼笑因缘》中，樊家树与沈凤喜偶遇的地方是先农坛；关秀姑父女带樊家树去的公园就是下层民众经常到访的自然公园什刹海；而樊家树与富家小姐何丽娜相约去的则是北海。可以看出，社会上不同的阶层、不同身份的游人游览不同风格、规模的公园已经是当时北京人约定俗成的习惯。关寿峰就同樊家树说过："什刹海这地方，从前也是不招待蓝布大褂朋友，而今穿绸衣的不大来，蓝布大褂朋友就是上客。也许中央公园，将来也有那样一天。"

---

[1] 侯希三：《北京老戏园子》，中国城市出版社1999年版，第191页。
[2] 马芷庠：《老北京旅行指南》，吉林出版集团有限责任公司2008年版，第265页。

戏院、电影院、游艺园与什刹海、天桥等休闲娱乐场彼此各居北京一隅，互不干扰互相补充，共同构成了北京层级丰富的娱乐生活姿态。官僚、富商、新旧知识分子、学生和普通民众依据自己的品位、兴趣、财力和身份选择适合自己的娱乐空间和娱乐方式，减少了上层人士和底层民众的冲突与碰撞。由此可见，北京的公共娱乐世界以能够为北京各阶层人士提供良好娱乐机会的包容性和满足感，成为20世纪二三十年代北京娱乐状况的重要特征。

1928年，国民政府南迁，北京改名"北平"，原有的官民结构发生巨大的震动和变异，北京成为只剩下明、清两代五百多年的宫殿、陵墓和一大群教员、教授、文化人，以及一大群代表封建传统文化的老先生们，另外就是许多所大、中、小学，以及公园、图书馆、名胜古迹、琉璃厂的书肆、古玩铺等，对中外人士、全国学子还有强大的吸引力的"文化古城"，市面萧条，经济低迷，物价飞涨。在部分官商抽离的北京，戏园、电影院、游艺园继续为留守在这里的人们服务，对于大多数悠游的贫民，天桥等地依然是他们的自然和自发的选择。高档娱乐空间以及天桥、什刹海的依然繁荣，增强了北京文化塑城和城与人生活状态的自觉。高低错落的娱乐场所一起作为承载了北京城市文化的微小细胞和复杂空间，始终全情投入于整个城市机体的生命律动，从未离开。

20世纪二三十年代，北京站在皇城历史与现代文明的交汇处，形构了自己独特而多元的都市风貌，奠定了北京现代城市的雏形。恰如史谦德所言："在20世纪20年代的中国，很少有城市看起来如此既非常传统和中国化，同时又潜藏了现代和西方城市生活的内涵。"[1] 张恨水用自己的生动文字，还原了古都北京的城市空间，将走向现代化进程的北京变得立体可感，鲜活动人，为我们留下了宝贵的文化遗产。

---

[1] David Strand, *Rickshaw Beijing: City People and Politics in the 1920s*, California University Press, 1989, p. 7.

近代北京城市指南研究（1840—1949）

刘同彪

摘要：北京指南是近代北京城市发展的一面镜子，它记录这座城市的变化，也参与这座城市的建构。本文以北京指南为基础资料，通过对清道光二十五年（1845）杨静亭编撰的《都门纪略》，以及民国以来多部北京指南的编辑出版情况、城市指南的具体内容等，来探讨近代北京城市发展在不同时段呈现的特征。

关键词：城市指南；旅行指南；北京指南；近代北京城市

一　前言

在近代百余年间，中国出版了大量城市指南，这类书籍多在某个城市名后冠以指南、便览、备览、快览、宝鉴、大观、导游、手册之称，如《新北京指南》（撷华书局 1914 年版）、《北京便览》（文明书局 1923 年版）、《北平指南》（北平民社 1929 年版）、《天津指南》（文明书局 1911 年版）、《天津快览》（世界书局 1926 年版）、《上海指南》（商务印书馆 1909 年版）、《上海宝鉴》（世界书局 1925 年版）、《上海市民手册》（申报馆 1946 年版）、《首都导游》（中国旅行社 1931 年版）、《济南指南》（大东日报社 1914 年版）、《苏州指南》（文新印刷公司 1929 年版）、《太原指南》（山西民社 1936 年版）、《福州便览》（环球印书局 1932 年版）、《杭州导游》（中国旅行社 1947 年版）等。

---

[*] 北京学研究基地开放课题《近代北京及周边地区城市指南研究（1840—1949）》（BJXJD-KT2017-YB04）研究成果。

[**] 刘同彪，北京联合大学北京学研究所与中国科学院地理科学与资源研究所合作培养博士后，主要研究方向为近代北京城市文献、民俗文献史。

城市指南简明扼要地辑录一座城市的历史沿革、地理形势、典章制度、名胜古迹、城垣街巷、市廛商号、饮食日用、风俗时尚等诸多方面的信息，它既可以为外来者提供旅行指导，又可以成为本地市民的生活向导。城市指南区别于传统的方志、杂记、杂纂、笔记、游记、风土记等文献类型，它的编纂有较强的针对性，主要为旅客或新定居城市者提供必要的游览观光及各类生活资讯。它注重对城市当下情状的及时记录，其出版带有明显的商业色彩。从这些特征看，城市指南是近代中国出现的一种新型书籍，它在近代的出现和大量刊行，是中国城市资讯迈向现代化的反映。

城市指南与近代中国旅游业的兴起密切相关，随着近代中国城市旅行人数的增多，客观上需要为旅行者提供城市资讯服务的指南书籍，尤其是进入民国时期，不少城市指南直接以旅行指南、游览指南命名，如《北京游览指南》（新华书局1926年版）、《北平旅行指南》（经济新闻社1935年版）、《上海游览指南》（中华书局1935年版）、《青岛名胜游览指南》（青岛市公务局1935年版）、《台湾旅行指南》（台湾旅行社1947年版）等。尽管如此，作为近代出现的一种新型图书，无论从出版目的还是从内容编排上，城市指南都不只为游览而作。这些名目繁多的城市指南与近代中国不断变化的时局相连，也与不同时段人们对近代城市的理解和功能定位相关，它们的持续发行，包含了人们对城市发展的多重期许，或为宣传新的城市精神和规范，或为塑造新的城市形象，或为反映城市的空间变迁和发展步伐，或为传达强烈的城市自我意识，或为服务于当时的市政建设等。即便是那些冠名为旅行指南、游览指南的书，也往往打上了近代中国城市观念和城市建设实践的烙印。因此，城市指南是在近代中国城市发展语境中形成的一种城市书写文本，它们本身就是中国城市现代化历程的内容。基于这样的考虑，本文采用城市指南，而非旅行指南、游览指南或旅游指南等概念，来指代此类书籍。

城市指南在近代中国的重要城市几乎有出版，但以北京出现的最早，且最为丰富。北京为首善之区，四方辐辏，人文荟萃，慕名而来者络绎不绝。近代北京虽然经历了从帝都到国都、故都的重大变迁，曾短期失去首都地位，但它仍为世人瞩目的城市，以其儒美的古都文化吸引着南来北往的旅行者。在近代城市指南的编撰出版上，北京可称得上首开先河。道光二十五年（1845年）通州人杨静亭编辑的《都门纪略》是一部专门为远省仕商入都而作的城市指南，书中所载的关于北京的地图、防骗经验、市肆商铺、饮食服用、工艺特产、名胜古迹、戏曲娱乐等信息，能切实为初入帝都的远方客商指点迷津。这部书作为城市指南这一性质是比较明显的，就笔者目前掌握的资料来看，它是中国最早的一部城市指南。《都门纪略》发行后，颇受欢迎，自道光二十五年至民国六年（1917年），一再增补和翻刻，期间名称发生了一些改变，如《都门汇纂》《朝市丛载》《朝市都门便览》等，它成为晚清最具代表性的北京指南。民国三年（1914年），撷华书局出版的《新北京》《新北京指南》揭开了北京城市指南的新篇章，它们是比《都门纪略》信息内容更为丰富、形式更为成熟的北京指南。自此以后至抗日战争爆发的二十余年间，几乎每隔2—3年有一种新的北京指南出现，有的还多次增订翻印，如商务印书馆出版的《实用北京指南》和马芷庠编撰的《北平旅行指南》都至少发行过四版。[①] 抗日战争的爆发，中断了北京指南的出版热潮，期间鲜见有新的北京指南出现，直到1948年，这种情况才略有改变。这一年马德增书店和中国旅行社相继推出《北平名胜游览指南》《北平导游》两部简明的北京指南。

近代北京城处在不断的变化之中，也不断地被生活在那个年代的人们记录和书写，那些蔚然可观的北京城市指南是对近代北京城的别样记录和书写，它们在近代的持续出版，不仅丰富了近代北京的城市发展史料，而且从"书写"的角度，为我们解读近代北京城市的变迁和特征提供了一个难得的契机。

城市指南在近几年日益受到学界的关注，相关研究成果不断出现。2014年8月11—13日台湾"中央研究院近代史研究所"举办"全球视野下的中国近代史研究"国际学术研讨会，在这次会议上，有多位学者就自己对城市指南的研究发言。马树华、赵成国认为城市指南与城市的发展结成密切的互文关系，他分析了近代青岛德文、英文、日文和中文四种不同语言的城市指南，指出不同语言的青岛城市指南具有不同的编撰旨趣，它们不仅客观地呈现了城市的风貌，也主动参与了城市形象的塑造与空间变迁。[②] 孙慧敏考察了1909—1930年间上海商务印书馆持续增订发行的《上海指南》，分析它们

[①] 民国十五年（1926年）商务印刷馆编辑的《增订实用北京指南》是第4版，初版发行于民国九年（1920年）；民国二十六年（1937年）马芷庠编撰的《北平旅行指南》是第4版，初版发行于民国二十四年（1935年）。

[②] 马树华、赵成国：《城市指南与近代青岛的空间变迁》，《中央研究院近代史研究所集刊》2017年第95期。

如何界定上海的空间范畴、表述具体的空间位置、塑造上海的城市形象。①林美莉分析了近代华文上海指南书籍的编纂策略,对不同上海指南所提供的长居与游览信息作了比较。②日本学者吉泽诚一郎指出近代日文北京、天津指南反映了不同时段的中日关系及当时日本人的中国观。③

在北京城市指南的研究上,邱仲麟比较了近代不同时段北京指南内容和体例的差异,尤其以指南中的会馆、旅店信息为例,详细剖析了北京指南所反映的北京旅游资讯的近代化历程。④季剑青将北京指南视为北京城市的一种书写文本,他比较了不同时段北京指南内容偏重的差异,指出民国初年的北京指南"以介绍实用生活信息为主,主要针对的是在北京居留时间较长的官员和商人,因而有关行政、公共事业、实业的内容最多"。而在20世纪20年代中后期至30年代,特别是在国都南迁后,北京指南中的游览观光内容逐渐成为重点,这与当时的北京城市建设方向相关。⑤王谦分析了国都南迁后出版的各种北平指南,认为各类北平指南书籍所呈现出的北平,是一个经过筛选、过滤的文化古城,是一个传统古都的游览城市。⑥赵晓阳介绍了近代西文北京指南,并比较了中外文北京指南在内容选择上的差异,指出中外文北京指南"向我们提供介绍了在同一城市的两个差异世界的不同内容和范围,只有将它们综合对照来看,才能得出一个完整北京的概念和印象"。⑦毕文静对民国北京指南做了较为系统的梳理,包括北京指南出现的时代背景、编辑出版状况、类型特点及史料价值等方面。⑧

在北京城市指南的研究方面,虽然已经出现了一些成果,但总的说来,目前学界在这方面的研究积累还十分有限。近代北京指南的学术价值尚未被

---

① 孙慧敏:《何为上海、如何指南:晚清民初〈上海指南〉的空间表述》,2014年"全球视野下的中国近代史研究"国际学术研讨会,2014年8月。
② 林美莉:《旅客游观与市民城居的双重变奏:近代华文上海指南书刊的编纂策略》,2014年"全球视野下的中国近代史研究"国际学术研讨会,2014年8月。
③ [日]吉泽诚一郎:《近代日本的旅行指南与中国印象:以北京、天津为例》,2014年"全球视野下的中国近代史研究"国际学术研讨会,2014年8月。
④ 邱仲麟:《从〈都门纪略〉到〈北平旅行指南〉:北京旅游资讯的近代化历程》,2014年"全球视野下的中国近代史研究"国际学术研讨会,2014年8月。
⑤ 季剑青:《旅游指南中的民国北京》,《北京观察》2014年第3期。
⑥ 王谦:《故都北平的文化生产与文学记忆》,《北京社会科学》2017年第11期。
⑦ 赵晓阳:《中外文版本的〈北京旅游指南〉比较——兼谈北京旅游空间的新增长》,朱明德主编:《北京故都风貌与时代气息研讨会论文集》,北京燕山出版社2003年版。
⑧ 毕文静:《民国北京旅行指南研究(1912—1936)》,硕士学位论文,首都师范大学,2013年。

充分挖掘出来，在当前的研究成果中，以民国阶段的探讨居多，而晚清时段的讨论不足。本文在学界已有研究成果的基础上，拟对近代北京城市指南进行较为系统的梳理和研究，利用此类文献，探讨北京的近代特征及城市变迁。

二　帝都时期的北京城市指南

（一）北京城市指南的文献源流

北京城市指南兴起于近代，以道光二十五年（1845年）杨静亭编撰的《都门纪略》为其开端，但它的胚胎在晚明时期已经形成。

晚明时期，随着北京城市的发展，记述北京城市的书籍逐渐增多，北京城市指南在这一时期萌发，尤以下列书籍值得注意。

嘉靖三十九年（1560年），张爵编撰的《京师五城坊巷胡同集》是一部简明的北京街巷指南。张爵生于北京，他在北京为官多年，曾经专管"街道房事"，有机会查阅公署中的坊巷档册，这为他编辑京师坊巷胡同提供了便利条件。《京师五城坊巷胡同集》收录京城胡同1170条，按照中城、东城、西城、南城、北城的次序记载，并将京师八景、古迹、山川、公署、学校、园囿、仓场、寺观、祠庙、坛墓、关梁之名称标于所在的坊巷胡同中，且书首附有一幅标有坊巷的北京城地图，与正文所列坊巷相对应。张爵在序文中，清楚地表达了他试图编撰一部京师坊巷指南的意图：

> 予见公署所载五城坊巷必录之，遇时俗相传京师胡同亦书之，取其大小远近，采葺成编，名曰《京师五城坊巷胡同集》。附载京师八景、古迹、山川、公署、学校、园囿、仓场、寺观、祠庙、坛墓、关梁，皆以次具载于集，分置五城，排列坊巷。又为总图于首，披图而观，京师之广，古今之迹，了然于目，视如指掌。使京师坊巷广大数十里之外，不出户而可知。庶五城胡同浩繁几千条之间，一举目而毕见。均各备载，编集克成，用工锓梓，以广其传云。[①]

《京师五城坊巷胡同集》虽仅简单罗列坊巷胡同名称，但其搜集较为全面，编排也十分清楚，又附有坊巷地图相对照，它可以帮助初到京城的

[①] （明）张爵：《京师五城坊巷胡同集》，南林刘氏求恕斋版本，民国十一年（1922年）。

旅行者查询方位，其实用性是显而易见的。

晚明时期北京还出现了大量记述风土景物的游览指南，如《长安客话》《帝京景物略》《山行杂记》《长安可游记》《日畿访胜录》《燕都游览志》等。对于初次来京的士子、官员、商贾等群体，这些书可以成为他们游览北京风土景物的参考。

《长安客话》编于万历年间，蒋一葵撰，分八卷，按京师范围由内及外展开。卷一、卷二为《皇都杂记》，包含大明、北平、古幽陵、古蓟门、古燕京、黄金台、碣石宫、燕京五月歌、迎春、大明门、棋盘街、积水潭、顺天府、白塔寺、国子监、荷花酒等90个子目。卷三为《郊西杂记》，包含高梁桥、极乐寺、大真觉寺、玉泉山、华严寺、香山寺、碧云寺、卧佛寺、门头村、钓鱼台、万柳堂等30个子目。卷四为《郊坰杂记》，包含海淀、青龙桥、卢沟河、东岳庙、三忠祠、天寿山、诸王公主坟、清河、沙河等32个子目。卷五、卷六为《畿辅杂记》，包含古涿水、小西天、上方山、良乡行、固安河、香河县、百家湾、平谷县、草桥、顺义县、牛栏山、通惠河、杨柳青、河西务等130个子目。卷七为《关镇杂记》，包含边关、三关、居庸关、龙虎台、黄花镇、秦皇岛、喜峰口、古北口、桑乾河等35个子目。卷八为《边镇杂记》，包含鸡鸣山、张家口、洗马林、滴水崖等27个子目。可以看出，这部书的记述范围十分广阔，涉及北京及近郊的广大区域，其内容包括名胜古迹、历史掌故、建置沿革、风俗物产等多个方面。该书作者蒋一葵是一位博学之士，曾任北京西城指挥使，他在京任职期间，注重游览搜集京师古迹，"车辙所到，必从耆老访古迹遗文，得即贮之奚囊"。《长安客话》即成于他在北京的游历考察所得。①

《帝京景物略》付梓于崇祯八年（1635年），由刘侗、于奕正等人合作完成，共八卷，按北京城方位叙述，卷一为《城北内外》，包含太学石鼓、文丞相祠、水关、定国公园、金刚寺等16个子目。卷二为《城东内外》，包含于少保祠、吏部藤花、泡子河、观象台、成国公园等14个子目。卷三为《成南内外》，包含关王庙、药王庙、金鱼池、明因寺、李皇亲新园等20个子目。卷四为《西城内》，包含首善书院、天主堂、石灯庵、李文正公祠、双塔寺等14个子目。卷五为《西城外》，包含高梁桥、极乐寺、白石庄、惠安伯园、真觉寺等18个子目。卷六为《西山上》，包含香山寺、碧云寺、洪

---

① （明）蒋一葵：《长安客话》，燕京大学抄本。

光寺、卧佛寺、水尽头等 12 个子目。卷七为《西山下》，包含西堤、功德寺、玉泉山、瓮山、戒坛等 10 个子目。卷八为《畿辅名迹》，包含狄梁公祠、刘司户祠、九龙祠、银山、上方山等 25 个子目。全书共 129 条子目，每个子目后附有与之相关的景物诗。这部书的作者相互交游，他们都是好游之士。刘侗是湖北省麻城县人，为求仕途来到北京，与于奕正、周损、谭元春等人结为好友。刘侗曾"燕游者五年"，而周损"从之游"。于奕正则是北京人，他好游名山胜迹，"都城二三百里间，身所得至，无不至者。间有未至，必讯之故老，考之载记，搜奇探隐，不遗余力"①。由此可知，《帝京景物略》的成书建立在实地考察的基础上，作者的编撰态度也是认真严谨的，"事有不典不经，侗不敢笔；辞有不达，奕正未尝辄许也。所未经过者，分往而必实之，出门各向，归相报也"②。

晚明北京游览图书的文人色彩比较浓重，从中我们看不出丝毫的商业味道，我们可以视之为晚明北京景物游览指南的萌芽，但从整体上看，它们的属性更接近于传统的游记、杂记或文人笔记。这些书大都偏于风土景物的介绍与描述，而旅游过程中所需要的资讯，如交通、住宿、饮食、购物等，则几乎没有关注。

清朝前期、中期是北京城市恢复和发展的时期，在这个历史阶段，依然没有出现真正意义上的城市指南，但较晚明时期也有所扩展。如，道光十九年（1839 年）林伯桐编撰的《公车见闻录》，是一部为广东省士子进京赶考编写的攻略，分为约帮、就道、行舟、升车、度山、出关、工仆、用物、养生、至都十个细目，对赴京前的准备、赶考路上的交通与防范、到达京城的事宜做了详细说明。其中，"至都"部分说的是到达京城后的注意事项，记述了到达京城后的感受、都城的城门、都城五城特色、如何入住会馆、都城的风俗、考场的位置等，这些方面的指引使初入京城的士子不致迷茫。③ 再者，以北京指南为编撰目的的图书出现。清朝入关后，陆续出现几部记述北京的书，其中最重要的是朱彝尊编撰的《日下旧闻》和于敏中等编纂的《钦定日下旧闻考》，它们都是卷帙浩繁的大部头书，作为北京指南书显然不适宜。稍后，乾隆年间文人吴长元感到《日下旧

---

① （明）刘侗、（明）于奕正：《帝京景物略》，北京古籍出版社 1983 年版。
② （明）刘侗、（明）于奕正：《帝京景物略》，北京古籍出版社 1983 年版。
③ 林伯桐：《公车见闻录》，修本堂丛书刊本。

闻》《日下旧闻考》虽然记述完备，但它们过于烦冗，不便于查阅和携带。鉴于此，他对《日下旧闻》《日下旧闻考》两部书进行了简化整理，去芜存菁，采掇其大纲，使之事详语略，言简意赅，并"仿巾箱本，以便行箧"，于乾隆五十三年（1788年）编成《宸垣识略》。这部书的编纂目的明确，吴长元一再强调采编此书的目的是"为游览而设"，"以备游览之资"。可见，作者是想编纂一部游览北京的指南。邵晋涵为此书撰序，他认为《宸垣识略》可以起到北京游览指南的作用，"俾观光日下者，皆得按籍循途"①。从内容编排上，也能看出吴长元为编纂一部北京游览指南所做的努力，这部书图文并茂，附有详细的北京城市地图，包括西山图，共18幅，游览者据此可按图索骥，了然于目。吴长元还看到了会馆对于外地士子的重要性，他经过调查，将采集到的182处会馆附于书中，以便外地士子查阅。"外城各省会馆，近年创建日繁，此正邦畿民止，于以壮皇都，敦梓谊，意良厚焉。汇录卷末，庶征车戾止，不迷于所往。"② 为方便携带，这部书还特意做成"巾箱本"。从这些地方，我们能够看出作者试图编撰一部北京游览指南的意图。可惜此书在景物古迹的记述上太过冗长烦琐，而在游览所需的城市资讯上又着墨太少。因此，《宸垣识略》虽在北京城市指南上跨进了一步，但它还算不上成熟的北京指南书。

（二）晚清北京城市指南的代表——《都门纪略》

经过清朝前期、中期的休养生息，北京城市再次呈现繁荣气象。随着城市本身的发展，旅京人士日益增多，他们在京的需求也逐渐受到关注，为他们提供京城生活资讯服务方面的指南性书籍也变得越来越必要，在这种情况下，北京城市指南应运而生，其标志是晚清《都门纪略》的刊行。

道光二十五年（1845年），潞河（通州）人杨静亭编撰《都门纪略》，这部书专为满足旅京人士的在京需求而作，它称得上是北京最早的城市指南。在序文中，杨静亭说明了他编撰此书的想法。他指出以往记述北京的书，如《日下旧闻》《京都竹枝词》《草珠一串》等，都不足"扩市廛之闻见"。京畿作为首善之区，幅员辽阔，风俗美备，街市热闹，"睹阛阓之繁华，燕都第一"。面对人烟阜盛的都城，远道而来的旅京者不免产生迷茫之

---

① （清）吴长元：《宸垣识略》，16卷，光绪二年（1876年）刊本。
② （清）吴长元：《宸垣识略》，16卷，光绪二年（1876年）刊本。

感,"惟外省仕商暂时来都,往往寄寓旅邸,闷坐无聊,思欲瞻游化日,抒羁客之离怀,抑或购觅零星,备乡间之馈赠。乃巷路崎岖,人烟杂沓,所虑者不惟道途多舛,亦且坊肆牌匾,真赝易淆,少不经心,遂成鱼目之混"①。杨静亭看到,外地之旅京者到达北京后,有游览、购物、问路等多方面的需求,却苦于无专书之指导。这是促成他编撰《都门纪略》的动因,即为远省仕商编撰一部京都生活的指南。"兹集所登诸类,分列十门,并绘图说,统为客商所便。如市廛中之胜迹,及茶馆酒肆店号,必注明地址与向背东西,具得其详,自不至迷于所往。阅是书者,按图以稽,一若人游市肆。凡仕商来自远方,不必频相顾问,然则,谓是书之作,为远人作,也可。"②

在例言中,杨静亭进一步申明他编撰《都门纪略》的旨趣,即为远省仕商而作,内容的编排取舍均以此旨趣为依据。兹引述例言中的部分内容如下,以说明之。

一 是书之作,原为远省客商而设。暂时来京,耳目难以周知,故上自风俗,下至饮食、服用以及远眺之所,必详细注明,以资采访,庶几雅俗共赏。

一 京师铺户林立,市廛货物往往以伪乱真,价亦低昂无定。兹集所开载者字号,皆系一二百年老铺,驰名天下,货真价实,言不二价。

一 京师地面辽阔,惟前三门为天下仕商聚汇之所,市廛地址必详细注明,以资采访。内城禁地,外省之人足迹罕至,虽名园胜景以及风土人情,概不载入册内。③

由此可见,《都门纪略》的针对性强,定位明确,它应北京城市发展之需要而产生。此书将目标受众群体设定在"远省仕商",反映了在当时赴京旅行者中,士子、商人和官员是最为重要的群体。

《都门纪略》道光初刻本内封面标有"都门杂咏附后"的字样,它在编排上,分为上下两卷,卷上是"都门纪略"本文,卷下是所附的"都门杂咏"。卷上"都门纪略"分十门,依次为风俗、对联、翰墨、古迹、技

---

① (清)杨静亭:《都门纪略》,文富堂书坊刊刻,道光二十五年(1845年)。
② (清)杨静亭:《都门纪略》,文富堂书坊刊刻,道光二十五年(1845年)。
③ (清)杨静亭:《都门纪略》,文富堂书坊刊刻,道光二十五年(1845年)。

艺、时尚、服用、食品、市廛、词场,并于卷首附北京外城地图。

《都门纪略》道光初刻本卷首所附的北京外城地图,没有《宸垣识略》中的地图详细,但它是根据内文中的内容绘制的,有助于读者理解后面的内文。如杨静亭在例言中所说:"京师外城街衢巷口细若牛毛茧丝,兹集图说,限于尺幅,不能备载。进据册内所注市廛地址,绘图开列,以为远省客商寻觅之便。"①

"风俗门"中的内容并非是关于北京城市民俗的记述,它实际上是为远省仕商提供的在京防范信息,旨在使远省仕商了解京城流行的骗术和诱惑,以免上当。作者首先提醒旅京客商,京城乃最繁华之地,风俗奢靡,若不能有所克制,极易散尽钱财,陷入困顿之中:

>京师最尚繁华,市廛铺户妆饰富甲天下,如大栅栏、珠宝市、西河沿、琉璃厂之银楼、缎号,以及茶叶铺、靴铺,皆雕梁画栋,金碧辉煌,令人目迷五色。至肉市酒楼、饭馆,张灯列烛,猜拳行令,夜夜元宵,非他处所可及也。
>
>京师最尚应酬,外省人至,群相邀请,筵宴听戏,往来馈赠,以及挟优饮酒,聚众呼卢,虽有数万金,不足供其挥霍。②

接着,作者具体列举了几条重要的防范事项:兑换银钱,需先打听钱铺虚实,以防被不诚信钱铺欺骗;在街市闹区,不可占便宜,以防误入别人设好的圈套;初次入京,不知道路,必须雇车,但需要提前了解路程远近,得知大概车价,不致被车夫诓骗;作者还特别提醒赴京赶考的士子,不可听人撺骗,谋划舞弊,否则身罹法网,悔之莫及;外省士子来京,住会馆居多,注意谨防财物被盗。值得一提的是,旅行中的防范,在晚明时期的商书、路程书中就有大量记述,如万历年间的《新锲纂辑皇明一统纪要·客商规略要览》就详载了经商途中可能遇到的各种风险和骗术,提醒经商者加以警惕。但《都门纪略·风俗》是基于一座城市中的防范经验,这和过去以重点记述行程路上的防范是有所不同的。

"对联门""翰墨门"看似属于文学艺术的内容,但实际上包含了店铺、

---

① (清)杨静亭:《都门纪略》,文富堂书坊刊刻,道光二十五年(1845年)。
② (清)杨静亭:《都门纪略》,文富堂书坊刊刻,道光二十五年(1845年)。

会馆等方面的信息。在对联门中，作者首先说明了选材的标准，"都中对联之佳者，美不胜收，惟嵌以字号、堂名、地名者载入"。该门共收录10副对联，每副对联所涉及的字号、堂名、地名都注明详细地址，便于旅京仕商查寻。

"翰墨门"载入饭馆、酒铺、茶园、药铺、会馆等匾额上的文字书法，并备明其详细地址，所收翰墨15幅。

"古迹门"为方便"远省仕商"游览而设，载入古迹11处，分别为都一处内的土龙、翰林院衙门大门外的土旋、道教碑、悬山、架松、古槐、金鱼池、沟渠、黄木、万柳堂、法源寺，这些古迹大部分在外城。作者指出，禁地范围里的古迹一般人难以靠近，所以没有收录，"京都壮观瞻者，如雍和宫、南北海，俱系禁地，概不载入"。

"技艺门"记述了5项北京特有的手工技艺（绝活）和游艺表演，分别为：用离骨散摘牙、搭盖丧棚、殡葬喷纸钱、摔跤、滑冰。"时尚门"的内容比较简单，只记载了3项客商所易见的京都流行时尚：走堂、轿夫、车夫。"走堂"为市廛茶馆、酒肆中的风尚，年轻的服务员立于顾客旁，能够做到"报菜名至十数种之多数，字眼清楚，不乱话，不粘牙，后堂一喊，能令四座皆惊"。京城的"轿夫"，"俱系年轻力壮，腿健如飞，上身不动，稳而且快"，但也有陋习，喜好逞能斗强，在前后来轿之时，或是人流拥挤处，"以人马赶不上者为能"。车夫亦讲求速度，陋习是"挺身直走，不能回头"。

"服用门"载商铺56家，所售货品均为客商日用所需之物，如帽、鞋、靴、扇、香、笔、纸、灯、刀具、肥皂、眼镜、烟袋、药丸、首饰、珠宝、荷包、绸缎、布匹、绣品、洋货等。作者指出，"都中珍宝、服物、百货具备"，店铺"不啻亿万家"，但仅就客商所习用者，选取优质商户，如作者在例言中所云："所开载者字号，皆系一二百年老铺，驰名天下，货真价实，言不二价。""食品门"载饭馆及各类食品店48家，皆据"市廛著名，为客商所便者载入"。这其中不乏有些知名的字号，如东兴居、福兴居、致美斋、便宜坊、月盛斋、都一处、六必居等。

"市廛门"载各种专业市场20处，如银市、珠宝市、玉器市、估衣市、米市、肉市、菜市、骡马市、黑市、补拆市、耍货市、雀儿市等。载定期庙市和集市14处，如药王庙、土地庙、隆福寺、护国寺、东岳庙、都城隍庙、花儿市、厂甸、西鼎、南鼎、中鼎等。载戏园16家，如三庆园、庆和园、庆春园等。

"词场门"载6家戏班，即三庆班、春台班、四喜班、和春班、嵩祝班、新兴班,并注明各班的著名角色、代表剧目。在记述各大戏班之前,作者还对戏剧的历史及在北京的流传过程做了详细论述。

由上面内容的介绍,我们可以看出,《都门纪略》与之前记述北京的图书有根本的区别,它围绕旅京仕商的在京需求展开,以购物、消费、娱乐、安全防范为记述重点,为旅京仕商提供有价值的都城生活资讯。以往记述北京的图书,或偏于景物名胜,如《长安客话》《帝京景物略》《宸垣识略》等;或偏于岁时民俗,如《北京岁华记》《帝京岁时纪胜》,或偏于街巷胡同,如《京师五城坊巷胡同集》,或偏于方志体例,如《宛署杂记》《日下旧闻考》等,这些书都不像《都门纪略》这样集中记述旅京者所需的都城生活资讯。就此而言,《都门纪略》是当时的一部新型图书,它的出现,反映了晚清北京城市资讯服务的进步。

作为北京城市指南,道光二十五年(1845年)初刻本《都门纪略》尚存在一些不足之处。例如,缺少住宿方面的信息。又如,对于景物名胜的记述偏少,难以满足旅京者的游览之需。不过,在之后的增补本中,这些方面的内容得到了充实。

《都门纪略》刊行后,受到了欢迎,它不断增订、翻刻,成为晚清时期较为畅销的图书。目前笔者所知,至少有以下8种版本:同治三年(1864年)徐永年增补本、同治十一年(1872年)刻本(题《都门汇纂》)、光绪元年(1875年)刻本(题《北上备览》)、光绪二年(1876年)刻本、光绪五年(1879年)刻本(题《增补都门纪略》)、光绪十三年(1887年)刻本(题《朝市丛载》)、光绪三十三年(1907年)刻本、宣统二年(1910年)刻本(题《新增都门纪略》)。

道光二十五年(1845年)初刻本《都门纪略》为两卷本,卷上题"都门纪略",其内容如上文所介绍。卷下题"都门杂咏",两卷本《都门纪略》发行后,杨静亭很快意识到会馆对于赴京士子的重要意义,于道光二十六年(1846年)又增补一卷"各省会馆":

> 都中会馆,为乡会士子而设,其法至良且善,一则可以啬僦居之费,二则可以联桑梓之情。然各省会馆,都中不下三、四百处,《日下旧闻》所载皆系旧馆,并未分晰省馆、府馆、县馆之别,近年又经修葺者亦复不少。兹集核对明确,照省纲、府纲,条分缕晰,某为老馆,某为新馆,某为东馆,某为西馆,某为中馆,并注明坐落某街、

某巷，与向北东西，以期士子进京寻觅之便。①

会馆内容加入后，《都门纪略》成为三卷本。八年后，至同治三年（1864年），又增补一卷"路程辑要"。徐永年在序文中指出，先前赖盛远所编撰的《示我周行》，所记路程皆由各省至京师，"此于来京者便，而出京者不相宜。……甲子中秋后，有敝友孙梅溪先生来访，袖出由京师至各省路程一帙，嘱余载于《都门纪略》之四集。余观之许久，见其按程计里，诚为客路之箴规，投宿整装，可拟游人之行止。故将路程一帙，登入《都门纪略》，攒为四集。虽非京都之故事也，似于出京之行旅，堪作神珍矣"②。同治十一年（1872年）刻本《都门纪略》，新增"皇城"和"大内"两卷内容，详述皇城和紫禁城的建筑物和名胜古迹。光绪五年（1879年）刻本《都门纪略》，又增加了"国朝鼎甲录"和"菊部群英"两卷内容，分别详列清朝进士及第第一甲三名和梨园子弟名单。至此，《都门纪略》增补的卷数和内容框架基本确定，即包括都门纪略（都门杂记）、都门杂咏、各省会馆、路程辑要、皇城、大内、国朝鼎甲录、菊部群英。

光绪十三年（1887年）《都门纪略》的版本题名《朝市丛载》，这个版本在形式和内容上都有一些创新，形式上它打乱原有的卷次顺序，根据内容重新划分门类；内容上增加了汇号、客店、庙寓、官阶品级、满汉衙署方面的实用信息。会馆主要服务于赴京赶考的士子，它难以满足普通商人和游客的需求。随着旅京人员的增多和对住宿的多样需求，商业性的客店日显必要，《都门纪略》较早注意了这方面的需求，记录了京城客店信息，使其指南性增强。宣统二年（1910年）的版本增加了维新的内容，主要体现在对学堂、警察、银行等方面的记录，但这个版本整体上已跟不上时代的发展步伐，在火车已经开通及科举制度已经废除的情况下，"路程辑要"和"国朝鼎甲录"两卷的内容依然是以往的陈旧内容，已无法满足新形势的需要。

三 民国国都时期的北京城市指南（1912—1928）

城市指南是一种时代性较强的书籍，它只有随时代的变化不断更新才

---

① （清）杨静亭：《都门汇纂》，同治十一年（1872年）版，"各省会馆"原序。
② （清）杨静亭：《增补都门纪略》，光绪五年（1879年）版，"路程辑要"徐永年序。

具有活力。民国肇始，北京由帝都变为国都，社会发生了巨大变化，旧的北京指南已不适应变化了的新形势。政府在着手建设一个新北京，人们对此充满期待，新的北京城市环境迫切需要新的北京指南。

（一）撷华书局《新北京》与《新北京指南》

民国三年（1914年），撷华书局推出一套新北京指南，分上、下两编，上编题名"新北京"、下编题名"新北京指南"。

本书序文说明编撰新北京指南的目的，首先是出于实际的需要，"自民国以来，文明进化，北京犹是而诸务全非，以前旧有诸书，近今多不适用"①。北京变化之快，不仅令初入京城的人感到迷茫，即便那些久居京城的人亦感到困惑，适应新情况的新北京指南的编撰日显必要。"自共和肇造以来，百度维新，大之政、学、军、警各界，小之局、馆、楼、园所在，或原无而今有，或地是而名非，文物声华，日渐其盛，非第入国都者不胜询俗问禁之劳，即久住京华者亦难获攸往咸宜之便。"②其次，新北京指南的编撰，作者还寄以宣扬维新思想的期望，民国已确立三年，若不及时记录维新景象，则"革故鼎新之事业何以流传于四表并昭示于来兹？"书成后命名为"中华民国新北京"，"窃取周虽旧邦，其命维新之意"。③此书的编撰，可作为入京旅行的向导，亦可作为共和维新思想的宣传手册，指导广大市民和旅京者树立新风尚，"言政治则知所法守，言风俗则知所习尚，言实业则知所发达与竞争"④，以实现共享自由幸福之目的。

上编《新北京》分十二类，分别为天象、地理、共和成立、宪法、议院、公署、官制、服制、礼制、清皇室、国旗、附录。其细目见表1：

表1　　　　　　　　1914年《新北京》内容细目

类目	内容细目
卷首	北京详细地图
天象	北京之位置：北京经纬度数、北京经纬度数与各省会比较表 北京之历数：北京中央观象台考略、北京中央观象台仪器考、北京与各省会时差比较、北京与世界名都时差比较、中华民国三年中央观象台历书

---

① 《新北京指南》，北京撷华书局民国三年（1914年）版。
② 《新北京》，北京撷华书局民国三年（1914年）版。
③ 《新北京》，北京撷华书局民国三年（1914年）版。
④ 《新北京》，北京撷华书局民国三年（1914年）版。

续表

类目	内容细目
地理	北京之沿革、北京之形势、北京之气候、北京之山川、北京之城池（附北京与各国首都对照表）、北京之街道（附北京马路全图）、北京之人文、北京之关隘
共和成立	大总统组织临时政府命令、参议院宣布举定临时大总统电文、临时大总统改用阳历布告、临时大总统誓词、临时大总统赦罪令等11条
宪法	中华民国约法
议院	参议院、众议院、政治会议议场、政治会议接待所、约法会议会场
公署	政事堂、外交部、内务部、财政部、京师各级审判（检察）厅、北京监狱、教育部、农商部、陆军部、司法部、交通部（附京奉、京汉及京张路线车次、时刻、票价、章程等）、邮务（附北京邮局收件时刻等）、电报（附价目、字汇、章程等）、电话（附收费、章程等）、国史馆等27条
官制	政事堂法制局官制、参议院官制、蒙藏院官制、财政部官制等31条
服制	男子礼服、女子礼服、学校制服规程、陆军服制、海军服制等10条
礼制	谒见大总统规则、觐见条例、学校仪式规程、陆军礼节等11条
清皇室	清皇帝退位谕旨原文
国旗	国旗、陆军旗、海军旗（附各国旗式）
附录	国庆日纪念日、公文书程式、大总统受任后各国颂词

从表1可以看出，上编《新北京》所载内容，很多是全国通行之事，侧重于民国新颁布的各项章程规则，欲使各界易于奉行遵守。此部分似乎并非纯粹为旅行而设，像是在有意识地宣扬民国维新风尚。与其说是北京指南，倒不如说是民国指南，如本书凡例所言，上编乃是"中华民国革故鼎新之大凡也"。

下编《新北京指南》分二十大类，分别为教派、会社、军防、警察、学务、报馆、会馆、栈店、使馆、市廛、营业、服饰、饮食、存古、风尚、梨园、乐户、慈善、卫生、杂录。其细目如表2所示。

表2　　民国三年（1914年）《新北京指南》内容细目

类目	内容细目
教派	孔教、宗教（释教、道教、喇嘛教、回教、耶稣教）
会社	会（政学、实业、各界公会）、社
军防	军政、军法、宪兵、京卫军、拱卫军、禁卫军、步军、陆军、稽查
警察	总厅、区署、队所、违警律（商铺应守简章、特许广告规则、挂失票办法、管理旅店规则、呈报营业规则、呈报建筑规则）

续表

类目	内容细目
学务	各部直辖学校（大学校、专门学校、军警学校）、学务局所辖各项学校（师范学校、中学校、实业学校、小学校、蒙养园、补习学校、女学校）、学区、图书馆、宣讲所、附学校系统表、学校征收学费规程、学校学年学期及修业日期规程、教育部规定收受转学学生规则
报馆	公报、日报、杂志、外国文字报
会馆	各省会馆、各行会馆
栈店	中国栈店、外国旅馆、日本旅馆
使馆	各国使署、各国兵营、各国邮政、东交民巷地图
市廛	银钱市、珠宝市、玉器市、食品市、衣品市、鸟兽市、杂货市、市场、夜市、故物市、市政公所（附北京房地收用暂行章程）
营业	钱业（银行、银号、钱庄、炉房、金店、汇兑庄、账局、公估局、货币）、当铺、货栈、屯栈、转运公司、洋行、矿物、拍卖行、保险（保火险、保人寿险、价目表）、镖局、信局、车行（汽车、马车、人力车、大车、轿车、脚踏车）、各项工厂（铜铁、织布、纺纱、呢革、印刷、造纸、面粉、碾房、肥皂、洋烛、火柴、锯木、木厂、工程、花厂、料器、玻璃店）、各业店铺（照相、镶牙、理发、洗衣、电器、染坊、颜料、书铺、学堂仪器、球房、音乐、纸张、南纸、笔墨、扇画、洋广杂货、烟、纸烟、煤油、煤炭、铜铁锡器及烟袋、木器、新式木器、漆店、寿器、瓷器、五金杂货）
服饰	服用（绸缎庄、绸缎洋货、顾绣、丝线、布店、军衣庄、新衣庄、寿衣铺、帽局、鞋铺、皮靴店、袜铺、皮货、绒货、估衣店、雨衣）、妆饰（首饰楼、珠宝、玉器、古玩、钟表、眼镜、嫁妆铺、花粉香水、香烛熟药铺、银器铺、徽章铺）
饮食	酒（酒店、酒局、酒馆、中外酒目）、食（饭庄、饭馆、豫茶馆、闽蔡馆、粤菜馆、南菜馆、包办教席、番菜馆、中外菜目、点心店、宵夜店、咖啡店、肉食店、小菜店、干鲜果局、糕点铺、外洋糕点、奶酪、南货店、糖行、冰店、酱园、海味店、野味、茶叶、罐头、茶社、茶楼、茶轩、清菜馆、盐市、米局、油房）
存古	坛、庙、殿、祠、寺、观、庵、宫、院、堂、故宅、古迹、名胜（山林、水泉、园亭、庙寺）、金石、翰墨、陵寝、冢墓
风尚	风俗（冠旧俗、婚旧俗、丧旧俗、祭旧俗、四时旧俗、四时新俗）、时尚（新名词、集会、演说要诀、宴会、华人与西人交接通则、男装束、女装束、文明结婚、文明仪式、文明游戏、文明器具）
梨园	戏班、角色、名伶列传、名伶小影、文明新戏、影戏、马戏、电影、书馆、词场、杂技、管理戏园规则
乐户	清吟小班、二等茶室、三等下处、日本妓院、西洋妓院、名花摘艳（附名妓小影）、管理乐户规则、乐户捐章摘要
慈善	义会、水会、善堂、教养院、京师济良所章程
卫生	药行及药铺、丸药、著名专门散膏丹、药房、参局、医院、中医、西医、东西洋医生、自来水、汽水、浴堂、修脚、电灯
杂录	律师、书画家（书家、画家、传真）

对其中部分门类的设置构想,"例言"部分做出了具体说明:

　　一　各项章程规则,多属通行之件,非限于北京一隅,但北京事务殷繁,莫不以法律为范围,兹特摘要登录,以便各界易于检查遵守。
　　一　饮食服饰为日用所必需,所载商号皆系著名之家,仅据调查时所知者列入,庶外来客商不至真赝莫辨。
　　一　北京名胜、金石、翰墨风尚为全球视线所注,特详为记载,以供游览考古者之快睹。①

可见,下编《新北京指南》大部分内容围绕北京展开,切于旅京者的实际,是名副其实的北京城市指南。

(二) 中华图书馆《北京指南》

民国五年（1916年）,上海中华图书馆推出另一种《北京指南》,该书分为十卷,分别为地理、行政、公共事业、交通、食宿游览、实业、俗礼、名胜、杂录、地名表。另在卷首设"国宪",并附18张人物和景物照片,以及一幅最新的北京五色详细地图。② 此书的内容框架和细目如表3所示。

表3　　　　民国五年（1916年）《北京指南》内容细目

类目	内容细目	备注
图画	黎大总统肖像、正阳门摄影、京汉铁路总车站摄影、颐和园全景摄影、中华门摄影、新华门摄影、东安市场摄影、西安市场摄影、京张铁路车站摄影、京奉铁路总车站摄影、天坛正门摄影、京汉铁路局摄影、颐和园正门摄影、三贝子花园摄影、金台旅馆摄影、第一舞台摄影、第一劝业场摄影、青云阁商场摄影、最新五彩北京详细全图	
国宪	中华民国临时约法、国会组织法、议院法、公文程式令、九政团人物地址一览表	
地理	疆域（北京之建置沿革、北京之地望与疆界、北京之形势、北京之气候、内城之大概、皇城之大概、外城之大概、北京之街制、北京新开街道及城内、西苑及其他禁地之开放）、户口（内外城户口总数、外国在留北京人数、东交民巷使馆图）、故宫志（清宫内殿廷之大概、北京宫城图）	

---

①《新北京》,北京撷华书局民国三年（1914年）版。
② 上海中华图书馆编辑部:《北京指南》,民国五年（1916年）版。

续表

类目	内容细目	备注
行政	职官志（行政首长及副长、中央职官、京师地方职官、外国管理）、公署（关于中央及京师地方之公署、关于清室及八旗之衙署、关于军事上之局所驻署、外国使署附兵营）、法令（文官官秩令、知事奖惩条例、国币条例、留学生甄拔考验规则、报纸条例等44项）、市政（北京房地收用暂行章程、铺捐章程、车捐章程等7项）	
公共事业	教育部直辖学校（大学校、专门学校、军警学校）、学务局所辖各项学校（师范学校、中学校、实业学校、小学校、蒙养园、补习学校、女学校）、学区、图书馆、宣讲所、阅报所、试验场、医院、会社、会馆公所等	
交通	铁路（章程、价目、车次、行李托运等）、邮务（邮费、章程、邮局地址、外国邮件等）、电报（章程、费用、使用方法、总分局所地址）、电话（章程、安装、价目、电话局所地址）	
食宿游览	客店（中国旅馆、外国旅馆）、饮食店（酒店、酒局、酒馆、中外酒名及价目、饭庄、饭店、大餐馆、南餐馆、广东餐馆、豫菜馆、闽菜馆等29条）、园林寺观（天坛、什刹海、白云观、陶然亭、万牲园、商品陈列所、万寿寺、东安市场、东庙西庙、寺观、颐和园、南苑及诸林泉）、戏园（茶园、新剧、电光影戏）、书场、词场、杂戏、球房、妓馆、浴堂与女浴堂、消夏之游览处、游览庙会日期	
实业	钱业（银钱市之大概、银行与银号、钱庄、炉房、金店、汇兑庄、账局、公估局）、当铺、货栈、屯栈、转运公司、洋行、矿物、拍卖行、保险（保火险、保人寿险、价目表）、镖局、信局、车行（汽车、马车、人力车、大车行、脚踏车）、各项工厂（铜铁、织布、纺纱、呢革、印刷石印、造纸、面粉、碾米、肥皂、洋烛、火柴、锯木、木厂、工程、花厂、料器、玻璃店）、各业店铺（照相、镶牙、理发、洗衣、电器、染坊、颜料、书局、北京琉璃厂书店一览表、音乐、纸张、南纸、笔墨、扇画、洋广杂货、烟、纸烟、煤油庄、煤炭、铜铁锡器及烟袋、木器、新式木器、漆店、瓷器、五金杂货）	
俗礼	礼制（大总统阅兵礼式、觐见礼、谒见礼、觐贺礼、公宴礼等10条）、服制、宴会交际（华宴通则、西宴通则、访拜外人、被访拜者、脱帽与握手之礼节）、婚仪	
名胜	坛庙、庙宇、故宅、名迹、园亭	
杂录	教派、报纸、律师、书画家、医家	
地名表	北京内城街道地名表、北京外城街道地名表	

与民国三年（1914年）《新北京》《新北京指南》相比较，上海中华图书馆出版的《北京指南》更加简明实用，它去掉了《新北京》中大量与北京不直接相关的内容，并将《新北京指南》划分的门类加以归纳浓缩，使之更为清晰。

在序文和凡例中，上海中华图书馆《北京指南》基本使用"旅客"替代以往的"仕商""客商""政学军警商"等称呼，作者强调了交通方式的改进，带动了北京城市旅行的发展：

> 古昔闭关时代，人们多老死不相往来，间有出闾门百里者，即戚然有难色……今者世界进化，交通利便，虽数万里之外，远阻重洋，人且视若户庭，而有寰游全球之乐，则是昔之以为难且苦者，今则视为易且乐矣。……北京为吾国首都所在，占政、学、商界之中心，每岁政客、学士、商人、游子之往来燕蓟者，奚止亿万计。①

从这段文字中可以看出，清末以来，以铁路兴建为主的交通方式的变革，给北京城市的发展带来较大的影响，不同身份的人怀着不同的目的涌入北京，使这座城市变得更加多元。同时，旅京人数的增多，也对北京城市资讯提出了更高的要求。

（三）商务印书馆《实用北京指南》

继中华图书馆《北京指南》之后，上海商务印书馆于民国九年（1920年）出版了一部《实用北京指南》。② 上海商务印书馆具有编撰城市指南和游览指南的丰富经历，如其在本书序例中所言，"本馆所辑游览专书，本书以外，则有增订中国旅行指南（定价大洋七角，所载都会商埠以及舟车辐辏之地，凡八十九处）。又有上海指南（定价大洋五角）、西湖游览指南（定价大洋四角，并附观潮指南），则皆游上海、游西湖者所必不可少之书也"③。

民国九年（1920年）《实用北京指南》有地理、礼俗、法规、公共事业、交通、实业、食宿游览、古迹名胜、地名表。卷首附24张北京景物名胜照片。其内容细目如表4所示。

---

① 上海中华图书馆编辑部：《北京指南》，民国五年（1916年）版。
② 徐珂：《实用北京指南》，上海商务印书馆民国九年（1920年）版。
③ 徐珂：《实用北京指南》，上海商务印书馆民国九年（1920年）版。

表 4　　　　民国九年（1920 年）《实用北京指南》内容细目

类目	内容细目	备注
风景画	国子监大成殿、北京大学校、观象台、农商部第二栽种试验厂、景山、小汤山、颐和园、中央公园、天坛、戒台寺、碧云寺等 24 幅摄影	
地理	建置之沿革、城池之沿革、疆界、形胜、地位、气候、内城之概略、外城之概略、内外城新开街道、皇城之概略、清宫、户口（内外城、外国人）、文武公署地址、各国使馆兵营、水平石标、警钟台	
礼俗	谒见礼、总理接见礼、相见礼、访客、宴会、新式婚礼、旧式婚礼、新式丧礼、旧式丧礼、岁时俗尚、庙会	
法规	违警罚法、内务部防疫清净方法消毒方法、传染病医院章程、管理会馆条例、管理旅店条例、管理戏园规则、管理乐户规则、马路章程、商铺应守简章、乡车进城领照简章等 28 项	
公共事业	学校教育（国立学校、公立学校、私立学校、旅京学校、教会学校、警察厅立贫儿半日学校）、通俗教育（讲演所、图书馆、博物馆、阅书处、阅报处、公共体育场、试验场）、各省会馆、慈善事业、自来水、电灯	
交通	水路、陆路（车站、汽车行、马车行、轿车行、货车店、手车铺、人力车行、自行车行、骡马店、驴店、镖局、转运）、邮务（北京一等邮局各支局地址、邮政章程摘要、快信地名表等）、电报（北京电报总分局地址、电政章程摘要、各省电报局名表等）、电话（北京电话局地址、电话价目表等）、附铁路客票价目表	
实业	北京特优工商品略述、京师市场说明、厂作店铺（记述工厂店铺 314 类）	
食宿游览	饭庄、饭馆、饭铺、番菜馆、通用中菜、通用西菜、茶轩、小茶馆、茶楼及咖啡馆、旅店、庙寓、商场、市场、戏园、影戏班、电影院、八角鼓班、词曲、坤书馆、评书、弦子书、书茶社、杂技、围棋社、球房、妓馆、澡堂、理发馆、洗衣局	
古迹名胜	景山、白塔山、玉泉山、宝珠洞、吕公祠、天坛、马神庙、白塔寺、香山寺、惠济祠、象房等 482 处古迹名胜	
地名表	内外城警区检字地名表	

可以看出，《实用北京指南》与《北京指南》划分的门类基本相似，且编撰旨趣相同，都是为了编撰一部对旅京者有切实指导作用的实用指南书。但《实用北京指南》的内容篇幅更加丰富，为了提高书的容量，它每页划分为四个小栏，并采用较小的字体。在笔者见到的北京指南书中，《实用北京指南》的信息量最大，也最全面。

这部书出版后，颇受读者喜爱，一再增订，到民国十五年（1926 年）已发行到第 4 版。

(四) 文明书局《北京便览》与《袖珍北京备览》

民国十二年（1923年），上海文明书局出版《北京便览》[①]，分上中下三编，上编又分为十一卷，分别为区域、城垣（附街市）、河道、古迹、名胜、公府、公署、礼节、法制、教育、交通；中编两卷，分别是商业与工业；下编分为七卷，分别为会所、祠祀、宗教、风俗、艺术、游戏、各表。其内容细目如表5所示：

表5　　　　民国十二年（1923年）《北京便览》内容细目

类目	内容细目	备注
图画	新华门、南海瀛台、北海正面、太和殿、中央公园、天坛、雍和宫之玉佛、颐和园、颐和园侧面、明陵御路	
区域	气候、位置、界限、险要、沿革	
城垣	历代之建置、近今之因革、街市	
河道	御河、护城河、清河、孙河、钓台湖、凉水河、团河、永定河、内外城沟渠、桥闸	
古迹	第宅、陵墓、宫苑、园林、台榭、公所、关隘、城市、寺塔、石刻、古物	
名胜	紫禁城内、皇城内、内城内、外城内、郊坰、西山述略	
公府	总统府、三海、清宫室、内务府、王公邸第	
公署	国务院、将军府、平政院、审计院、外交部、内务部、步军统领、财政部、税务处、海军部、司法部、教育部、农商部、交通部、各国使馆等	
礼节	谒见礼、总理接见礼、名帖式、新旧婚礼、新旧丧礼、交际等	
法制	违警罚法、管理会馆条例、管理旅店条例、马路章程、商铺应守简章等	
教育	学校教育（国立学校、公立学校、私立学校、旅京学校、教会学校、警察厅立贫儿半日学校）、通俗教育（讲演所、图书馆、劝学所、博物馆、阅书处、阅报处、公共体育场、试验场）	
交通	报馆、铁路、航空站、电车、长途汽车、汽车行、马车行、轿车行、赁车店、手车铺、人力车行、脚踏车行、骡马店、驴店、镖局、转运、邮局、电报、电话	
商业	金融、公司、文具、美术、建筑、饮食、糖果及干鲜果、茶、酒、牛乳铺、豆精制造所、自来水、冰、粮食、蔬菜、硝店、海味店、猪、羊、鱼、油、盐、烟、服装、皮货、衣着、靴帽、杂项、织染、装饰、化妆品、妆具、植牧、器用、杂货、药饵、燃料、洋行、旅店等	
工业	工厂（五金工厂、铜铁工厂、地毯厂等）、工作（油漆作、楠木作、玉石作等）	

[①] 姚祝萱：《北京便览》，上海文明书局民国十二年（1923年）版。

续表

类目	内容细目	备注
会所	各省会馆、各业会馆、各界会社、俱乐部、慈善事业	
祠寺	坛庙、祠宇	
宗教	僧寺、道观、天主教、耶稣教、俄国教会、回教	
风俗	时令、宜忌、庙会、杂谈	
艺术	医术、法律、书画、杂项	
游戏	游戏场、戏园、电影院、影戏、八角鼓班、傀儡戏、说书、唱曲、坤书馆、弦子书、杂技、新技术社、书茶社、围棋社、球房、妓院	
各表	雇赁汽车价目表、雇赁马车价目表、各饭店住宿价目表、东方饭店西餐价目表、汤山饭店各项价目表、北京各种游览价目表、北京各集市表、北京著名器物表、北京著名食品表、北京著名药品表、北京地名检查表	

在序文中，作者开门见山，指出本书的编撰意图："《北京便览》一书，为指导旅行者作也。"① 这与中华印书馆《北京指南》和商务印书馆《使用北京指南》的编撰目的如出一辙。但作者话锋一转，紧接着说："作者之意，犹不止此。首都奥区，形便势利，美哉山河，端资群力，促成统一动机者，此其一；川泽纵横，矿苗绵亘，轮轨四达，大好商场，导成实业计划者，此其一；离宫衰草，别殿斜阳，累代雄图，都成陈迹，破除帝王迷梦者，此其一；斑驳古物，山水名区，涤俗清尘，胸襟为畅，引起高尚优美观念者，此其一。"② 从这段文字中可以看出，《北京便览》之作，诚为方便旅京者而作，但寄托了作者对国家民族发展及个人修养的一些期许，这与民国三年（1914年）《新北京》宣扬民国革故鼎新之思相似，都是将北京指南的编撰出版与时代精神及国家民族命运相连。

《北京便览》出版后，或许作者感觉该书的编排不够简练清晰，于民国十三年（1924年），又重新调整了类目次序，使之更加简明实用，一目了然，重排后的书名为《袖珍北京备览》③，改编后的《北京便览》更加符合市场的流通。

---

① 姚祝萱：《北京便览》，上海文明书局民国十二年（1923年）版。
② 姚祝萱：《北京便览》，上海文明书局民国十二年（1923年）版。
③ 姚祝萱：《袖珍北京备览》，上海文明书局民国十三年（1924年）版。

(五) 新华书局《北京游览指南》

民国二五年（1926年），上海新华书局发行《北京游览指南》，编辑者为金啸梅。该书分为十类，分别为疆域、公共机关、游览、古迹胜景、宗教、都门风俗、交通、警务规章、商业、清宫游记。[①] 其细目表6所示：

表6　　民国十五年（1926年）《北京游览指南》内容细目

类目	内容细目	备注
疆域	总统府及其附属机关、国务院及其附属机关、议员及其附属机关、外交部及其附属机关、交通部及其附属机关、外国使馆、外国兵营、航空事务处及其附属机关、京兆各机关等22条	
公共机关	学校（国立学校、国立专门学校、国立中等学校、国立初等学校、私立大学、专门学校、中等学校、私立初等学校、教会大学、教会专门学校、教会中等学校、教会初等学校、图书馆、博物馆、阅报处、陈列所）、会馆、团体及俱乐部宗教	
游览	京师游艺场、商场、妓院、妓寮之切口释要、吟清班名录、东森书寓、南派名妓班名录、茶室一览、下处记名录、戏馆、电光影戏场、落子馆、说书、影戏、茶馆、整容处、浴室、菜馆、旅社、寺观寄宿处、公园、市廛、游戏处	
古迹胜景	山水、园林、名人遗迹、亭台、古迹、寺观、祠庙、坛、塔、庵、古物	
宗教	儒教、佛教、道教、基督教会、天主教、理教、回教、京师同修念佛会简章、北京乐乐省心社章程、乐乐坛规则、佛学公研社宣言	
都门风俗	京华岁时记、日下游市节、迷信杂事、婚礼、婚俗琐谈、丧葬仪节、新丧仪撮略、丧中之俗例、婴育谈、宴会式议、谈探友	
交通	铁路、马房、骡马店、人力车公司、租车处、脚踏车行、驴子铺、手车店、轿行、摩托车公司、货车租赁行、铁路转运公司、北京航空处规章、京师电话局章程、电话章程、京师电报局区域、电报费、信局、邮政局、邮政支局收信时刻、京城报送时刻、水程、治港公司、招商局轮船	
警务规章	处理戏园之警区例、戏馆捐例、关碍风俗之罚则、诬告与伪证罪、妨及治安之警区罚规、妨害卫生罪、阻碍交通之罚规、马路章程等23条	
商业	商品撮略、商业汇市杂谈、金融界、农艺、绸缎布匹、报章通讯社、药材、丝竹乐器、矿业	
清宫游记		

---

① 金啸梅：《北京游览指南》，上海新华书局民国十五年（1926年）版。

这部书虽冠以"游览指南"之名，似与以往北京指南有所区别，但从划分的门类和记载的主要内容上看，《北京游览指南》与之前的北京指南差异并不大，该书篇幅不长，只能称得上是以往几部北京指南的缩略本。不过，此书也有它自己的特色，同前面的北京指南相比，这部书对一些重要事项的解释更为翔实。

（六）国都时期的北京城市指南与《都门纪略》的差异

将国都时期的北京城市指南与晚清流行的《都门纪略》相比较，会发现两者有明显的不同。

首先，所预设的受众群体不同。《都门纪略》预设的受众群体是远省赴京的仕商，即士子、官员和商人，其内容选取以远省仕商的需求为根据，只收录对远省仕商有用的信息。如在谈京都风俗时，作者注明选材的依据："京师风俗，最为淳厚，笔难尽述，惟无关于仕商者，概不载入。"[①]国都时期的北京城市指南预设的受众群体，仕商仍是其中的重要部分，但它比《都门纪略》预设的受众更为广阔。国都时期的北京城市指南较少使用远省仕商这样的词汇，而是表述为"政学军警商各界"，或使用"旅客"称呼，且还考虑到了已在北京定居的市民。这反映了民国后，随着交通的改善，到北京旅行的群体日益多元化。在这种情况下，国都时期的北京城市指南在选材上不再拘泥于仕商群体的需求。

其次，编撰目的不同。《都门纪略》的编撰目的较为纯粹，即为远省仕商提供旅京指导。国都时期的北京城市指南除了作为旅京指南之外，它还具有较强的时代意识和城市意识，被托以时代精神推介和北京城市推介的期望。《都门纪略》仅为旅京仕商提供资讯服务，还不具备向外推介和宣扬北京城的意识。而国都时期的北京城市指南有一个较为完整的北京城市构想，并有意识地向外传达新北京城市的形象。

再次，国都时期的北京城市指南所记载的事项，范围涵盖了整个北京城及其周边地区，而《都门纪略》所记述的范围以外城为主。另外，国都时期的北京城市指南，特别是国都伊始之际的北京城市指南收录了大量晚清新政时期及民国初期的维新内容，弃用了原《都门纪略》中与新时代不相适应的门类，如国朝鼎甲录、路程辑要等。同时，对使馆区和旅京外国

---

① （清）杨静亭：《都门纪略》，文富堂书坊刊刻，道光二十五年（1845 年）。

人也给予较多关注，如西医、西餐、洋行、使馆等，这部分内容在《都门纪略》中是很少见的。这一方面反映了不同时代北京指南的编撰者在接纳外来事物上的态度，另一方面也反映了在北京居住或旅行的外国人越来越多，他们逐渐成为北京城市中的一个重要群体。

四　民国故都时期的北京指南（1928.7—1949.9）

（一）北平民社《北平指南》

民国十八年（1929年），北平民社发行《北平指南》，这是故都时期出现最早的一部北京指南。该书共分为十编，依次为地理、街巷地名典、法规、名胜古迹、政治机关及社会群体、交通、风俗习尚、食宿游览、题名录、附录。[①] 其细目如表7所示。

表7　　　　民国十八年（1929年）《北平指南》内容细目

类目	内容细目
插像插图	蒋主席、商主席、孙民政厅长、张市长、太和殿、天坛、五塔寺、正阳门、崇文门、城南公园、中山公园、市民公园、商品陈列所、梅兰芳、白云观、颐和园、西山之周铜鹤等75张照片 北平市简明图、中山公园图、中南海公园图、先农公园图、市民公园图、东交民巷使馆界图、农事试验场图、世界各国国旗、北平居民职业男女比较图、北平各校男女学生比较图、北平学生总表、北平居民职业统计表等22幅插图
地理	北平之位置、北平之境界、北平之形胜、北平之沿革、内城之沿革、外城之沿革、皇城之沿革、紫禁城之沿革、北平之气候、北平之山脉、北平之河流、北平之湖海、北平之教育、北平之物产、北平之商业、北平之房价等23条
街巷地名典	地名简称表、街巷地名按笔画查询，共30画
法规	特别市组织法、财政局组织暂行条例、社会局组织暂行条例、违警罚法、整理步道规则、汽车管理规则、故宫博物院组织法等52条
名胜古迹	八庙、九坛、三海公园、三贝子花园、中央公园、文庙、白塔山、先蚕坛、明陵、金鱼池、社稷坛、昆明湖、故宫博物院、城南公园、海王村公园、陶然亭、商品陈列所、黄寺、农事试验场等按笔画查询，共28画
政治机关及社会团体	党部、各国公使馆、公安机关、警钟台、交通机关、税务机关、大学专门、中学、小学及其他学校、图书博物馆、报社、通信社、教会、医院、会馆、义地、自来水、电灯

---

① 《北平指南》，北平民社1929年版。

续表

类目	内容细目
交通	水陆之交通、陆路之交通、北宁铁路、平汉铁路、平绥铁路、各火车开行时刻简表、电气之交通、电报、电话、无线电、广播无限电台、电车、天空之交通、邮政之交通、旧式之交通、邮件计费表等28条
风俗习尚	相见礼、访客、宴会、中餐宴会、西餐宴会、旧式婚礼、新式婚礼、旧式丧礼、新事丧礼、岁时时尚、中华民国各纪念日表、庙会、晓市、日市、夜市、北平之绺手、北平之阴阳生、雇工介绍、北平之产婆
食宿游览	北平之餐馆茶社、北平之旅店、北平之乐户、北平之公园与市场、公园地址及门票、市场地址、临时市场地址、戏园、电影院、北平之评书与词曲、北平之坤书、棋社、球房
题名录	著名律师题名、著名医生题名、中药房、西药房、服饰、古玩、金融、书画、饮食、文具纸张、燃料、车业电料机器、什物、土木工程材料、五金行、栉浴、工艺、洋行拍卖、公寓运输
附录	货币、货声、醵金会、善会、走会、带子会、灯笼会、五丐、蹭跶

由上表可见，这部北平指南内容十分丰富，如其序文所言"采择周详，记载明晰，附以精美照片，引人兴趣"。[1] 其功用可充当北平旅行的向导，"嗣后游北平者，手此一书，按图索骥，不特为先路之导，抑与考古者之权舆也"。[2] 书首附有不少政要名流的题词以及他们的肖像照片，从中可以看出，这部书的出版似乎顺应了北京政治形势的需求，得到了政府的认可和支持。卷首附有大量名胜古迹照片，以及各名胜古迹的游览图示，可见其作为旅行指南的属性。从设置的门类看，这部北平指南与国都时期的北京指南并无太大区别，但各门类的次序和详略程度有所不同。该书的街巷地名、法规和名胜古迹三个门类的内容占了相当大的篇幅，且排在前面。而国都时期北京指南一向重视的实业（或商业）内容则记述简略，并排于最后。

书中附有大量商业广告，这与国都时期中华图书馆发行的《北京指南》及商务印书馆发行的《实用北京指南》情况类似。书尾处还附有一则刊登广告的启事，将《北平指南》与另一部通俗指南书《北方快览》放在一起宣传，声称在这两种刊物上刊登广告，"费用最省，效力最大，印制最精，期限最长，印刷最多，销路最广，应用最普，定价最廉"。且具体

---

[1] 《北平指南》，北平民社1929年版。
[2] 《北平指南》，北平民社1929年版。

分析了两种刊物的需求和销量,"北平四通八达,平汉、平绥、北宁三大干路,运来之客每日平均在一万五千,每百人购用《北平指南》一册,日销一百五,年可五万册。再加其他各路来客及公私团体、商号住户之处处需求,最少年销十万册。在本指南上登广告,当为有目者所共赏"。①

(二) 自强书局《最新北平指南》

民国二十四年(1935年),田蕴瑾编撰的《最新北平指南》由自强书局出版发行。该书在篇幅上与北平民社编辑的《北平指南》相当,内容十分丰富,共分十五编,依次为:北平剪影、胜迹摘要、平市地名一览、风俗、游览须知、娱乐、出版事业、机关团体学校、艺术介绍、街头素描、商业汇集、违警罚法、社会公益组织、卫生、拾遗。② 其细目如表8所示。

表8　　民国二十四年(1935年)《最新北平指南》内容细目

类目	内容细目
题词照片	南京检察院于院长题词、河北省政府商主席题词、北京市秦市长题词、自强书局门市外部近影等26条
北平剪影	古今考沿革、城垣及皇城、气候、户籍人口、河流饮泉、马路　南城天桥、劝业场、北城平民商场、什刹海、德胜门晓市　东城东安市场、隆福寺、朝阳市场、西城西单市场、白塔寺、护国寺、平市胜迹、前门大街、月城、西四牌楼、未修前御河桥牌楼等68张照片
胜迹摘要	故宫、太庙、历史博物馆、古物陈列室、景山、三海公园、天坛、先农坛、日坛、月坛、孔庙、鼓楼钟楼、隆福寺、土地庙、花市、倒影庙等161处名胜古迹,附平市游览价目一览表、附平市及四郊地图1幅
平市地名一览	城阙、内城、外城、平市城阙简称表,街巷地名按笔画查询,共30画
风俗	礼节称呼及嗜好、平市之小贩、节令、特有之见闻、婚礼、丧仪
游览须知	谨防扒手、骗术种种,交通洋车汽车及脚驴价格、乘火车须知、乘机须知、电车及公共汽车各路线分段价目表、国内电报价目表等28条
娱乐	戏院、电影院、球社、坤书社、冶游须知
出版事业	报社、通讯社、广告社、刊物、书店及书铺、印刷所、出版法
机关团体学校	行政机关、军政机关、实业机关、文化机关、慈善团体、宗教团体、公商会、公益团体、各会馆、各大学校、各中学校、女子中学校、各小学校、专门学校、学术团体

---

① 《北平指南》,北平民社1929年版。
② 田蕴瑾:《最新北平指南》,自强书局1935年版。

续表

类目	内容细目
艺术介绍	艺术界之名宿
街头素描	百业萧条之情况、洋车夫之一般、乞丐之一般、平民生活之写真
商业汇集	金融事业、服装、食品、住宿、车辆、药行、栉浴及照相、工业
违警罚法	总纲、妨害安宁之违警罚、妨害秩序之违警罚、妨害公务之违警罚、妨害风俗之违警罚、妨害卫生之违警罚等9条
社会公益组织	五台山普济佛教总会、北平育婴堂、北平聋哑学校
卫生	公共方面医院、医生、个人方面
拾遗	介绍北平青年会西山卧佛寺宿舍、介绍青年会宿舍、介绍青年会学生信托部

与北平民社《北平指南》相似，田蕴瑾的《最新北平指南》亦邀请政、学界名流为之题词、撰序，极力宣扬。但该书也有自己的特色，它不仅介绍了北平的概况、名胜古迹、食宿游览等游客所需的基本资讯，而且还关注了北平的一些社会现象，并给予一定的分析，作者对北平的风土人情及社会状况有较深入的理解，如对洋车夫生活的描述，"平市洋车夫之多，在世界可称首屈一指，此为人所共知。因为近年来市面萧条，民生凋敝，一般以身为业之劳动者，只可拉洋车。同时平市近郊以及河北各县，感觉天灾兵燹之苦，农村已宣告破产，那些农夫们求生无方，亦就跑到这个都市里来充当胶皮团员"[①]。又如，谈到水夫时，指出当时北京虽早已出现自来水，但其应用范围有限，"北平之沿街卖水者，皆为山东籍之同胞也。自来水倡兴后，只能供一般中上阶级之饮料，普通民家则弗敢问津，安装费特昂则为其最大之主因也"[②]。

（三）经济新闻社《北平旅行指南》

民国二十四年（1935年），马芷庠编撰的《北平旅行指南》，是20世纪30年代颇有代表性的北京指南。

[①] 田蕴瑾：《最新北平指南》，自强书局1935年版。
[②] 田蕴瑾：《最新北平指南》，自强书局1935年版。

该书分为八个部分，民国二十五年（1936年）版本，除八部分内容之外，还附有北平街巷名称，其细目如表9所示。

表9　民国二十五年（1936年）《北平旅行指南》内容细目

类目	内容细目
题词插图	吴子玉上将军题签、宋明轩委员长题词、秦德纯市长题词等23人题词；本刊工作人员合影、北平名胜游览全图、铜版照片正阳门、正阳门箭楼、庚子时正阳门楼、三十年前前门大街景物、东车站全景、民初中华门等16张
古迹名胜之部	北平概略沿革、建置、皇城建设、河流水源、商业兴衰、市政改进等，附照片4张，北平中城太庙、历史博物馆、古物陈列所、故宫、景山、中山公园、中南海公园、北海公园等，北平南城观音大士庙、天坛、金台书院、文明河、关帝庙、先农坛、天桥、香场等，北平东城东交民巷、贤良寺、吕公祠、慈云寺、九仓故迹、法华寺等，北平北城钟鼓楼、包公祠、雍和宫、国子监、什刹海等，北平西城城隍庙、铁佛寺、曹老公观、白塔寺、历代帝王庙等，北平西郊颐和园、香山、玉泉山、卧佛寺、碧云寺、潭柘寺、妙峰山、农事试验场、石景山、卢沟桥、万寿寺、五塔寺、清华大学、燕京大学等，北平南郊石龟、燕墩、海会寺、五顶、南苑等，北平东郊架松、黄木厂、九龙山、东岳庙、铁塔寺等，北平北郊市民公园、汤山、黄寺、黑寺、八达岭、南口、青龙桥等
食住游览之部	著名中西饭店、咖啡店、茶点店、牛乳豆腐、平民食品、旅馆公寓、著名浴堂、理发所、娱乐场所、天桥、妓院
旅行交通之部	个人经济旅行、团体游览日程、各铁路开行时间价目、航空价目表、各项车辆价目、西山香山轿驴价目、各处游览票价、邮电时间价目、公共汽车价目
工商物产之部	农矿工艺、工厂公司、绸缎百货商店、银行银号金店
文化艺术之部	书画雕刻、中西医业、各类学校、图书馆、学术会社、报馆、通信社、广告社、广播电台
政军机关之部	政军司法、市政宪警、外交使馆、财税实业、邮电路航
公共团体之部	商会同业公会、工厂联合会、律师公会、工会、理发业同业公会、新闻记者公会、妇女会、各省旅平同乡会
社会公益之部	慈善团体、育婴堂、省郡县馆、义园公墓、铜版照片北平风俗
北平街巷名称	

其中，"古迹名胜之部"占了相当大的篇幅，且在"旅行交通之部"中，作者总结了一套个人和团体北平七日旅游的方案，包括乘车路线、乘车注意事项、旅馆住宿、每一日的参观景点及乘车方式、总的支出等。例如，个人经济旅行方案中的第1日是这样安排的：

上午至天坛、先农坛游览，人力车三十枚，即可直达。至天坛外坛门票二十枚，除树木荫翳外，无甚可观。内坛票价三角，参观内坛者不够外坛票。坛内有圜丘坛、祈年殿、斋宫长廊等项，皆为世界罕见之古迹。游毕出门向西里许，至先农坛，门票二十枚，内有太岁殿、观耕台、庆成宫、雩坛等古迹，与天坛有同等价值，游毕回旅馆午饭休息。再赴历史博物馆，人力车三十枚，至午门，入门票二角。该馆陈列各物，不惟与历史有关，且可知文化进行之程序。游毕可购古物陈列所全部游览票，计二元三角。入午门往西，至武英殿，英国退还之清代开国方略，加拿大送还之王莽货币，均在陈列殿中。游毕往西至浴德堂，浴室仿土耳其式，系乾隆为香妃建筑，堂内悬香妃戎装便服像二，系郎世宁手笔，奕奕如生。观毕出门往东入太和门，至太和、保和和中和三大殿，南朝房洪宪馆，陈列袁氏称帝仪仗及古代兵器。游毕出门向东至文华殿，参观福开森所赠古物。再至传心殿，观毕出东华门，乘人力车二十枚，赴东安市场德昌等茶楼，稍事休息，参观全场商摊，顺至五芳斋，或东黔阳小吃馆，独酌毕，人力车三十枚可返旅馆。①

日程安排之周到细致，由此可见一斑。也反映出这部书作为旅行指南的性质十分明显。

除了上述几部北平指南以外，抗日战争爆发前的故都时期刊行的北京城市指南还有：民国二十五年（1936 年），北平市政府组织编撰了一部《北平导游概况》；民国二十一年（1932 年），北京中华印书局出版《简明北平游览指南》；民国二十三年（1934 年），北宁铁路管理局推出《北平旅游便览》等。

1937 年抗日战争全面爆发后，北平沦陷，很多事业停滞下来，至 1945 年日本投降，期间鲜有新的北京指南出现。民国二十七年（1938 年）马芷庠受邀经济新闻社对《北平旅行指南》进行了重编，发行第五版。因日伪政权将北平市名重又改回北京，重编后的《北平旅行指南》名称改为《北京旅行指南》。重编本改变比较大的部分是卷六"军政机关之部"，根据当时的情况进行了修正。卷八"社会公益之部"亦稍有修改。其余各卷内容，没有变化。②

---

① 马芷庠：《北平旅行指南》，经济新闻社 1936 年版。
② 邱仲麟：《从会馆、庙寓到饭店、公寓——北京指南书旅馆信息的近代化历程》，北京市社会科学院历史研究所编：《北京史学》，2018 年春季刊（总第 7 辑），社会科学文献出版社 2018 年版，第 59 页。

解放战争前期，亦未发现新的北京指南出版，但在1948年，出现了三部北京指南，它们分别是《北平名胜游览指南》《北平导游》《北平名胜游览地图：附游览指南》。民国三十七年（1948年）三月，马勇信编著的《北平名胜游览指南》，由北京马德增书店出版发行。在本书的后记部分，编者说明了他编撰此书的一些想法，指出这部书"是一个最简单最起码的向导"，它的姊妹篇《北平揽胜》收录百余幅北京民俗景物照片，正在编印中，即将出版。国都南迁后，不少人对北平寄以建设一个游览城市的希望，此书亦为指导游览而编，但编者对北平城市的功能提出了更高的期望，"我们不希望北平只是一座游览的都市，而因此还反映了历代的兴衰，人民的归趋，这也就是这本小书的'弦外之音'，待读者从实际观察中去领会了"[①]。这实际上是编者依然将北平定格在"首善之区"的标准上，尽管北平失去了首都地位，但它也不应该仅仅作为一座游览城市而存在。

民国三十七年（1948年）五月，中国旅行社编辑再版发行《北平导游》[②]，它的篇幅很短，仅30页，分为北平的位置及市区、沿革、气候、名胜古迹、游程、土产、庙会及市集、交通、主要机关所在地、主要旅馆、主要餐馆、交通机构、商业中心、娱乐场所、学校及文化机关、医院、报馆、北平市电车路线、北平市内公共汽车路线19个部分，内容虽较为广泛，但简明扼要，仅记与旅行者相关的主要事宜。例如，在游程中，编者为游客推荐了3日游程、5日游程和7日游程的路线和参观景点，游客可根据在京时间长短安排自己的游程。

民国三十七年（1948年）六月，邵越崇编撰了一部北平游览地图册《北平名胜游览地图》，由上海复兴舆地学社出版。此地图册专为游览而撰，包括北平内外城游览图、故宫博物院及古物陈列所及历史博物馆图、北海公园团城图、中南海公园图（怀仁堂、游泳池）、万寿山详图、北平四郊名胜图（颐和园全图、市外名胜古迹图）六种。之所以将此地图册纳入北京指南讨论，是因为它除了图之外，还附有"北平名胜游览指南"的文字说明，其内容结合名胜游览地图而设，包括北平城池沿革、北平各城门、故宫博物院、历史博物馆、景山、北海公园、中海公园等56项内容，

---

① 马勇信：《北平名胜游览指南》，北京马德增书店1948年版。
② 《北平导游》，中国旅行社1948年版。

以及公共汽车路一览表、城内电车路表、戏院及电影院一览表、饭店旅馆一览表4类简明实用表。

（四）故都时期北京城市指南的特点

与国都时期相比较，故都时期的北京城市指南更加关切北京城市自身的发展，这一时期的北京指南基本上由北京地方文人组织撰稿，且由北京的出版机构发行。它们中的几部还得到了政府的认可和支持，如北平民社编撰的《北平指南》、田蕴瑾编撰的《最新北平指南》以及马芷庠编撰的《北平旅行指南》，都有北平政府官员的题词，甚至北平市政府也参与了北京指南的编撰。这与当时北平城市的景况相关，国都南迁，北京作为政治中心的地位丧失，给北京的发展带来较大的影响。在危机之中，北平各界重新审视北京城市的发展，寻找复兴之路。各种北平指南既反映了国都南迁后北京的变化，又参与了此时北京城市的建设。

国都南迁后，北京一度呈现百业衰退的景象，对此，北平指南多有描述。民国二十四年（1935年）《最新北平指南》指出，"平市最繁华之地方，除娱乐场以外，一切商业林立之售品处，却冷落之极"。昔日繁华的劝业场，现已久无生气，"前外劝业场中，已久无生气，人迹疏稀"。王府井大街虽为北京的繁华地段，但"当傍晚之际，亦颇呈沉闷之气象焉"。[1]民国二十四年（1935年）《北平旅行指南》也指出北京商业日益萧条的景况，"民国十七年，国都南迁，平市日渐凋敝，更以九一八后，外患日逼，人心不安，市况益趋不振。尤以八埠营业，冷落异常，较民国初年，诚有不胜今昔之感。现时人口虽然增加，而商号营业，除开门七大件（煤米油盐酱醋茶）外，均一落千丈"[2]。

尽管失去了首都的政治优势，也没有了国都时期的繁华热闹，但不少人对北京的发展前景依然充满信心，他们重新思考北京城市发展的独特资源和条件，探寻北京城市发展的新路径，对北京城市自身特征的认识有所提升，这在北平指南中亦有不少反映。

民国十八年（1929年）《北平指南》在提到商业萧条时，认为北京商业的底子还在，若加以指导变通，依靠科学，利用机器，则北京商业会重新走

---

[1] 田蕴瑾：《最新北平指南》，自强书局1935年版。
[2] 马芷庠：《北平旅行指南》，经济新闻社1936年版。

向繁荣。"北平为世界一大消费场,商业发达无与伦比,不论国产、洋产,无产不备;粗货、细货,无货不销。今虽国都南迁,而历朝相传之国器、异器、贡品、御品、欧美珍奇玩好,与夫王公世家搜藏希世之宝,名贵之物,仍蕴藏于北平市,千年聚之不全,百年散之不尽。偶现于市,足为全市生色者,比比皆是,所谓萃天地之精,聚世界之华,北平诚足以当之,岂一朝一夕新兴之市埠所能比拟哉。……故北平商业目下虽云萧条,苟能于工业上加以提倡,指导应用科学,利用机器改良出品,增加产量,由津沽以输出欧美,由张绥以贯通蒙古,俾各种大小工业制造场所,日臻发达,农产有所用,则商有所通,北平市之繁荣,讵可以近年之状况为止境哉。"但很多人看到,北京工业自国都时期就不甚发达,工业不是北京的优势所在,其往昔商业的繁荣,并不依靠本地生产的物品,"北平为世界之大消费场,货目虽多,然悉为舶来品,其为本市所出产,殊不多睹"。①

于是,更多的人从北京城市的独特性上寻找答案。在田蕴瑾编撰的《新北平指南》中,几篇序文的撰写者对于北京城市的独特性给予了充分肯定。徐剑胆认为,北平虽然不再是首都,但其作为古都的历史积淀还在,所以它仍是中国旅游的首选城市,"北平本五百余年之帝都,溯历元明清三朝之已往,典章文物、宫殿街区以及种种古迹,斐然成为大观,堪称全世界最雄伟壮丽第一大区域也。故各国人士,凡欲来游中华民国者,必先到华北旧帝都一观其形胜"②。民国二十五年(1936年)北平市政府组织编撰的《北平导游概况》表达了类似的观点,认为北京是东方美术文化的代表城市,"自来欧美人士来游中华者,莫不首至北平,以饱览东方美术文化之优异"③。张修孔在《新北平指南》中提到了这方面的一个例子,"英国经济学家李滋罗斯,他航大西洋、太平洋,经过日本,先到上海、南京,近日才到的北平。我们相信他,于英都伦敦,日都东京,以及各国的大都市,连我国的京沪,都游历到了,眼界总算开过不少。然而这次游历故都名胜,兴趣甚豪,他竟认为北平之美,举世所无。由此看来,不是我们久居北平的人自夸,要说北平是名胜之区,在历史上,在世界中,要算一个最有价值的都市"④。

---

① 《北平指南》,北平民社1929年版。
② 田蕴瑾:《最新北平指南》,自强书局1935年版。
③ 《北平导游概况》,民国二十五年(1936年)。
④ 田蕴瑾:《最新北平指南》,自强书局1935年版。

对于北京城市的这些特质，北平指南大都予以重点记述，如古迹名胜部分，所占的比重与国都时期的北京指南相比更大，且次序靠前。又如，对北京特有风俗的记述，也较为详细。民国以后，虽然新式婚礼、新式丧礼在北京较为流行，但北平指南仍对北京的旧式婚礼、旧式丧礼不厌其烦地细致描述。民国十八年（1929 年）《北平指南》不仅记录了北京的拜见、宴会、婚、丧、岁时节日、庙会等传统习俗，还对北京房屋中介、阴阳生、佣工介绍、产婆、货声、醵金会、走会等民间习俗作了详细介绍，且在风俗部分的末尾，附有一份征集北平风俗的启事，"北平风俗习尚极为复杂，才力绵薄，一时搜罗不尽，深望当地绅耆学士，关于此项有统系之记载，惠寄本社，一经选录，按章酬报"。①

田蕴瑾编撰的《最新北平指南》亦重视北京风俗的记述，他在"编辑大意"部分中说："本书特别注重北平胜迹之由来，各娱乐场之情形，及关于北平之古今考、风俗，每遇此点，叙述较详，俾阅者得有相当之印象。"②"风俗"部分列入该书第四编，所记内容十分丰富，对北京的称呼、礼节、特别嗜好、小贩的叫卖声、应时物品、水夫、豆汁、打鼓贩、一年中的节令、特有之见闻（打鬼、裹羊毛、俚语、妇歌孺谣）、婚礼、丧礼作了较深入的描述。在"街头素描"部分，记述了北平平民营生状况。风土人情是地方文化的呈现，北京虽是一个多元的流动城市，但这座城市还是形成了它独特的民俗文化，如岁时节日中的庙会、民间走会等，这些都是构成北京城市文化特质的元素。北平指南对于风俗内容的关注，一如它对名胜古迹的重视，作者似乎有意向读者传达一个具有自己文化特质的北京城市形象，它的古迹名胜之多，甲于全国；它的风土人情，与他处相异。张修孔在《最新北平指南》中说："从前有人提倡，要把北平改为文化区，或是游览区。文化不是一时所能造成，自然有其固有的文化，才能改成文化区，必须有可游览的名胜，方能有人来游览。如果是一座空空洞洞的荒城，人们都是未开化的民族，满目藁然，无可观览，绝计谈不到文化和游览的区域。"③北平指南对于名胜古迹和风俗文化的强调，正是将北京固有的文化呈现于旅行者面前，使其对北京城市有个深刻的印象。

---

① 《北平指南》，北平民社 1929 年版。
② 田蕴瑾：《最新北平指南》，自强书局 1935 年版。
③ 田蕴瑾：《最新北平指南》，自强书局 1935 年版。

五　结语

　　书籍是北京城市发展的一面镜子，它记录这座城市，也参与这座城市的建构。时代不同，记述北京城市的书籍会有所差异。北京城市指南的编撰出版，是在北京城市资讯服务发展到相当程度之时，才开始出现并流行开来。它的兴起，反映了北京在朝向一个流动的多元化城市迈进。人口的流动为这座城市的发展注入了新鲜血液，使北京城市指南的编撰成为一件必要的事情。在以血缘、地缘为根基的乡土社会之中，大家彼此熟悉且较少迁徙移动，凡事遵循口耳相传的民俗习惯，在这种情景之下，人们的生活无需指南，只有在一个流动的、多元异质的社会里，指南才变得必要。就此而论，北京指南在探讨北京城市的流动性、异质性及多元化方面是不可多得的材料。

　　晚明时期，北京已呈现流动、多元的特征，这里聚集了来自全国各地不同阶层、不同身份的群体，正如明万历年间的于慎行所言："都城之中，京兆之民十得一二，营卫之兵十得四五，四方之民十得六七。"它的商业也出现了繁华气象，如《长安夜话》记载："大明门前棋盘天街，乃向离之象也。府部对列街之左右，天下士民工贾各以牒至，云集于斯，肩摩毂击，竟日喧嚣，此亦见国门丰豫之景。"又如《帝京景物略》对灯市的记述，"（灯）市之日，省直之商旅，夷蛮闽貊之珍异，三代八朝之骨董，五等四民之服用物，皆集。衢三行，市四列，所称九市开场，货随队分，人不得顾，车不能旋，阗城溢郭，旁流百廛也。"就全国而言，很多地方的商业和城市，如苏州、杭州、南京、汉口等地，也空前活跃起来。于是各种路程指南、经商指南、旅行指南、游览画册、杜骗手册、日用类书乃至地图，被源源不断地从以盈利为目的的民间书坊中生产出来。北京在这一时期出现了介绍街巷胡同的指南《京师五城坊巷胡同集》，它可以称得上是北京城市指南最初的胚胎。随后，以《帝京景物略》为代表的记述北京名胜景物的游览书籍大量出现，它们可以被视为北京游览指南的萌芽，但这些游览书籍大都缺乏对交通、饮食、住宿、购物、娱乐等城市资讯信息的记述，它们更接近于传统的文人游记、笔记。总之，晚明北京城市有了较大的发展，但其城市资讯服务尚未充分发展起来，这一时期还没有出现真正意义上的城市指南，但可以称得上北京城市指南的萌发期。其他城市在晚明时期亦未出现像样的城市指南，这反映了晚明城市的发展在某些方面是存在限度的，对于晚明城市呈现的繁华景象，还不宜给出过高的估计。

清代前期是北京城市休养生息的阶段，至中期再次出现繁荣气象。一些重要的书籍被编撰出来，如《日下旧闻》《日下旧闻考》《春明梦余录》《天府广记》等，但这些书籍大都是鸿篇巨制，作为北京城市指南是不合适的。随着北京城市本身的发展，旅京人士日益增多，他们在京的需求也逐渐受到关注，为他们提供京城生活资讯服务方面的指南性书籍也变得越来越必要。乾隆五十三年（1788年）吴长元的《宸垣识略》向北京城市指南迈了一大步，这部书摒弃了《日下旧闻》《日下旧闻考》等书过于烦冗，不便查阅和携带的缺憾，在有意识地为旅京者编撰一部指导北京观光的游览指南，可惜这部书对游览所需的城市资讯信息依然着墨太少，它还算不上成熟的北京城市指南。

道光二十五年（1845年）杨静亭编撰的《都门纪略》是北京最早的一部城市指南，也是晚清时期北京最具代表性的城市指南。在当时，《都门纪略》是一部新类型的图书，在它之前，北京没有一部书如《都门纪略》那样，能够较为全面地向旅京者提供购物、住宿、饮食、娱乐、游览、安全防范等城市旅行资讯信息，诚如杨静亭在《都门纪略》中所言，北京以往诸书，"可供学士之吟哦，不足扩市廛之见闻"。因此，《都门纪略》在北京书籍史中应该占有重要位置。即便放在全国范围内，《都门纪略》也很可能是中国最早的一部城市指南，直到30余年之后，上海、天津才出现了类似的书。这足以反映，在近代伊始的二三十年里，北京仍是中国首屈一指的城市。《都门纪略》问世后，在同治、光绪年间不断增补、翻刻，所提供的城市旅行资讯愈来愈丰富，亦反映了这部书切于实用，它能够充当旅京仕商的向导，因而受到他们的欢迎。《都门纪略》具有明确的预设读者群体，即旅京的远省仕商，因而这部书一切都围绕旅京远省仕商的需求及其活动范围来取材，它所记述的北京城市空间主要局限于外城范围，尤其是前门、宣武、崇文附近地带，这也是当时远省仕商进京后的活动聚集地。《都门纪略》的出现及流行，反映了晚清旅京人数的增多，北京城市人口流动的加强，以及北京城市资讯服务的发展。

清末新政虽然没有挽救颓废的帝制王朝，但它对北京的城市发展却起到了承上启下的重要作用，它使北京城市的发展自然过渡到民国阶段，新式学堂的兴办、铁路的筹办、实业的倡导等，为北京城市带来新的活力，也为北京在民国初年迅速成为教育中心、交通中心和商业中心，做了充分准备。这些新的气象在清末版本的《都门纪略》中有所体现，但表述得很不够，这也反映了晚清北京城市的代表《都门纪略》，它所构建的知识信息体系，在清朝的最后几年里，已经跟不上时代的发展步伐，日显老态，城市的发展呼唤新的北京指南。

民国肇始，百度维新，社会变化剧烈，以《都门纪略》为代表的旧的北京指南已不能适应新时代的发展要求。于是，一种全新的北京城市指南应运而生，至国都南迁以前，几乎每隔两三年就会出现一部新的北京指南，主要有民国三年（1914 年）撷华书局出版的《新北京》《新北京指南》，民国五年（1916 年）中华图书馆出版的《北京指南》，民国九年（1920 年）商务印书馆出版的《实用北京指南》，民国十二年（1923 年）年文明书局出版的《北京便览》，以及民国十三年（1924 年）出版的《袖珍北京备览》，民国十五年（1926 年）新华书局出版的《北京游览指南》。这些北京指南大都设置北京概况、法规、交通、实业、公共事业、食宿游览、名胜古迹、风俗时尚、公署官制等门类，这比晚清北京城市指南的记述范围要广阔得多。

民国国都时期的北京指南，虽然仕商仍为其重要的服务对象，但是它预设的受众范围已经超越了仕商阶层。这些北京指南不再像《都门纪略》那样反复频繁使用"仕商"词语，而代之以"旅客""游客"或"政学军警商各界"。这反映出，随着交通的便利，流入北京的人口比之前更为多元。随着禁地的开放，人们的游览和生活范围大为扩展，这时期北京指南的记述范围也由过去的以外城为主拓展至含内外城及近郊的整个北京城市空间。

民国国都时期，北京的交通、食宿、娱乐、商业、教育、旅游、卫生、市政、法制等诸多方面都获得了较大的发展，一时出现空前繁荣的景象，北京指南对这些新的发展变化给予及时记录。这一时期，北京城市新旧、中西多元文化并行，相互影响融合。北京指南既大力宣扬共和时代的新观念、新时尚，又不惜笔墨记述北京旧有的本土文化传统。对于西洋文化，也大都持开放态度，予以重视。这反映了民国国都时期北京城市的不同文化元素都有其生存的土壤和空间，不同阶层的人，根据自身情况进行取舍。北京指南对于多元文化的记述，为考察民国北京城如何在新的时代精神、旧的本土传统和西方外来文化之间的碰撞、博弈之中取得发展提供了难得的机会。

民国国都时期的北京指南，洋溢着对民族国家层面的关怀以及对于新时代、新政体的期待，但对于北京城市的自身意识没有那么高涨。这时期的北京指南，大都由上海的出版人撰写，并由上海出版机构发行，北京的出版人没有积极参与此类书籍的编撰，这种情况在国都南迁之后，发生了明显的改变，出版北京指南成为民国故都时期北京文人乃至政府自觉的行为，民国故都时代的北京指南大都是北京文人编撰的，也基本上由北京的出版机构刊行。

民国故都时期，首都南迁，北京城市出现明显的萧条景象，这反映出北京城市发展与其政治中心地位的密切关系。在抗日战争全面爆发之前，民国故都时期的北京指南大都由北京文人撰写，并得到北平市政府的支持。其中，重要的几部为民国十八年（1929年）北平民社编撰的《北平指南》，民国二十四年（1935年）自强书局出版的《最新北平指南》，民国二十四年（1935年）经济新闻社编撰的《北平旅行指南》。这些指南中的北京城市自我意识明显增强，那些北京特有的文化传统与资源受到了特别的关注，名胜古迹与风俗文化的内容显著增多。

抗日战争时期，中文北京城市指南的编撰出版受到了极大影响，期间没有新的中文北京城市指南出现。解放战争前期，亦无新北京指南发行。但到了1948年，出现几部新的北京城市指南，最具代表的是民国三十七年（1948年）三月，由马勇信编著、北京马德增书店出版的《北平名胜游览指南》。

通过比较晚清、民国国都时期、民国故都时期三个不同时段的北京城市指南，并与同时期的上海、天津等地区的城市指南相比，能够看出近代北京城市在不同时段呈现出的发展特征，以及近代北京城市在不同时段的发展条件、资源与机遇。从整体上看，近代北京城市的发展与时局的变化紧密联系，其近代化、现代化的发展程度比较受限于时局的不稳定，以及由此造成的政府城市建设规划的不持续性。从北京城市指南记述的内容上看，近代是北京城市发展的重要时期，尤其是20世纪最初的30年，北京确立了其作为近代教育中心、交通中心、商业中心、文化中心乃至于艺术中心的最基本的资源与积累。近代北京城市的发展，很大程度上是借助其政治中心的地位优势，融合本土传统、时代新风尚及西洋文化于一体，近代北京城市是多元的，它的发展也是多元文化并行成长的过程。现代化是一个综合体，它不只体现在现代的工业、交通、设备等有形的物质方面，还体现在对待多元文化的方式与态度上，包括本土传统、时代风尚与外来文化。从这个角度看，近代北京的现代化因素是十分丰富的。例如，近代北京工业是不发达的，与同时代不少城市相比，都显得逊色，但这并不能说明近代北京的现代化程度较低，因为近代北京工业不发达的另一面，是它形成了发达的手工技艺，北京传统的手工技艺在近代获得了极大的发展，成为现代北京一项重要的非物质文化遗产，这些传统的手工技艺反而能体现北京的特色，它们在近代北京城市发展中亦是现代性因素，即现代性也可以表现为传统，二者可并行不悖。多元性和包容性是北京城市的重要特征，它们为北京城市的发展带来活力。城市指南本身是城市多元化的产物，从近代北京城市指南中可以看出，近代北京城市呈现了极强的多元化特征，它的发展受到外来文化的影响，但最重要的是依靠传统的累积。

部分省市直管公房管理的几种模式及对北京市的启示、政策建议[*]

张晓敏[**]

摘要： 加强北京直管公房管理对于做好核心区历史文化街区腾退和恢复性修建工作、保护古都风貌、改善群众居住条件具有重要意义，是深入落实《北京城市总体规划（2016年—2035年）》的必然要求。天津、上海、杭州、重庆和烟台等在直管公房管理的实践方面具有代表性，在借鉴这些城市直管公房管理经验的基础上，北京应根据自身特点，用"五步走"的创新性思路强化直管公房管理，首先是巩固清理整顿成果，接着结合疏整促行动拆除四合院内私搭乱建的违法建筑、恢复历史原貌，最后三步为建立直管公房承租人有偿退出机制，将腾退出的普通类直管公房纳入北京市公有住房租赁保障系统，非普通居住类直管公房四合院因地制宜进行甄别、评定和合理利用。

关键词： 直管公房　管理模式　"五步走"思路

直管公房是指为全民所有的，由国家各级房地产管理部门直接经营管理的国有房产，是公房制度的一种类型。直管公房是计划经济福利分房的产物，是国家重要的公有资源，具有惠民性、公益性和公用性三个特征。从各地的直管公房主要来源看，主要是以下几个方面：和平解放时接管的敌逆产和无屋主的房屋；解放初期经社会主义改造的房产；由政府及企事

---

[*] 北京学研究基地开放课题《功能疏解背景下核心区直管公房管理体制改革研究》（BJXJD-KT2016-YB01）研究成果。

[**] 张晓敏，北京市经济社会发展研究院副研究员，研究方向为国际消费中心城市、城市更新。

业单位投资建设的房产；法院判决没收归公的房产。

经过多年发展，直管公房当前存在的问题日益凸显，诸如现行公房管理体制已经无法适应现代市场经济的发展与需要，转租转借现象突出，危房多、修缮改造任务繁重等。国内很多城市结合本地的历史沿革和经济社会发展情况，对直管公房改革进行了积极探索。本文选取了北京、天津、上海、杭州、重庆和烟台等在直管公房改革实践方面具有代表性的典型城市，梳理总结这些城市的主要做法，总结借鉴相关经验，以期为推进直管公房改革的政策决策做出可参考的依据。

一 近年来各城市直管公房管理的主要做法

（一）北京市直管公房管理的做法

北京市目前共有直管公房1801万平方米（含房改出售房），其中城六区占84%。北京市直管公房存在的突出问题是转租转借、私搭乱建现象严重，东、西城区的平房区尤为明显。近年来，在疏解北京非首都功能背景下，北京市政府十分重视核心城区平房区域由于转租转借导致低端人口聚集这一现象，积极努力探索直管公房管理体制改革路径。

在原有政策基础上，近期根据新情况出台了相关管理政策。直管公房管理现行的政策依据是1997年制定的《关于城市公有房屋管理的若干规定》（以下简称《规定》），该《规定》颁布实施较早，已不适应目前直管公房的现实情况。为适应新形势，近年来北京市各级政府开始逐步加快直管公房管理政策的制定。2014年，北京市政府出台的《关于加快棚户区改造和环境整治工作的实施意见》规定，各区县政府要明确直管公房管理机构，建立直管公房管理信息库，加强对直管公房使用管理；还对直管公房转租转借等违规行为做出了规定。2014—2016年，北京市东西城区政府相继出台了加强直管公房管理的若干规定，主要对擅自转租转借、改变房屋用途等违规行为做出了明确约束。上述直管公房的相关管理政策虽然还不是全市层面的设计，是初步的一些管理政策，但对北京市直管公房转租转借严重的现象具有较强针对性。

开展直管公房转租转借的清理整治。针对直管公房转租转借的突出现象，在疏解人口背景下，东西城均对直管公房的转租转借现象采用了较为严厉的整治措施。西城区选取新街口街道西四北头条社区、广安门内街道老墙根社区、大栅栏街道铁树斜街社区等作为主要清理整治的试点区域，通过张贴宣传海报、发放违规宣传手册进行清理整治工作宣传；通过公房管理人员、街道社区人员、属地公安民警入户进行调查实际居住人身份信息，全面摸清违规转租转借情况，建立清理整治台账。东城区通过成立清理整治工作领导小组，将东四街道和交道口街道作为清理整治的重点。同时，各街道悬挂宣传横幅，并向居民住户发放《致居民的一封信》，向违法违规转租转借承租人发放《告知书》，限期自行整改等，使入户检查、政策告知、约谈承租人、采集证据等环节严格依法执行。

试点开展居民腾退工作，由企业对公房院落进行修缮改造。为进一步改善居民居住条件和环境，北京市东城区以直管公房为重点，试点探索"申请式搬迁"，并对试点院落进行修缮改造。主要是在南锣鼓巷选择了四条胡同进行首批试点，分别是雨儿胡同、帽儿胡同、福祥胡同和蓑衣胡同。首先为居民提供货币补偿和定向安置的两种选择，由居民填写搬迁申请单，待腾退完成后，在政府引导下，以企业为主对试点院落进行修缮改造，拆除自建房屋，恢复四合院规制，充分考虑街与院的结合，深化功能性节约利用的理念，创造具有南锣特色和独特名称的风貌典范院落和共生院，进而带动改善平房院落的整体环境。

（二）上海市直管公房管理的做法

上海约有 2400 万平方米的直管公房，居住类直管公房总量为 2133.3 万平方米，数量庞大，类型多样。在市场经济大潮影响下，上海市很早就开始探索直管公房管理体制改革方向。

通过推进几轮关键改革，直管公房实施物业管理。为适应市场经济发展需要，上海于 20 世纪 90 年代便拉开了直管公房管理体制改革序幕。1992 年，上海市各区房管局下属房管所开始试行企业化的经济承包责任制，先是试行维修和人员两项费用包干，然后逐步推广到各项费用全面承包。自 1994 年始，各区县房地局先后成立了区房地集团，房管所组建物业公司，探索建立以物业管理为主业的企业经营格局。1996 年，转制物业公司与房管办事处脱钩，摘去房管所牌子，在人事、财务、分配和资产等各项管理上全面同企业接轨，真正步入自主经营、自负盈亏的企业发展轨道。2000 年 7 月，黄浦区新黄浦集团选择所属由房管所转制的"上海合众企业发展有限公司"作为试点，进行以"民营化"为方向的物业公司深化产权体制改革的探索；10月，转制成民营性质的"上海合众企业发展有限公司"正式揭牌，标志着本市房管所转制物业公司改革进入了多元化阶段。通过上述几番体制改革试点，上海市的直管公房管理全面步入居住物业管理阶段。

通过各类措施进一步加强物业管理，巩固改革效果。上海改造后的物业管理企业面临公有住宅房屋老化、物业收费过低、运营成本不堪重负等问题。为进一步加强物业管理的竞争力水平，上海市实施了多项举措。一是调整物业收费标准，2012年上海市房管局与上海市物价局联合发出《关于调整公有住宅售后物业服务收费标准的通知》，与同年9月开始实施新的物业收费标准，并决定利用三年时间逐年调整物业服务收费标准，与物业服务实际运营成本接轨。二是加强宣传力度，通过新闻媒体等各种形式，引导全社会增强物业管理商品化、社会和服务的意识，让业主了解售后公房服务企业的现状，提高对物业管理费缴付的自觉性。三是完善管理法规，以房屋管理部门为主，规划、环保、市政、公安和街道等各相关部门共同参与，对各部门现有涉及房屋使用管理的法规加以梳理、落实责任。四是推进市场化进程，遵循公开合理原则，让售后公房管理与物业服务对象逐步进行协商，选择双方都能接受的服务要求和服务价格，改变传统的住房消费观念，推进售后物业管理市场化。

（三）天津市直管公房管理的主要做法

天津市内六区共有直管公房1700余万平方米，涉及户数38万户[①]。近年来随着社会经济日益发展，天津市直管公房房屋地理位置优越，价值不断显现，承租人通过购买房屋所有权等方式来盘活资产的需求逐渐增加。在此背景下，近年来天津市对直管公房的管理作了较大变革。

1. 出台相关政策，明确直管公房向承租人出售。2014年7月开始实施的《天津市直管公产房屋管理办法》，对直管公房的出租、出售条件等作了规定，明确了直管公房向原承租人出售的基本思路。首先规定了可售直管公房住宅范围，是指凡成套公有住房，除具有历史、文化艺术价值的历史风貌建筑，党政机关、科研单位及大专院校院内与办公、科研和教学用房不可分割的住房、危房，政府代管住宅以及政府规定不宜出售住房

---

① 数据来源于《渤海早报》2014年6月30日。

外,均可向现住居民出售。按照房屋年限,将分为成本价和最低限价出售。从2014年7月1日政策刚实施起至7月31日,公房产权出售一次性付清可以优惠10%,之后则取消优惠。自2015年起,按照优惠逐年减少、出售价格逐年提高的原则,逐步提高公有住房出售价格。

实施多项便民服务措施,推动公房出售。为平稳推动公房出售,日前市国土房管局进一步明确六项服务措施,方便广大群众办理购房手续。一是强化直管公房售前维修服务。组织各区房管局对可售房屋进行了全面检查,制订年内完成230万平方米可售房屋售前维修计划。根据购房群众合理需求,有针对性地提供售前维修服务,让购房群众放心、舒心。二是优化直管公房的出售程序。设立绿色受理通道,房管站代理群众申请办理产权转移登记手续,将购房和办理产权证的时限从60天缩短至15个工作日,最大限度提高直管公房出售效率。三是统一房屋拆改查验程序,限定最高鉴定收费标准。在方便群众购房、保证公房出售工作顺利实施的同时,明确直管公房拆改查验程序,对危害房屋安全的拆改行为坚决予以纠正,并视情节进行相应处罚。同时,为确保群众利益,对属于市场议价行为的房屋拆改鉴定收费进行了统一,每户最高不得超过1500元。四是进一步公开办事指南。各房管站对公房出售政策、办事流程、办结时限及办事要件等内容进行公示,做到咨询事项、办事程序、申请要件、收费项目和标准一次性告知。五是增加接待人员和银行交款网点。各区房管站在现有售房员的基础上,增加7—10名房管员受理售房业务,有效缓解群众集中排队的现象。结合目前群众直管公房出售集中的情况,协调天津银行增加购房款交款网点。六是加强监督检查。各区房管局定期对售房接待、咨询、维修服务等情况进行检查。成立联合检查组,定期对各房管站、办件大厅进行明察暗访,及时发现问题,督促整改落实,对损害群众利益的行为及当事人,将严肃处理。

3. 售后公房的维修问题由公房售后维修基金解决。承租人购买直管公房产权后,房屋共用部位、共用设施设备维修时所需资金,可以使用公房售后维修资金。售房单位从售房款中提取房款24.4%的资金,购房职工交纳购房款1%的资金作为公房售后维修资金。资金不足时,由产权人按照各自的建筑面积分摊。住房自用部位和设施设备由购房人自己负责解决。由于大部分公产房多是20世纪八九十年代的老房子,有些损坏情况比较严重,房子的修缮问题成为很多住户购买产权的绊脚石。

(四）重庆市直管公房管理的主要做法

将市直管公房全部划转到区政府。重庆市的市直管公房共 325 万平方米，主要分布在渝中、沙坪坝、江北、南岸、九龙坡、大渡口、北碚和万盛等 8 个区，其中，住宅直管公房共 292 万平方米[1]。2008 年，重庆将市直管公房房产全部划转到有关区政府。划转后，由区政府负责对直管公房的修缮维护、对危险房屋的监测治理，以及对因自然灾害等情况引起的房屋垮塌事故的现场查勘和处理。

对部分居住类直管公房逐步作为保障性住房管理。随着住房制度改革的深入推进及城市住房保障制度的完善，考虑到需保留足够数量的公有住房供城镇低收入家庭廉价租赁，重庆市近年来严控直管公房出售，将逐步将直管公房纳入保障性住房系统，与公租房、廉租房等统一管理。按照保障性住房管理的相关规定对直管公房进行严格管理，即承租人不得转租、转让、继承，其使用权也不可上市交易。如果承租人不再符合住房保障条件或不愿继续租住直管公房的，房屋主管部门按照保障性住房管理规定重新配租。

对部分经营性直管公房试行出售。对于直管公房出售方面的规定，重庆市参照的依据仍为 1994 年制定的《重庆市公有住房出售管理办法》。为合理配置和有效利用国有资产，避免国有资产流失，重庆市部分区县探索了公房试行出售的办法。合川区是重庆市下辖的重要城市新区之一，2015 年，合川区直管公房管理部门合川城市建设投资有限公司按照合川区国有资产相关部门要求，拟试行出售部分直管公房经营性门市。虽因涉及较多历史遗留问题，造成部分承租户对出售方案提出异议，暂未启动直管公房的出售工作，但对直管公房的改革方向提出了可能解决的路径。

（五）杭州市直管公房管理的主要做法

杭州市直管公房约有 15000 余套，总面积约 65 万平方米，多数为居住类直管公房。近年来，为落实国有资产规范管理的工作目标，进一步理顺直管公房管理体制，杭州市实施了不少措施。

直管公房产权进行了明确划转。为切实改变直管公房管理中存在的体

---

[1] 数据来源于《重庆晨报》2008 年 7 月 15 日。

制不顺，市区两级责、权、利不一致的情况，杭州市 2016 年出台《杭州市人民政府办公厅关于进一步加强直管公房管理的意见》（以下简称《意见》），将全市的直管公房产权归房屋所在地的区人民政府所有并登记在各区住建局名下。产权划转后直管公房的各项收入全部纳入各区财政管理和使用，使直管公房管理责、权、利有机统一，管理责任真正落实到位。

放宽直管公房使用权转让条件。杭州市 2004 年发布了《杭州市公有住房使用权有偿转让转租管理暂行规定》，之后，又出台了一系列相关规范性文件，明确直管公房的使用权可以有条件地在部分亲属之间、法人单位与职工之间进行无偿变更，或在本市常住居民之间进行有偿转让转租。因考虑到不符合户名变更和使用权有偿转让条件的情况较为普遍，2016 年出台的《意见》中，针对一些因户籍、拆迁安置后的房屋面积超标等原因导致无法变更承租人或使用权转让的问题，进一步放宽了直管公房户名变更、使用权有偿转让的条件。

扩大直管公房的出售范围。杭州市 15000 套未参加房改的直管公房中，有近 1/4 因原市政府文件规定非成套木结构、砖木结构住宅暂缓房改。随着城市建设的发展及杭州市危旧房改善工作的全面开展，通过有机更新，目前这些房屋基本厨卫设施已有所改善。为最大限度保障承租人享受房改政策的权利，杭州市明确规定，允许上述房屋等出售。

（六）烟台市直管公房管理的主要做法

烟台市直管公房共 52.48 万平方米，涉及户数 6134 户，其中住宅户 23.07 万平方米，非住宅户 29.41 万平方米[1]。近年来，烟台市的直管公房的主要功能已从社会福利性向提升经济效益和实现国有资产保值增值的目标转变。

调整租金定价标准，向市场化方向过渡。针对由于租金过低导致的直管公房租金收入无法满足日常维修、管理和运营需求的问题，烟台市 2014 年研究出台了《烟台市直管公房管理办法》，明确了直管公房的管理要逐步向市场化、专业化过渡，推进直管公房管理的良性运营。主要是将直管公房租金实施分类管理，直管公房住宅租赁价格实行政府指导价，逐步过渡到市场调节价，按房屋结构、房屋状况、所处地段确定相应的租金标

---

[1] 数据来源于烟台住房和城乡建设信息网，http://www.ytzjj.gov.cn/a/20150113/00003577.html。

准。此外，对于不符合承租条件的原承租人，除可以收回房屋使用权外，也可按照市场化标准收取租金。

加强直管公房的清理整顿。为规范直管住宅公房租赁市场化秩序，充分发挥直管公房的社会效益，烟台市房管部门还组织开展了直管公房清理整顿工作。主要是宣传发动，对现公房承租户进行调查摸底，重新登记造册。通过在公共场所张贴、逐户发送《对府一巷直管住宅公房重新提出承租申请的通知》及《烟台市直管公房管理办法》，向承租户宣传直管公房管理办法及重新申请承租直管住宅公房的有关事宜；审查评定，对符合承租公房条件的对象，分批在媒体上进行公示，接受社会监督，与公示后无异议的原公房承租户重新签订公房租赁合同，对违反公房管理办法及不符合承租条件的原承租人进行限期清退。

二 经验及启示

（一）各城市实施改革的速度、路径和改革背景均不同，并没有普适性模式

从上述几个城市在推进直管公房改革实行的做法中，可以看出，有的城市改革推进较快，推进时间较早，如上海等，有的城市改革推进速度相对较慢，如北京等。各城市推进直管公房改革的目标比较相同，都是为了确保国有资产的保值增值和保障居民居住利益，但是改革路径却各不相同，有的采取了市场化模式或者向市场化逐渐过渡的改革路径，有的则遵循保障房的思路，或者更加强调政府在直管公房管理中的作用。不同城市的改革路径不同，这也可能归因于每个城市改革面临的现实环境（如市场化程度、当地居民收入水平等）、历史遗留问题差异、当地政府财政能力、直管公房数量等因素的制约。目前尚不能简单定论哪些城市直管公房改革路径是完美的或者标准的，在参考其他省市改革模式的情况下，必须结合自己的实际情况走出合适的改革路径。

（二）产权流转模式

个别城市采用了直管公房转让产权的模式，或者扩大出售范围，如上海、天津等。这种将房屋产权由国家或单位公有向居民或者职工个人私有转化的做法，改革力度较大，涉及的利益和产权关系较为复杂。相对于商

品房取得土地的方式通过出让或转让，直管公房的土地一般属于划拨方式取得。在住房市场上，同样为私有房产，以无偿划拨方式供应的土地上所建成的房屋，在公房出售时，不仅可以以较低的价格购得，而且土地还无使用期限的规定，即可以永久使用；而在通过有偿出让方式供应的土地上建成的商品房，不仅售价较高，而且还有使用期限的限制，期限届满后要办理土地续期手续，可能还要补交土地使用权出让金。这样的制度安排，对购买商品房的人来说似乎有失公平，一直受到学者争议。由于情况不同，这一模式在北京市特别是二环内的老城区不具有可行性。特别是在北京市核心区房价已升至高位的当下，进行类似公房私有化的改革已经失去了历史条件，继续坚持公房的公有制属性是北京市直管公房改革应该坚持的一个重要原则。

（三）改革的先后顺序

各地的公房改革为北京市提供了经验借鉴，特别是改革的实施步骤是关系改革成功的重要因素。无论是上海、天津等地的直管公房产权出售模式，重庆、烟台等地管理方式的创新和规范化，还是杭州的公房使用权流转办法，如果实施过程和实施步骤不够积极稳妥，缺乏系统化，就可能引发额外的政策风险和社会风险。因此，根据直管公房改革本身所牵涉的多方利益，尽可能形成稳扎稳打的分布实施方案就十分关键。

三　政策建议

综合国内各主要城市的探索经验，在京津冀协同发展和疏解北京非首都功能的大背景下，北京市直管公房管理体制改革需要创新思路，紧紧围绕中央对北京的城市战略定位，统筹谋划改革之道。现提出如下五步走的建议思路。

一是，继续巩固直管公房违规转租转借清理整顿成果。北京市首都功能核心区的平房直管公房是当前推进直管公房管理体制改革的重中之重，改革需要分步骤逐级推进。第一步是全面清理整顿直管公房承租人违规转租转借行为，过去两年这一清理整顿取得巨大进展，今后需要继续巩固，并建立数字化的直管公房动态信息数据库和监测平台，防止违规转租现象反弹。

二是，结合北京市疏解整治促提升工作，率先启动平房区直管公房违法建设集中整治，重点拆除四合院内私搭乱建的违法建筑，恢复历史原貌。在已经完成的第一步工作的基础上，特别是抓住直管公房内租住人口大幅减少的有利条件，第二步重点是拆除直管公房院内的大量违建，将当前的拆违活动由沿胡同街面向公房四合院内推进，实现直管公房中的大杂院向传统四合院转变。这一步将彻底扭转过去 60 多年来北京大部分胡同四合院的历史演变趋势，具有重大历史意义和时代意义，也是北京建设大国首都必须要迈过的一道坎。在拆违过程中，同时需要对留下的合法租住居民的现实生活给予统筹考虑。

三是，建立直管公房承租人有偿退出机制，规范公房使用权继承制度。直管公房承租人群体是我国中华人民共和国成立后实行的公有住房体制的客观历史产物，已经不适应我国现行的住房保障体系，属于历史遗留问题。要破解这一问题，第三步的核心在于建规立制，在保障其合法利益的基础上，疏解承租人群体。完善目前针对承租人的直管公房有偿退出机制，特别是在承租人转租利益链条被斩断之后，有偿退出机制的吸引力将大大提高。同时，在禁止使用权交易的基础上，对于原承租人子女亲属继承公房使用权进行明确限定，即只能继承一代，原承租人的孙子女辈不得继续享有直管公房的使用权。

四是，在直管公房拆违、腾退、修缮的基础上，将完全腾退出的普通类直管公房纳入北京市公有住房租赁保障系统，按照公租房模式经营管理。第四步的核心是对于位于东西城核心区的部分平房四合院直管公房，可单独列为首都功能核心区公租房保障体系，面向服务首都核心功能的国家工作人员和引进高端人才中的无房户进行配租，租金比照当地原有公租房租金水平制定，实现在原公房租金水平上的大幅提高，并利用所得租金为首都公租房提供较高水平的物业管理和房屋维修服务。未来首都公租房与雄安新区的房屋公共租赁模式可形成一体化呼应，甚至是统一化管理，以动态保障核心城区工作人群的合理住房需求，结合北京老城区城市更新，创新住房供给模式。对愿意留下来的公房承租人，也比照公租房模式管理，积极改善其居住条件。

五是，对于有历史价值、文化价值、文物价值和特定经营价值的非普通居住类直管公房四合院，依据其本身特点因地制宜地加以甄别、评定和合理利用。如对古寺庙宇、名人故居、各地会馆、历史建筑等在加强文物保护修缮的同时，更加注重挖掘历史文化信息，建设公益性文化机构并对公众开放，形成展示北京旧城历史文化精华的窗口和北京建设文化中心的重要支撑点。在特定街区位置，允许建设特色文化创意产业胡同街区，鼓励胡同里的创新创业。在封堵胡同开墙打洞、违规经营的同时，考虑拿出一部分直管公房房源进行市场化招租，发展民宿、文创类新兴产业的微型聚集区，实现胡同低端产业的转型升级，所获得的市场化租金用于补贴整个直管公房的维护修缮工作。所以第五步改革的核心在于通过直管公房的合理利用带动北京旧城的城市更新和老城复兴，为首都功能核心区的发展注入文化的基因和市场化的力量。

新疆各地区地方学发展调研报告[*]

仇安鲁　康风琴[**]

摘要：新疆各地区地方学发展调研报告分四部分：一、新疆历史文化；二、新疆各地区地方学发展情况；三、地方学发展比较分析；四、新疆地方学发展思考。该报告指出，地方学要以"学"字为统领，把地方学作为一门学问来研究、来发展。在新疆各地区地方学的建设上，要加强新疆的西域学、新疆学和西域新疆学的综合研究。

关键词：地方学；新疆地方学；地方学发展调研

2018年2月—2019年12月，新疆塔城学研究室开展了新疆各地区地方学发展调研，现报告如下。

一　新疆历史文化

（一）历史文化

新疆古称西域，公元前60年西汉统一西域，同年，设西域都护府，作为中央政府管理西域的军政机构。1884年，清政府平定新疆叛乱后在新疆地区建省，并取"故土新归"之意，改称西域为"新疆"。1912年，新疆积极响应辛亥革命，成为中华民国的一个省。1949年9月新疆和平解放，10月中华人民共和国成立。1955年为新疆维吾尔自治区。西域是一

---

[*] 北京学研究基地开放课题《新疆各地区地方学发展调研报告》（BJXJD‐KT2018‐YB01）研究成果。

[**] 仇安鲁，新疆塔城学研究室主任，研究方向为新疆地方学、塔城学。康风琴，高级经济师，研究方向为新疆经济贸易史、新疆地方学。

个与历史有密切联系的地理名词，这里的"西"是指中国的西方。西域有广狭二义。广义的西域包括今天中国的新疆、独联体的中亚五国、阿富汗、伊朗、阿拉伯国家，以及更远的中东欧、西欧，还包括印度、巴基斯坦、孟加拉国、尼泊尔、斯里兰卡、不丹、锡金、马尔代夫及非洲东部的一些国家和地区。狭义的西域，就是指中国新疆一带。

古代的西域是一个各种文明、文化、种族、部族、民族交流、交往、交融的荟萃之地。古代世界的两河流域文明、埃及文明、印度文明、中化文明、古罗马文明、希腊文明都曾在西域留下各种珍贵的物质和精神文化遗迹。考古挖掘和历史研究表明，新疆早在五万年前就有古人类居住生活，新疆自古以来就是多民族聚居地区。最早开发新疆地区在先秦至秦汉时期，来自天山南北有塞人、月氏人、乌孙人、羌人、龟兹人、焉耆人、于阗人、疏勒人、莎车人、楼兰人、车师人、匈奴人、呼揭人、汉人等。魏晋南北朝时期有鲜卑、柔然、高车、嚈哒、吐谷浑，隋唐时期有突厥、吐蕃、回纥，宋辽时期的契丹，元明清时期有蒙古族、女真族、党项族、哈萨克族、柯尔克孜族、满族、锡伯族、达斡尔族、回族、乌孜别克族、塔塔尔族等，每个历史时期都有包括汉族在内的不同民族的大量人口进出新疆地区。各民族民众带来了不同的生产技术、文化观念、风俗习惯，在交流融合中促进了新疆经济社会发展，他们是新疆地区的共同开发者。至19世纪末，已有维吾尔族、汉族、哈萨克族、蒙古族、回族、柯尔克孜族、满族、锡伯族、塔吉克族、达斡尔族、乌孜别克族、塔塔尔族、俄罗斯族等13个民族定居新疆，形成维吾尔族人口居多、多民族聚居分布的格局。1949年10月中华人民共和国成立后，特别是1978年改革开放后，全国56个民族都有在新疆居住和生活，是中国民族成分最全的省级行政区之一。其中超过100万人口的有维吾尔族、汉族、哈萨克族和回族4个民族，超过10万人口的有柯尔克孜族、蒙古族2个民族。

考古发掘和历史研究表明，古代西域是多种语言文字交汇之地。古代西域有20余种语言文字，时至今日，汉藏语系、阿尔泰语系、印欧语系诸语言仍在新疆存在。古代西域还是多种宗教并存地区。先后有原始宗教、萨满教、祆教、佛教、道教、摩尼教、景教、伊斯兰教、基督教、天主教。

考古发现和历史研究表明，古代西域也是草原丝绸之路、绿洲沙漠丝绸之路和高原丝绸之路的重要通道和枢纽地带。正是古代丝绸之路，沟通了西域与中原、东北亚、东南亚、南亚、西亚、中亚、欧洲和非洲的商贸和文化交流。

（二）发展现状

2018年，新疆面积166万平方千米，全年实现生产总值（GDP）12199亿元，比上年增长6.1%。三次产业比重13.9∶40.3∶45.8，全年人均地区生产总值49475元，比上年增长4.1%。财政收入1531亿元，支出4986亿元，城乡居民人均可支配收入21500元，增长7.6%。年末常住人口2500万人，其中城镇人口1115万人，占47.23%，汉族人口948万人，占40%，各少数民族人口为1539万人，占60%。在各少数民族中，维吾尔族1200万人，哈萨克族160万人，回族105万人，柯尔克孜族20.42万人，蒙古族17.92万人，塔吉克族5万人，锡伯族4.3万人，满族2.77万人，乌孜别克族1.88万人，俄罗斯族1.18万人，达斡尔族0.69万人，塔塔尔族0.51万人，其他民族20万人。

二 新疆各地区地方学发展

（一）吐鲁番学

清末民初，中国敦煌、吐鲁番等地一大批历史文物被国外探险家和考察队盗运出境，引起国际学术界的轰动，掀起研究敦煌、吐鲁番的热潮，因而形成一门综合性的新学问——敦煌吐鲁番学，或者分别称为敦煌学和吐鲁番学。著名学者季羡林在《敦煌学、吐鲁番学在中国文化史上的地位和作用》一文中指出："吐鲁番学这个名词，是一个新名词，本世纪初起，东西方一些所谓的探险家在新疆吐鲁番地区发掘盗走大量文献文物，许多国家的学者据此从事这方面的研究，取得显著成绩。这种学问被称为吐鲁番学，它是一门综合学科。"[①] 古代吐鲁番在秦汉时为姑师（车师），魏晋时期为高昌王国，唐朝为高昌回鹘和西州政区，元末明初属东察合台汗国，明中期属叶尔羌汗国吐鲁番总督辖区。清朝平定准噶尔之后，又在此设吐鲁番直隶厅。民国设吐鲁番道、吐鲁番专区。古代吐鲁番辖区东到哈密，西南至库车，北至乌鲁木齐、吉木萨尔。2018年末，吐鲁番市（地

---

① 季羡林：《敦煌学、吐鲁番学在中国文化史上的地位和作用》，《红旗》1986年第3期。

级）下辖高昌区、鄯善县、托克逊县，面积70049平方千米，人口63万，其中少数民族53万人。生产总值完成（GDP）310.59亿元，比上年增长7.4%，一、二、三次产业比重为16.2∶50.5∶33.5。人均生产总值49279元，比上年增长7.3%。财政收入42亿元，支出110亿元。

自吐鲁番学研究开始，世界各国，特别是德国、英国、法国、日本、美国、俄国、芬兰、匈牙利、瑞典、土耳其等国，有30多个研究机构从事吐鲁番学的研究。日本早在20世纪50年代就成立"西域文化研究会"，20世纪70年代又成立"高昌学研究中心"，1988年又成立"吐鲁番出土文物研究会"。中国学者王国维、罗振玉、黄文弼、季羡林、陈国灿、冯家昇、耿世民、李经纬、王炳华、贾应逸、荣新江、杨富学、钱伯泉、王博、李肖、孟宪实等在吐鲁番学研究方面曾做出了贡献。20世纪70年代以来，我国形成一批研究吐鲁番学的中坚力量。

1988年11月22日，在吐鲁番市（今吐鲁番市高昌区）成立了中国吐鲁番学会。1989年5月，召开第一次吐鲁番学学术研讨会。同年12月，吐鲁番学与日本吐鲁番出土文物研究会建立友好联系。早在1982年7月，中国敦煌吐鲁番学会筹备会议在北京大学召开，由北京大学副校长季羡林教授主持。会议指定专人成立秘书组，负责成立大会的筹备工作。经由季羡林出面组织和申请创建中国敦煌吐鲁番学会，并报告中央，经邓小平等中央领导批复，拨出专款进行研究，这意义重大。因为在当时，这个学术团体具有政府组织的性质。1983年8月，中国敦煌吐鲁番学会成立大会暨1983年全国敦煌学术会议在兰州召开。时任中共中央书记处书记、中宣部部长邓力群亲临大会代表党中央讲话，并对敦煌吐鲁番学研究提出要求。1985年8月，在新疆乌鲁木齐举行中国敦煌吐鲁番学术讨论会。会议由中国敦煌吐鲁番学会、新疆社会科学院、新疆文化厅和新疆大学联合举办。会议收到论文105篇。会后还组织与会专家学者到吐鲁番进行实地考察调研。1992年9月，由中国敦煌吐鲁番学会、新疆社科联、吐鲁番学会联合召开了首届吐鲁番学国际学术研讨会。

2005年，吐鲁番地委、行署为进一步发掘和深化吐鲁番学研究，成立了新疆吐鲁番学研究院，它是在原吐鲁番学会、吐鲁番历史研究所基础上建立的，为吐鲁番行署直属事业单位，机构规格相当于正县级，经费实行全额预算管理，内设5个科（室）：考古研究所、历史文献研究所、技术保护研究所、编辑部、资料信息中心。由著名文物专家谢辰担任研究院院长,并聘请国内外百余名该领域资深专家、学者作为研究院专家委员会。还出版了公开半年刊《吐鲁番学研究》,2008 年创刊,2019 年年底已出到总第 24 期。

2006 年 6 月,经国家人事部批准,新疆吐鲁番学研究院博士后工作站成立,成为我国人文学科和文博系统第一家博士后工作站,助推吐鲁番学研究和人才培养。2007 年,吐鲁番地区机构编制办公室专门下文,核定吐鲁番学研究院事业编制 30 名,其中管理岗位 3 名,专业技术 25 名,工勤岗位 2 名。高级职称 3 人,中级 8 人,初级 31 人。

吐鲁番学研究院的主要任务是负责吐鲁番文物古迹的保护、研究、考古调查、清理和修复。历经十多年的努力,吐鲁番学研究院已经具备较为完善的组织构架,软、硬件建设有一定基础,形成较为严谨、能够适应自身发展的管理体系、科研队伍和研究能力。国外各国和地区也有许多吐鲁番学研究机构,特别是中国周边区域国家、中亚国家及吐鲁番出土文献流失海外所藏地国家的科研、文博机构,对吐鲁番学的发展、丝绸之路经济带的建设都有很大的热情及向往;国内很多高校都开设有相关课程,设立了专门科研院、所、中心。这些都对吐鲁番学深化研究和发展起了很大的促进作用。

2018 年 11 月 4 日,新疆吐鲁番学研究院与四川新华文轩出版传媒集团合作出版《吐鲁番文献合集》,该合集总计三千万字,是海内外迄今为止规模最大、收录最全的吐鲁番文献总集,该项目属国家社科基金重大项目。同时还在四川成都举办了"走向未来的吐鲁番学"国际高峰论坛。2017 年,巴蜀书社出版了《吐鲁番文献合集》(以下简称《合集》)第一卷《儒家经典卷》,荣获 2018 年全国优秀古籍图书奖一等奖。《合集》第二卷《契约卷》获得国家出版基金资助,约 250 万字,是整个《合集》中部头最大、分量最重的分卷。

(二)龟兹学

新疆龟兹学会成立于 2004 年 5 月,是新疆维吾尔自治区社会科学联合会下属的学术会员成员单位。龟兹是我国古代西域重要的城邦国,繁盛时疆域"南北千余里,东西六百余里",范围包括今新疆南疆的库车县、拜城县、沙雅县、新和县、阿克苏市、温宿县、巴楚县、轮台县等地。库车一带是古代西域龟兹国的中心。古代龟兹是丝绸之路上的重要通道和枢纽地，在东西方、南北向的文化文明交流中，世界各地的多样文明文化在龟兹一带都有重要的遗存，主要有龟兹众多的石窟和大量出土文物文献等。

2005年，首届龟兹学学术研讨会在库车县召开，来自国内外50余位专家学者就龟兹历史文化、石窟艺术及龟兹学的研究进行了认真讨论。2008年出版《龟兹学研究》第一辑。2006年，第二届龟兹学术研讨会在库车县召开。这次学术会由新疆龟兹学会、新疆经济报社、阿克苏地委宣传部和库车县人民政府联合举办，来自国内的60余位专家学者参加了研讨会。至2011年已连续召开了五届龟兹学学术研究会，出版了五辑《龟兹学研究》。

20世纪80年代以来，龟兹学在世界范围内引起了关注，学者研究人员辈出，他们是宿白、马照长、吴少卓、丁明夷、张荫才、姚士宏、苏北海、霍旭初等。20世纪90年代后，有关龟兹文化的学术会议有：1994年"鸠摩罗什和中国民族文化——纪念鸠摩罗什诞辰1650年国际学术研讨会"，1997年"唐代西域文明——安西大都护国际学术研讨会"，1998年"唐代西域文明——安西大都护国际学术研讨会"，2015年"丝路、思路——2015年克孜尔石窟壁画国际学术研讨会"等。

新疆龟兹研究院成立于1985年，系新疆文化厅、文物局直属文博事业单位，是新疆石窟文物保护、管理和研究方面的综合性专业机构，其主要工作职能是对古龟兹地区（阿克苏地区的库车县、拜城县、新和县）佛教石窟进行科学的保护、管理和研究。研究院目前负责保护和管理的石窟群共有9处，其中：拜城县3处，即克孜尔石窟、台台尔石窟、温巴什石窟；库车县5处，即库木吐喇石窟、克孜尔尕哈石窟、森木塞石窟、玛扎伯哈石窟、阿艾石窟；新和县1处，即托乎克拉艾肯石窟。克孜尔石窟作为"丝绸之路：长安——天山廊道路网"上的重要遗迹，2014年6月被列入世界文化遗产名录，其他8处石窟均为全国重点文化保护单位。

2018年7月18日，由新疆龟兹研究院主办，木木美术馆承办，上海印刷集团公司商务数码公司协办的国家艺术基金资助项目"海外克孜尔石窟壁画及洞窟复原影像展暨克孜尔石窟与丝绸之路研究学术研讨会"在北京798艺术中心启动。这是一场全球首发的龟兹石窟艺术精品盛宴，是千年丝绸之路上的龟兹石窟壁画遗失百年之后的首次团聚，是一个学术价值与文化价值非凡的丝绸之路龟兹艺术主题大比展。这是龟兹研究院在近20年里，在8个国家20多个博物馆收集整理的克孜尔石窟壁画及洞窟复原影像展。这为进一步研究克孜尔石窟和龟兹历史文化提供了基础研究资料。

新疆阿克苏地委行署也充分利用龟兹历史文化,于2005年组织地区史志专业人员编撰出版了《龟兹文化》一书,计90万字。该书系统地介绍了古代龟兹的地理、经济、政治、宗教、文化艺术、石窟艺术、考古、名人等各个方面,为宣传龟兹文化和龟兹学起到了积极作用。

(三) 阿尔泰学

1993年8月8日在新疆阿尔泰市举办"中国丝绸之路与中亚文明国际学术研讨会",会议由中国中亚文化研究会、中国社会科学院历史研究所、新疆社会科学界联合会、新疆社会科学院、西北民族学院、新疆阿尔泰行署联合举办。在这次会议上,宣布"新疆国际阿尔泰学研究会"成立。新疆国际阿尔泰学研究会经新疆维吾尔自治区党委批准,自治区民政部注册登记。该会时任会长是时任新疆维吾尔自治区党委宣传部部长李康宁,副会长由时任阿尔泰行署专员哈德斯·贾那布尔担任,常务副秘书长由张志尧担任。中外闻名的阿尔泰山曾经是历史悠久的草原丝绸之路的交通要道,在联合国编撰的《中亚古代文明》中,阿尔泰被称为"中亚古代文明的摇篮"。

阿尔泰学,最早是以阿尔泰语系,主要是突厥语、蒙古语族、满—通古斯语族等为研究对象的国际性学科。国际上早在20世纪50年代(1957年)就成立了国际阿尔泰学常设会议,每年召开一次这方面的国际会议。"阿尔泰语系"是在19世纪中叶,根据阿尔泰山脉及其附近地区为欧洲东北部和西伯利亚及中亚许多相近语言的发祥地而命名的。在研究发现了阿尔泰语系的突厥语族、蒙古语族和满—通古斯语族间存在语言上的相似性后,学者们还发现了他们之间在文化上的密切联系。自20世纪60年代以来,国际学术界的同仁们在阿尔泰语民族文化方面的研究探讨中取得了丰硕成果,包括这些民族的语言、文化、文学、艺术、历史、经济、宗教、哲学、社会状态及风俗习惯等诸多方面。其中语言、文学、历史和宗教是目前国际阿尔泰学研究较深入的领域。在我国,阿尔泰语民族包括维吾尔族、柯尔克孜族、塔塔尔族、乌孜别克族、撒拉族、裕固族、蒙古族、达斡尔族、土族族、保安族、东乡族、满族、锡伯族、鄂伦春族、鄂温克族、赫哲族及朝鲜族17个民族,分布在我国西北到东北的辽阔地域。

有关阿尔泰学的著作，有 1994 年由张志尧主编的《草原丝绸之路与中亚文明》，由新疆美术摄影出版社出版，该书作为国际阿尔泰学研究丛书之一。张志尧又主编《草原丝绸之路与中亚文明》《新疆岩画》《中亚古代艺术》等书，为草原丝绸之路的研究和宣介起到积极作用。

（四）楼兰学

楼兰古国是古丝绸之路上的一个小国，位于新疆南疆罗布泊西部，今属新疆巴音郭楞蒙古自治州下属的若羌县，处于古西域的枢纽地，王国的范围东起敦煌阳关以西，西至尼雅古城（今且末县境），北至哈密，西北至吐鲁番。楼兰古国在公元前 176 年建国，公元 630 年消失，共有 800 多年的历史，面积约 12 万平方千米。据《史记·大宛列传》和《汉书·西域传》记载，早在 2 世纪前，楼兰就是西域一个著名的"城廊之国"。它东通敦煌和青海，西北到吐鲁番、焉耆、尉犁。古代"丝绸之路"的南、北两道从楼兰分道。楼兰还是魏晋及前凉时期的长史治所。因遗址出土了大量古代汉文、佉卢文等文物，国际社会诸多探险家、考古学家多次深入罗布泊楼兰古国挖掘考古出土大批量的汉文、佉卢文木简、纸文书和粟特文书及精美绝伦的丝毛织品、钱币、陶器、铁器、铜器等古代文献文物，使楼兰学在国际上兴起。楼兰古城又被称为"沙漠中的庞贝古城"。2003 年 7 月，新疆楼兰学会在新疆库尔勒市挂牌成立。新疆楼兰学会是新疆社会科学联合会下的学术会员成员单位。新疆楼兰学会是在原巴音郭楞蒙古自治州楼兰学会基础上发展而来的。学会主要为广泛联合各民族有识之士从事楼兰学乃至古代西域自然、人文等诸多方面的研究，并开展对外文化交流活动。学会聘请中国社会科学院文学研究所杨镰、新疆文物考古研究所穆舜英等国内著名楼兰学研究者担任学会顾问。

2012 年 10 月，若羌县委、县人民政府决定成立楼兰历史文化研究会，聘请杨镰为名誉会长。若羌县委、县人民政府还决定筹建若羌县博物馆，明确提出了撤若羌县建楼兰市的目标，建议将楼兰学会迁至若羌县。

2013 年 10 月，新疆楼兰学会召开第二次会员代表大会暨楼兰国际学术研讨会在库尔勒市召开。新疆维吾尔自治区社科联向代表大会的召开发去贺信。大会审议通过了新疆楼兰学会第一届理事会工作报告，审议通过了新疆楼兰学会《章程》（修改草案），决定将新疆楼兰学会办事机构由库尔勒市搬迁至若羌县；选举产生了新疆楼兰学会第二届理事会及其领导成员。新疆文物考古研究所所长于志勇当选为会长，若羌县委常委、宣传部部长简小东任副会长、秘书长，聘请杨镰为名誉会长，出版《楼兰学》论文集。

（五）伊犁学

2007年6月，伊犁师范学院正式宣布成立"伊犁学研究中心"。当时该中心是院级非实体科研机构，刚成立时由院科研处代管，2008年3月，挂靠人文学院，并设立了中心办公室，负责开展日常工作。中心办公室成立后，起草了《伊犁学研究中心章程》《伊犁学研究中心网页设计》《伊犁学研究中心三年规划（2008—2010年）》，并修订了《伊犁学研究大纲》。

伊犁学研究中心成立后首先开展了对伊犁学研究前期研究成果目录收集、整理，并在此基础上完成了《伊犁学前期研究成果目录库》（征求意见稿），后又完成了该目录库的送审稿。共收集伊犁学前期研究成果已出版图书目录155种，为研究伊犁学的研究人员提供了便利。

伊犁学研究中心还主办了3次学术研讨会，协办了2次学术研讨会，出版了论文集4部，编辑《伊犁学研究动态》8期，发表论文5篇；购买了一批纸质图书资料。

2008年举办了"伊犁学研究中心建设与发展研讨会"。2010年举办"伊犁历史文化与社会变迁学术研讨会"。2011年举办"新疆锡伯语言文化学术研讨会"。2010年协办了新疆社科院主办的"清代新疆史学术研讨会"。2013年协办了新疆大学、兰州大学主办的"中国历代边疆治理学术研讨会"。2017年主办"清代新疆治理暨赖洪波先生八十寿诞学术研讨会"。

（六）塔城学

新疆塔城学是在阿尔泰学和伊犁学的影响下，于2015年6月成立，属民间自办地方学研究室。它的宗旨是：研究塔城，面向世界，服务社会。以研究塔城的历史文化、民族文化和社会发展文化为重点，以课题研究和出版塔城学研究丛书为主要任务。研究室首先开展了"新疆塔城草原丝绸之路贸易史研究"课题，并于2016年10月由江苏人民出版社正式出版了42万字的塔城学研究丛书之一——《新疆塔城草原丝绸之路贸易史》。还开展了"塔城考古""塔城民族""塔城当代社会发展""塔城口岸""新疆草原丝绸之路贸易史""中国北方草原丝绸之路贸易史""西域新疆学"

等课题研究。撰写了《塔城及新疆地区稳定发展对策研究》《塔城口岸历史与发展》《塔城巴克图口岸的"拉街安户"》《新疆塔城与塔城学研究》《北京学与新疆塔城学》《粟特、康居历史文化研究》《北庭历史文化与草原丝绸之路》等论文。

塔城地区，位于中国新疆西北部，西北与哈萨克斯坦国接壤，边境线长540千米。东北与阿尔泰地区，西南与伊犁地区接壤。塔城地区，旧称塔尔巴哈台。塔城地名源于塔城市北部的塔尔巴哈台山，是"塔尔巴哈台绥靖城"（1766年建，清乾隆帝赐名）的简称，清代咸丰年间开始使用。"塔尔巴哈台"是蒙古语，意思为"旱獭"，因此地多旱獭而得名。塔城，在清初称"楚呼楚"，又写为"楚固恰克"，蒙古语木碗的意思，哈萨克语转音为"桥协克"，维吾尔语意译为"缺切克"。

考古发掘和历史研究表明，塔城地区是新疆地区较早有古人类居住活动的地区。2004年，一支由中国、美国和俄罗斯考古学家组成的考察队，在和布克赛尔蒙古自治县东南的和什托洛盖镇以北10千米处，当地人称骆驼石的高台两侧，采集到一批具有显著特点的石器用具。在随后的调查中发现，这里的戈壁地表散布着大量的打制石器，其分布面积达20平方千米。采集的石器中既有砍砸器、刮削器，也有薄刃斧和手镐，还有一种在欧洲流行的名为勒瓦娄哇石片的石器。勒瓦娄哇石器指一种石器的制作技术，是指古代人类对石器工业技术的改进，集中体现在从石核上打制石片的形态和打片过程，石片从燧石石核上剥离下来以前，先将石核加以修理，经修理后的石核像个倒置的龟甲。打下的石片，一边平整，一边凸起，锐利的刃缘很像一把石刀。石片的台面常常留有修理的痕迹。这项石制技术标准地点在法国巴黎近郊的勒瓦娄哇而得名[1]。这批打制石器虽在地表采集，但它的加工技法和形制却表明，它属于旧时代晚期的遗物。考古学家推断：它们的年代可能早到距今四万年以前，这是新疆迄今发现的一处最古老的人类活动地点。[2]

2016—2017年，新疆文物考古研究所与北京大学考古文博学院联合在塔城地区和布克赛尔蒙古自治县以北的赛尔山山北的通天洞遗址进行了考

---

[1] 刘学堂：《石器时代东西方文化交流初论》，《新疆师范大学学报》（哲学社会科学版）2012年第4期。

[2] 中国考古学会编：《中国考古学年鉴2005》，文物出版社2005年版，第376、377页；田卫疆：《史前时期的新疆》，新疆美术摄影出版社2009年版，第16页。

古发掘。分两个发掘区，发掘面积合计 65 平方米，发现了距今 45000 多年的旧石器时代中期向晚期过渡的文化层堆积，出土了石器、陶器、铜器、铁器和动物化石等，还发现炭化小麦、石磨盘等。通天洞遗址是新疆境内发现的第一个旧石器时代洞穴遗址，同时也首次提供了本地区旧石器时代—铜石并用时代—青铜时代—早期铁器时代的连续地层剖面。遗址堆积序列清楚，年代跨度大，不仅填补了新疆史前洞穴考古的空白，也是中国旧石器考古的重大发现。通天洞遗址对了解新疆地区四万多年以来古人类演化发展过程中，确立区域文化发展的编年框架具有重要意义[①]。

2018 年年末塔城地区面积 94891 平方千米。塔城地区上属新疆维吾尔自治区和伊犁哈萨克自治州领导和管理，下辖塔城市、乌苏市、沙湾县、额敏县、托里县、裕民县、和布克赛尔蒙古自治县。清乾隆二十九年（1764），塔尔巴哈台地方面积 218437 平方千米。西部由铿格尔图喇过额尔齐斯河，经喀尔满岭、爱古斯河到巴尔喀什湖；北部由铿格尔图喇顺额尔齐斯河向东，经斋桑泊到科布多边界；西南部顺勒什河与伊犁接壤；南部沿阿拉山口、艾拉克淖尔与库尔喀喇乌苏（今乌苏市）相连；东南部与乌鲁木齐、古城（今奇台县境）接壤。清光绪三十一年（1905），塔城、阿尔泰分治，设阿尔泰办事大臣，原属塔尔巴哈台参赞大臣管辖的吉木乃、布尔津、福海、青河等地划归阿尔泰办事大臣管辖。塔城地区所属土地仅有今塔城市、裕民县、额敏县、托里县、和布克赛尔蒙古自治县一带地方。1915 年，又将原由迪化道（乌鲁木齐）管辖的沙湾县、乌苏县（今乌苏市）划归塔城地区管辖。

历史上塔城地区是草原丝绸之路的重要通道。塔城地区东北是阿尔泰地区，即阿尔泰山。再向东就是蒙古高原。塔城地区西南是伊犁地区，向西是世界上著名的哈萨克草原。法国历史学家勒尼·格鲁塞在《草原帝国》中记述道："在这条通过文明的狭小道路的北面，草原为游牧人民充作另外一条完全不同性质的道路，这是条无边无际的，数不清的羊肠鸟道，野蛮人国的道路。在鄂尔浑河或克鲁伦河与巴尔哈什湖之间，野蛮人骑兵队的前进是无法阻止的，因为在这一处地方大阿尔泰山和天山的北部支脉似乎是互相靠近了，在塔尔巴哈台的楚古查克（即今塔城）附近额敏河方面则有一个更宽大的缺口，它在裕勒都斯河、伊犁河与伊塞克湖盆地

---

① 国家文物局：《2017 中国重要考古发现》，文物出版社 2018 年版，第 8—10 页。

之间是足够宽敞的，在其西北方面，来自蒙古脚底下又伸展出了广漠无边的吉尔吉斯草原与俄罗斯草原。从东方草原上来的游牧部落曾经不断地穿过这些塔尔巴哈台的阿拉套山和穆扎尔特山的山口，去到西方草原上寻求财富。"

塔城学研究室坚持用学术研究的思想指导塔城学研究。学习新疆伊犁师范学院开展伊犁学研究经验，学习吐鲁番学研究院、龟兹学研究会、龟兹研究院、北庭学研究院、北京学研究所、鄂尔多斯学研究会所开展吐鲁番学、龟兹学、北京学、鄂尔多斯学研究经验，从兄弟地区地方学研究汲取经验。

塔城学研究室与新疆塔城大漠风艺术馆贺振平合作出版《塔城记忆》历史画册，与塔城广视角文化公司党彤合作举办塔城历史照片展。支持塔城历史文化研究者蔺茂奎编写了《塔城俄罗斯族》《塔城掌故》。联系塔城本地文史爱好者阿迪力（维吾尔族）、郭向群、白玲（达斡尔族）、叶尔达（蒙古族）、苏仁加甫（蒙古族）等，开展塔城学和塔城历史文化、民族文化研究。还与塔城大漠风艺术馆合作建设了塔城鸣泉书院，合作开展塔城历史文化和塔城学研究，为塔城大漠风艺术馆、鸣泉书院提供两千余本图书和杂志。

还聘请马大正（中国社会科学院）、周伟洲（陕西师范大学）、钱伯泉（新疆社会科学院）、齐清顺（新疆社会科学院）、吐娜（女，蒙古族，新疆社会科学院）、刘学堂（新疆师范大学）、武金锋（伊犁师范大学）、尼古拉·于希河（俄罗斯族、青海省文联）为塔城学研究室作学术指导。

重视地方学、历史学、考古学、民族学、档案学、社会发展学、方志学、地域文化学的学习和研究。近四年来，每年都投入一万余元，订阅《中国考古报》《中国社会科学报》《中国社会科学》《北京联合大学学报》《考古学报》《考古》《文物》《历史研究》《中国边疆史地研究》《历史档案》《民国档案》《民族研究》《地域文化研究》《西域研究》《敦煌研究》《吐鲁番学研究》等三十余种全国知名社科报纸、杂志，并认真学习研究。每年自费两万余元购买历史学、考古学、民族学、地方学、档案学等专业书籍，重点学习历史学、地方学、考古学。一直重视塔城地方志的学习，将已出版的塔城地区及各县市第一轮志书作为学习研究的基础。同时认真学习考察研究外地在地方志、地方学研究的成果，使塔城学的研究拥有地方志、地域文化和地方史的支持。

参加一些学术讲座和学术考察调研。2016年12月参加中国社会科学院在北京召开的第二届当代新疆治理学术研讨会,向会议提交了《新疆稳定与发展研究——以新疆塔城地区为例》的论文。2017年4月初,在北京联合大学、清华大学听西北大学王维坤教授讲"中日古代文化比较"研究课。并与北京联合大学北京学研究所,就北京学研究与塔城学研究开展学术研究和交流交换意见,并相互赠书。还专程到河北省阳原县泥河湾东方人类故乡实地调研考察。到山西大同云冈石窟,以及河南洛阳龙门石窟,河南开封、洛阳、郑州等中原古遗址学习调研。还到江苏无锡前州镇冯其庸学术馆听北京大学荣新江教授讲"丝绸之路上的探险故事与丝路文化研究课",并考察该馆,相互交流赠书。又到上海尔冬强丝绸之路视觉文献中心学习,并相互交流赠书。经常到新疆师范大学、新疆大学、新疆图书馆听学术讲座,听了王炳华、水涛、荣新江、朱玉麒、吴玉贵、包佳明、李建新、陈建新等专家就新疆考古历史、丝绸之路、海外民族志研究、社会学、民族学、人类学研究等专题研究课。还与新疆社会科学联合会接洽,相互赠书。每年多次到甘肃敦煌学习研究考察。在敦煌听敦煌研究院主办的敦煌文化驿站公益讲座,由上海历史文化人尔冬强讲"从陆地到海洋——尔冬强丝绸之路田野调查",听敦煌研究院院长赵声良讲"敦煌石窟艺术专题课",听敦煌研究院研究员杨富学讲敦煌民族历史文化与语言文化专题课。到玉门关、阳关和西千佛洞实地学习调研。还与敦煌市史志办相互交流赠书。2018年9月下旬,到北京、内蒙古的鄂尔多斯、额济纳旗、甘肃敦煌学习调研。2019年10月,到河南偃师二里头夏都遗址博物馆学习考察。每年多次到西安学习考察研究长安学。

重视地方经济社会发展政策研究。自2015年塔城学研究室成立以来,我们每年向塔城地委、行署提出塔城地区经济社会发展对策研究报告。2016年提出塔城地区社会稳定和长治久安六点对策。2017年提出文化立区发展对策四点建议。2018年提出加强公共服务政策三点建议。2019年提出扩大塔城地区对外开放四点建议。通过加强地方社会发展文化研究,扩大塔城地方学研究的影响力。

加强与北京学及全国各地方学学习。近两年,积极参加北京联合大北京学的学术研究活动,学习借鉴内蒙古鄂尔多斯学研究会、内蒙古上都历史文化研究会、额济纳旗历史文化研究会、福建泉州历史文化研究会、中国三峡文化研究会、安徽徽州学文化研究会等地方学会,办好地方学会的经验，提高新疆塔城学研究能力和外宣能力。

加强图书资料购置与建设，加强地方文献资料收集。收集过期学术期刊两百余本。收集新疆地方志、地方学图书资料一千余册，收集塔城地方历史照片一千余张，收集民间地方历史文化写本等相关资料。

探索地方学研究走专业化与社会化、产业化相结合的新路子。尝试探索地方学研究走学术专业化与社会化、信息化、产业化相结合新路子，做好、做活地方学研究。

（七）喀什噶尔学

喀什古称疏勒，是汉唐疏勒的都城，是汉唐及元明清丝绸之路的重要节点。如今正在建设中的中巴经济走廊，使喀什成为海上丝绸之路与绿洲沙漠丝绸之路在中国国内唯一的结合点。

2008年9月，来过新疆喀什数十次，热爱和推崇喀什文化的天津大教授李雄飞建议成立"喀什噶尔学研究会"，在喀什市委、市人民政府的支持下，他起草成立策划方案。同年，喀什噶尔学研究在喀什这座国家历史文化名城正式启动。当时已年过花甲，却对喀什历史文化一往情深的刘学杰先生以文化顾问的身份开始着手搜集资料，为喀什噶尔学研究打下基础。2009年，刘学杰走遍了乌鲁木齐、喀什等地的图书馆、档案馆，搜集大量史料，并采访了全国研究喀什的专家学者们，得到许多喀什研究的专著和论文。2011年，经过分门别类，刘学杰整理出了五百多万字的文字资料，涉及喀什的方方面面，不但把喀什的历史脉络梳理了一遍，而且集中描绘了喀什的人文地理、民俗风情、民间艺术、历史遗存，把以前的、现在的几乎所有有关喀什的文献荟萃在了一起，为研究喀什噶尔学提供了基础研究资料。

2011年7月27日，由新疆社会科学院、中共喀什市委、市人民政府主办的喀什噶尔学研讨会在喀什市召开。国家清史编纂委员会、中国社会科学院文学研究所、边疆研究史地中心等20余位专家学者与会，建言献策喀什噶尔学研究与编纂。

2014年11月，来自全国各地专家学者齐聚喀什市，参加喀什噶尔学研究会。会上专家们提出喀什噶尔学暨挖掘、搜集、整理、研究喀什噶尔文物考古及传统历史文化的学问。会上喀什地委、行署为来自全国各地及疆内的30名专家学者颁发了喀什噶尔学研究院专家聘书。这次会议中为做好喀什噶尔学研究，从历史文化根本上增强各民族"四个认同"，维护祖国统一，促进民族团结，喀什地委决定筹建研究喀什噶尔学的相关组织机构。组织机构分为管理机构和学术机构。管理机构为新疆喀什噶尔学研究院院务委员会，保障研究院工作经费。院委员会在地区社科联下设办公室，负责院务委员会和学术委员会安排的各项工作、研究项目的规划申报、立项实施验收、文字处理等工作。

（八）北庭学

2016 年 6 月 22 日在新疆吉木萨尔县成立了北庭学研究院，首任院长为中国文物学会世界遗产研究会会长郭旃。北庭学是以北庭故城遗址为基地和学术平台，用现代眼光和全新学术视角，在过去成果的基础上，重新审视，全方位梳理，系统研究北庭故城和古代北庭地区的历史和文化，全面复原北庭故城和古代北庭地区的历史、物质文化史、自然地理、人文、生态环境的面貌，并以此古为今用，服务于现代化"一带一路"倡导和愿景与当地社会发展的学科。笔者 2018 年 9 月在昌吉学院图书馆调研北庭学时，该院图书馆书记孙德存讲道："上世纪末本世纪初，我们昌吉学院和昌吉州爱好北庭历史文化的研究人员制定了'北庭学'成立工作方案，当时一些专家学者不同意叫'北庭学'，只让讲北庭历史文化研究，使'北庭学'研究会一直未成立和开展研究，而只是讲北庭历史文化研究。"

吉木萨尔意为"金满城"，汉朝（74 年）置戊己校尉，耿恭屯田，为西域门户；唐朝（702 年）设北庭都护府，为戍边中心；元设尚书省，改称别失八里；清朝称济木萨，1902 年建孚远县，1954 年称吉木萨尔县。

北庭故城遗址位于吉木萨尔县北庭镇境内，距县城北 12 千米，是著名的丝绸之路新北道的交汇中心。故城东通哈密，有"伊北路"；西经伊犁河流域达西亚，有著名的"碎叶路"；南越天山，直达吐鲁番盆地，有"他地道"，又称"金山道"或"车师古道"；向北穿越沙漠可至蒙古高原，有"大北道"和"回鹘路"等草原丝绸之路相连。北庭都护府遗址是丝绸之路新北道上的历史名城，历史上曾对新疆的政治、经济、文化的发展起到重要的作用。北庭故城中，曾发掘出许多珍贵历史文物，主要有唐金满县残碑、唐代石狮、刻花石球、铜镜、蒲类州之印、莲花纹瓦当、方砖和开元通宝、乾元重宝、元代的陶瓷残片等。如今城中，残砖碎瓦，各色陶片，仍俯拾即是。北庭故城城址平面布局略呈长方形，南北长约 1.5

千米，东西约 1 千米。城池布局受唐长安影响，分为内外两城，城池为不规则长方形分布，内城为全城的中心所在，位于外城中部略偏东北部，城墙周长 3003 米，官署多居其中。外城规模较大，城墙周长 4596 米。外城之北还有低矮的羊马城，内外城墙都有马面、敌台、角楼和城门。外城北门还有瓮城，城外有天然河环绕成护城河，城墙的建筑方式为夯筑，高约 3—5 米，宽约 5—8 米。北庭都护府遗址于 1988 年被列为全国第三批重点文物保护单位，说明其文物价值之重要。因其曾被斯坦因等人向世界介绍过，兼之其本身的重要价值，使其具有较高的知名度，每年有世界各国专家学者及旅游者慕名前往参观、考察。现随着丝绸之路新北道上旅游资源开发，古城的旅游价值亦随之高涨。北庭故城遗址于 1988 年由国务院公布为第三批全国重点文物保护单位，2013 年 12 月列入《国家考古遗址公园名录》，是新疆目前唯一一处国家考古遗址公园，2014 年 6 月列入《世界遗产名录》，成为新疆首批世界文化遗产，昌吉州境内唯一一处世界文化遗产。

2016 年，经过长期酝酿筹备，新疆吉木萨尔县委、县人民政府决定在吉木萨尔县举行"世界文化遗产北庭故城保护传承与展示利用研讨会暨北庭学研究院揭牌仪式"。北庭学研究院挂牌成立。北庭学研究院前身为北庭故城国家考古遗址公园建设管理局，是正科级公益一类事业单位。核定编制 20 人，领导职数 3 人，在编人数 16 人，内设机构 6 个：办公室、展陈宣教中心、技术保护中心、信息资料中心、北庭考古研究中心、安防办。其职责任务：负责北庭故城遗址的保护、考古、管理工作；开展北庭历史文化研究和学术研究工作；加强北庭学研究和宣传；开展北庭文化的各类学术活动；建立北庭学智库，成立专家委员会。

吉木萨尔县还决定每年拿出一定的资金支持北庭学研究基地建设，包括北庭故城考古挖掘、北庭学研究、北庭故城遗址公园复修与建设等。县上还决定积极依托中国社会科学院、北京大学、新疆大学、新疆社会科学院的专家学者，成立了"北庭学研究学术委员会"。

吉木萨尔县还确定：以北庭学研究院成立为起点，使北庭学成为继"敦煌—吐鲁番学"后，又一国际化区域性文化学科。同时，吉木萨尔县充分发掘北庭故城的历史文化价值，将其建设成为丝绸之路人文景观带的核心旅游区。北庭故城遗址为唐代北庭大都护府治所遗址，位于新疆吉木萨尔县城正北 12 千米处，该遗址于 2014 年 6 月 22 日在第 38 届世界遗产大会上作为丝绸之路"长安—天山廊道路网"中的一处遗址点被列入《世界遗产名录》。

在吉木萨尔县委、县人民政府、县政协领导重视下，北庭学研究院自2016年召开首届北庭学研究会后，每年都在新疆大学召开一届北庭学研讨会。2019年6月在新疆大学召开了第四届北庭学学术研讨会。吉木萨尔县文物局和北庭学研究院已出版《北庭学研究》第一辑和第二辑。北庭学研究院还会同新疆文物局、新疆文物考古研究所编研出版了"北庭文库丛书"。主要有：《北庭丛考》，郭夏主编，2013年由新疆大学出版社出版，50万字；《北庭史论集》上下册，吉木萨尔县文物局主编，2018年由新疆大学出版社出版，85万字；《北庭钱币研究》，邱德美著，北庭学研究编，2018年由中国文史出版社出版，19万字。

在北庭学研究中形成了一批有实力的研究人员，他们是孟凡人、荣新江、陈同斌、付晶、薛宗正、郭旃、郭物、郭夏、罗物、薛天纬、周轩等。

（九）西域学、新疆学、西域新疆学

我们在对新疆各地区地方学进行研究后，还需要对西域学、新疆学和西域新疆学进行整体的研究和梳理。

西域学是对历史上西域的历史文化、民族文化和社会发展变迁文化进行研究的学问。西域学研究涉及西域的历史地理、经济贸易、政治军事、哲学宗教、语言文学、文学艺术等诸多领域。西域学是以西域及相关区域文明遗存为主要研究对象的一门国际性、综合性的学科。对西域学开展系统研究的有新疆社会科学院、新疆大学、新疆师范大学、新疆塔里木大学。新疆社会科学院于1991年创刊《西域研究》杂志，该杂志为公开的季刊杂志。该杂志2019年年底已出版到第116期。该杂志是全国唯一系统研究西域和西域学的阵地。该杂志目前发行量为3000多本，其中国外发行量有300多本，这在全国属名列前茅。塔里木大学位于新疆南部的阿拉尔市，具有得天独厚的研究西域学的地缘优势。该校于2002年成立西域文化研究所，2012年升格为"西域文化研究院"。该校还筹建了丝路西域文献库、文化西域研究大系、西域文化博览园、数字西域实验库、文献信息库，承办了环塔里木非物质文化昆仑国际高峰论坛。其"数字西域"研究项目积累成"丝路西域信息库、环塔里木历史文物信息库、西域新疆信息库、中西南亚国别信息库"等五个数据库，获批新疆生产建设兵团人文社科重点研究基地。

新疆学是以研究 1884 年新疆建省以来至新疆当代的历史与现实的。新疆学主要以近现代新疆的历史文化、民族发展变迁文化和社会发展变迁文化为主要对象，系统研究新疆政治、经济、文化、社会、民族、宗教等诸多方面。新疆学是在西域学研究的基础上，对近现代新疆，以历史唯物主义为指导，以现代社会科学、自然科学为方法进行研究。新疆学也将成为现代地方学的一种新型国际显学。

西域新疆学是将西域与新疆整体进行历史的、文化的、社会的系统研究的一门学问，它具有厚重的历史性、特殊的民族性和地域性，而成为一门国际性显学。西域新疆学也是近些年专家学者对西域、西域学、新疆和新疆学系统研究基础上提出的一种新型地方学。西域新疆学也为我们研究中国西部边疆、世界欧亚中心区域的历史、民族、文化、宗教、社会等诸方面，提供系统方法和借鉴。

三 地方学发展比较分析

在分析研究新疆各地区地方学和西域新疆学时，可以看到新疆各地区的地方学研究有以下三种形式：一是国家和地方党委政府为主导型的地方学研究；二是以大学为主导型的地方学研究；三是以民间个人为主的地方学研究。

1. 以国家和地方党委政府为主导型的地方学会，是地方学发展的主要方向和重要推动力量。从新疆的吐鲁番学会、龟兹学会、喀什噶尔学会、楼兰学会、北庭学会，这些学会、学院以国家或地方党委、政府或地方社会科学联合会为主要支持或推动，这些学会一般都有正式编制、人员，且有经费保障，且工作成果显著，社会知名度、影响力也大，也是今后新疆地方学发展的主要方向。

2. 以大学为主导型的地方学会，以伊犁学为样，主要是大学来主导、主办，有学术规范、有学术研究，但缺少地方党委政府支持，社会影响力不大。

3. 以民间个人为主的地方学。新疆塔城学是民间个人主导的，有自己办地方学的思路办法，自主性强，但社会影响力和知名度有限。

从世界各国家和地区特别是日本、韩国、新加坡，还有中国台湾、香港、澳门发展看，以民间个人和社会力量从事地方学和地方文化的发展成为一种趋势。随着中国经济社会发展和改革开放扩大，民间个人及社会文化团体参与和介入地方学和地方文化的研究和发展将是必然的。

四　新疆地方学发展思考

一是地方学研究要以"学"字为统领，把地方学作为一门学问来对待、来研究、来发展。"地方"需要"学"，"学"为"地方"而生，合之谓"地方学"。那种认为地方只有史、只有志，而没有学的认识，是肤浅的，是没有理论和学术思考的，也是不可持续的。这里需要对"史""志""学"有新的认识。"史"是记述它的过去，"志"是分载记述它的自然和社会的诸方面和现象，"学"是它们的理论升华，学高于史，高于志。一个地方研究，需要史的记述，志的记载，更需学的概括和研究。只有这样，地方的研究才能系统化、科学化。在今天经济社会发展全球化、信息化、科技化、社会化的新时代，一个地方的研究，只有用学来升华统领，才能适应新发展的需要。地方学一般有两种，一种是以鲜明的专门学为主的，如敦煌学、吐鲁番学、藏学、徽学等；一种是以地域（这种地域有大有小）为边界，研究区域内的自然地理、政治经济、历史文化、民族文化和社会发展文化等，如鄂尔多斯学、泉州学、金门学、北京学、上海学、西域新疆学、伊犁学、塔城学等。我们今天所研究的，多为后一种地方学，即以研究一定区域的地方学为主。在做好新疆各地区地方学研究的同时，还要开展新疆的西域学、新疆学和西域新疆学的综合研究，使新疆地方学研究既有各地区地方学的个别研究，也有新疆全区的地方学综合研究。

二是要确立现代地方学的使命。这个使命是：研究地方、挖掘文化、传承文脉、服务发展。要重视地方学对地方当代社会发展文化的研究。中华人民共和国成立以来，特别是改革开放以来，各地的经济社会文化都有长足的发展，地方学要重视本地地方经济社会文化发展，用社会文化发展理论指导地方学研究当代社会发展，使地方学研究紧扣地方经济社会发展，以期引起当地党委政府重视，使地方学研究成为地方党委政府关注的学科项目。

三是地方学研究要有世界眼光、国际视野。地方学虽然研究地方，但任何一个地方都与国家和世界密切相连。

四是加强地方历史、文化、方志、民族文化的研究。地方学是建立在对地方历史文化、方志文化、民族文化深入研究的基础上，对地方各方面研究升华后的一种学问。为此在研究各地地方学时，首先要对本地的历史、地方志、地方民族进行深入系统学习研究。在当下，还要对本地考古发掘予以重视。因为考古，特别是新的考古发掘和研究，对本地历史发展文化的再认识，有重要意义。

五是重视信息网络化建设，用新的信息网络化手段和方法，提高地方学研究和传播能力。建立各地地方学网址网站，扩大地方学社会影响和交往交流手段。

六是地方学要面向社会、面向大众、面向市场开展研究。要积极探索地方学研究走出一条服务社会、服务大众、服务市场的新路子，使地方学不只是少数人的研究领域，而成为一项社会和民众认可、认知的大众学问。

七是积极建设各地地方学文化书院，探索利用文化书院开展地方学的研究和传承。书院作为传统文化教育机构，对文化和教育的发展起到巨大的推动作用。书院起源于汉代，历经唐、宋、元、明、清而不衰，补官学之不足，兴私学之鼎盛，是中国传统文化和教育的重要载体。据统计，书院从唐代的59所、五代的13所、宋代的515所，发展到明代的1962所、清代的5863所，除去跨越两朝以上重复统计的1277所，历代新创建书院合计7525所。到晚清改制时，有1606所书院被改为大学堂、高等学堂、中学堂、小学堂、师范学堂、校史馆、存古学堂、女子学堂、实业学堂、蒙学堂等各级各类学堂。书院文化教育所表现出来的哲学思想、人文精神、教化功能、道德理念，集中体现了中国传统文化里对个人修养、人格培养和塑造的积极作用。2019年，在阿塞拜疆首都巴库举行的第43届联合国教科文组织世界遗产委员会会议上，韩国9所保存了朝鲜王朝时代儒学私塾原貌的书院，以"韩国新儒学书院"之名成功列入世界文化遗产。这9所书院分别是：安东陶山书院、荣州绍修书院、庆州玉山书院、安东屏山书院、达成道东书院、咸阳蓝溪书院、井邑武城书院、长城笔岩书院、论山遁岩书院。在日本也有许多书院成为文化教育和地方学研究发展的重要场所。

在新时代我们要充分利用传统书院文化的这种好形式，积极开展各种文化书院的建设和利用。通过建设各种书院，弘扬传统历史文化，推进各国各地区地方学研究。

八是重视和支持民间社会团体、文化机构和个人开展地方学和地方文化研究。随着经济文化和社会多样化发展，目前社会上和地方上有许多自愿、志愿研究本地地方学的专家学者和单位团体，要在政策上给予更多的支持，鼓励个人或社会团体、文化研究机构从事地方学和地方文化研究，扩大地方学研究的社会基础和社会影响力。